ESSAI
SUR
LES NIELLES.

ESSAI
SUR
LES NIELLES,
GRAVURES
DES ORFÉVRES FLORENTINS
DU XVe SIÈCLE;

PAR DUCHESNE AÎNÉ.

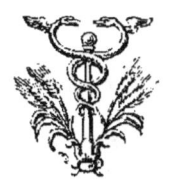

PARIS,
MERLIN, LIBRAIRE, QUAI DES AUGUSTINS, N.° 7.

1826.

AVERTISSEMENT.

L'ouvrage que je publie aujourd'hui me semblait depuis long-temps manquer aux amateurs des beaux-arts, et il me paraît devoir former, en quelque sorte, les prolégomènes du *Peintre-Graveur*, publié par M. Bartsch, en vingt-un volumes. Les objets que j'y décris sous le nom de *nielles*, sont d'un grand intérêt et d'une extrême rareté ; le nom même que j'ai employé est peu connu : aussi ai-je cru devoir donner, dans la note I.re, p. 91, les renseignemens qui m'ont paru les plus importans sur l'origine de ce mot. Malgré ce soin, quelques personnes, en voyant les épreuves de cette partie de mon travail, ont pensé qu'en adoptant ce mot au masculin, j'aurais dû lui donner la même terminaison que celle des mots *miel* et *fiel*, qui est plus conforme à l'analogie de la langue française. Je pourrais répondre que le mot *libelle* a la terminaison féminine, et que pourtant il est masculin; mais je crois plus convenable encore de faire observer que *niello* en italien, étant masculin, j'ai dû conserver le même genre en français; quant à la traduction, je me suis conformé à l'usage, et j'ai adopté une terminaison semblable à celle des mots *violoncelle*, *vermicelle* et autres.

Plus tard, peut-être publierai-je une histoire de la Gravure; mais aujourd'hui, j'ai voulu seulement remplir la lacune qui existe relativement à la découverte de l'art *de tirer des épreuves d'une gravure sur métal*. Mon projet était d'abord de donner seulement la description des épreuves de *nielles* qui font partie de la riche et nombreuse collection d'estampes de la Bibliothèque du Roi. Afin de rendre ce catalogue plus curieux, je voulais y joindre la description des *nielles* qui, du Cabinet Gaddi, ont passé dans le Cabinet Durazzo, à Gênes. Naturellement je devais aussi faire entrer dans mon travail le petit nombre de *nielles* décrits par l'abbé Zani, soit dans ses *Materiali, etc.*, soit dans son *Enciclopedia*, ainsi que ceux qui se trouvent dans l'ouvrage de M. Ottley : *An Inquiry, etc.*, enfin ceux qui, décrits par Bartsch, dans *le Peintre - Graveur,* n'avaient pourtant pas été reconnus par lui pour des épreuves de *nielles,* mais qu'il avait regardés comme des épreuves de gravures d'anciens maîtres italiens.

Ce travail était à-peine fini, que je sentis qu'il serait encore incomplet, si je ne donnais pas connaissance des *nielles* qui se trouvent en Angleterre, et dont j'avais aperçu une partie à Paris, lorsque M. Samuel Woodburn y passa à son retour d'Italie. Ces *nielles* faisaient alors partie de la collection du chevalier Marc Masterman Sykes. J'attendais de cet amateur, aussi instruit que zélé, une lettre, qui me donnât la certitude que je pourrais voir ses richesses, lorsque j'eus le chagrin d'apprendre qu'il venait de mourir. Ce contre-temps me força à retarder mon voyage jusqu'en 1824. Son Excellence le Ministre de l'Intérieur voulut bien alors accueillir et approuver mon projet; elle eut même la bonté de me dire que mon travail était un de ceux qu'elle croyait devoir encourager. Grâce à sa bienveillante protection, je pus enfin réaliser le projet que j'avais formé depuis plusieurs années; et l'obligeance de M. Ottley me mit à même d'examiner avec un soin particulier la précieuse collection de *nielles* qu'avait formée son ami.

Je trouvai aussi quelques *nielles* chez MM. Samuel Woodburn et Thomas Lloyd. Si je puis m'acquitter envers ces amateurs, ce n'est qu'en leur témoignant combien je suis reconnaissant de l'accueil qu'ils ont bien voulu me faire.

J'ai aussi contracté une dette envers

lord Spencer et envers sir Thomas Greenville, pour la bonté avec laquelle ils ont bien voulu me recevoir et m'aider dans mes recherches, en obtenant pour moi la faveur de visiter la belle et nombreuse collection de Stowe. Mylord duc de Buckingham, en m'accordant la permission de me servir des notes et observations que j'ai eu occasion de recueillir chez lui, a mis, dans la réponse dont il a bien voulu m'honorer, une bienveillance toute particulière, dont je conserverai toujours le souvenir, et pour laquelle je le prie de trouver ici l'expression de ma gratitude.

On verra encore dans cet Essai la description des *nielles* qui sont à Milan, dans la collection du marquis de Trivulcio et dans celle du marquis de Malaspina; ces amateurs ont eu l'un et l'autre l'obligeance de me donner connaissance des *nielles* qui existent dans leurs cabinets. J'ai joint aussi dans mon ouvrage d'autres *nielles* qui se voient dans la Galerie de Florence, à l'Institut de Bologne ou ailleurs. Enfin M. Henry Wellesley, que j'ai vu à Londres, et qui savait que je m'occupais d'un ouvrage sur les *nielles*, ayant trouvé en Italie trois petits médaillons niellés, a eu la bonté de m'en donner connaissance sur-le-champ. Mais quelques soins que j'aye pris, il m'a été impossible d'obtenir sur les *nielles* de la collection Durazzo, d'autres renseignemens que les descriptions publiées par Bartsch. On sentira facilement, d'après ce que je viens de dire, qu'il se trouve dans mon ouvrage des pièces que je n'ai pas vues, et dont je ne connais que les descriptions : dans ce cas, j'ai cru devoir distinguer ces articles par un astérisque.

La description de chaque nielle est toujours terminée par sa mesure, en pouces et en lignes du pied de Paris. A la suite, j'ai fait connaître si la pièce décrite est un nielle *original d'argent*, une *empreinte* en soufre, ou bien une *épreuve* sur papier. Enfin, j'ai cru devoir indiquer dans quel

Cabinet se trouvent ces objets : par là on voit combien il est rare de trouver trois épreuves tirées de la même planche.

Je n'ai pas cru devoir faire des articles séparés pour chacun des *orfévres-nielleurs* dont les noms sont connus ; mais j'ai rangé toutes les descriptions de *nielles* par ordre de matières, suivant l'ordre méthodique employé ordinairement dans l'arrangement des œuvres, et j'ai fait suivre les numéros depuis le commencement jusqu'à la fin. Par ce moyen, il est plus facile de trouver la pièce dont on veut faire la recherche, et lorsqu'on a besoin de la citer, il suffit d'en donner le numéro, sans s'astreindre à faire connaître dans quelle division elle est placée.

Lorsque j'ai trouvé, ainsi que cela arrive assez souvent, plusieurs compositions semblables, ou que les sujets ne présentaient aucun motif de classement méthodique, j'ai toujours commencé par les pièces en hauteur, ensuite j'ai donné celles en largeur, puis après celles qui sont en rond ou en ovale : dans chacun de ces formats, j'ai placé d'abord les pièces de la plus grande dimension.

J'ai rencontré parfois des pièces qui ont été considérées comme des épreuves de *nielles* par ceux qui en étaient possesseurs. N'adoptant pas cette opinion, je n'ai pas cru devoir en donner la description dans le corps même de l'ouvrage; cependant, pour ne pas être accusé de négligence, j'ai cru qu'il était convenable de faire connaître ces pièces, qui présentent un grand intérêt, puisqu'elles font toujours partie des anciennes gravures d'Italie. Ainsi donc on les trouvera à la fin de cet Essai; mais au-lieu d'y mettre un numéro, elles portent une lettre, au moyen de laquelle il est facile de les citer, sans craindre de les confondre avec les véritables *nielles*.

Lorsqu'il s'est trouvé des *nielles* dont le

travail et les dimensions m'ont fait penser qu'ils appartenaient à la même suite, quoique les planches soient maintenant divisées, j'ai cru devoir placer les descriptions à la suite l'une de l'autre, comme si je les eusse encore vues sur le même meuble dont je pense qu'elles ont fait partie ; et lorsque les sujets de cette suite appartenaient à diverses classes, j'ai seulement rappelé le titre de la pièce, en renvoyant au numéro sous lequel elle était décrite.

Par exemple, dans les sujets saints, il se trouve une suite de six médaillons de la même grandeur, sous les n.os 141 à 146; indépendamment de ces chiffres, les pièces portent au commencement de chaque article les n.os i à vi, en chiffres romains; et comme cette suite contient une Vierge, un Apôtre, trois des Pères de l'Église, et un saint Antoine de Padoue (probablement le patron de celui qui avait fait faire le coffret sur lequel ces *nielles* étaient placés), on trouvera, pages 150, 188, 201 et 203, les titres de ces diverses pièces avec leur numéro de renvoi.

J'ai fait de même, lorsqu'une pièce représente deux saints ensemble ; c'est-à-dire que j'ai donné la description et le numéro à l'un des deux, et au second j'en ai simplement rappelé le titre. Par exemple, sous le n.º 203, sont décrits saint Antoine et saint Roch, accompagnés de sainte Catherine ; à l'article de saint Roch et à celui de sainte Catherine, le même sujet se trouve seulement cité avec un renvoi au n.º 203.

Cet Essai est terminé par plusieurs Tables indiquant les *nielles* qui doivent être attribués à chacun des orfévres-nielleurs dont les travaux nous sont connus, ainsi que ceux qui existent dans les principaux Cabinets de l'Europe ; enfin une table générale des matières par ordre alphabétique, donnera la facilité de retrouver les descriptions, observations, réflexions ou dissertations réparties dans l'ouvrage, ainsi que les noms des graveurs et orfévres-nielleurs dont j'ai parlé. J'ai donné aussi dans cette Table les noms des auteurs dont les ouvrages m'ont servi, ou que j'ai combattus, et les sujets dont il a été question.

Lorsqu'en 1824 je publiai le Prospectus de cet ouvrage, j'avais promis de donner deux *fac-simile :* ils ont été lithographiés tous deux, mais par des procédés différens, et avec autant de soins que de talent, par M.r Ch. Girardet, frère du graveur qui s'est rendu si célèbre par l'estampe de la Transfiguration de Raphaël, et par d'autres pièces qui font partie du Musée français publié par Robillard-Péronville et Laurent. Un troisième nielle a été aussi lithographié : c'est M. Smith qui a bien voulu se charger de le faire.

S. A. I. et R. le prince Charles a bien voulu m'envoyer la planche qui a été faite d'après l'épreuve de la Paix gravée et niellée par Finiguerra. M. Samuel Woodburn a aussi contribué à enrichir mon ouvrage, en me confiant trois planches qu'il avait fait graver d'après des nielles qui existent en Angleterre. Enfin, j'ai cru donner un degré d'intérêt de plus, en offrant au public le portrait de l'excellent abbé Zani, à qui on doit la découverte la plus importante, et celle qui fixe la date précise de l'origine de l'impression de la gravure sur métal.

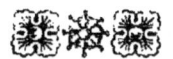

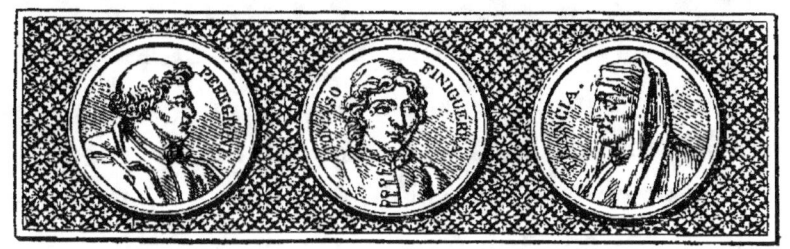

ESSAI
SUR
LES NIELLES.

PARTIE HISTORIQUE.

CHAPITRE IER.

De la Gravure chez les peuples anciens. — De ses rapports avec la Damasquinure. et avec l'art de nieller*. *— De l'Impression des Cartes à jouer. — De celle des Gravures sur bois. — Des premiers Livres en caractères mobiles.*

L'ALLEMAGNE et l'Italie se sont disputé pendant long-temps *l'invention de la gravure au burin,*

---

* Pour l'explication du mot *nieller*, voyez, à la fin de la première partie, note 1.

et les auteurs de chacun de ces deux pays, s'étayant de raisons plus ou moins spécieuses, et en tirant des conjectures plus ou moins justes, prétendaient toujours parvenir à démontrer que la priorité appartenait à leur patrie. Malgré les preuves irrécusables qui existent maintenant en faveur de l'Italie, et dont la plus importante est due à l'abbé Zani, l'auteur du *Peintre-Graveur* (M. Bartsch) cherche encore à laisser croire que cette invention pourrait avoir eu lieu en Allemagne [1]. Il ne peut cependant pas prouver que l'antériorité appartienne à cette contrée : une telle prétention ne serait appuyée sur aucune base raisonnable; mais il laisse entrevoir que la même découverte aurait pu être faite dans les deux pays presque simultanément.

Quelques écrivains français et anglais ont adopté l'une ou l'autre de ces opinions; d'autres, au contraire, ont dit que c'était à tort que de semblables prétentions étaient élevées en faveur des artistes du XV.ᵉ siècle, puisque la gravure sur métal avait été pratiquée par les Romains, par les Grecs, par les Egyptiens, et aussi par les Hébreux [2], peuple chez lequel les beaux-arts étaient peu cultivés, mais dont le grand-prêtre cependant portait une

---

[1] *Le Peintre-Graveur*, Tom. XIII, pag. 5.

[2] Strutt, *a Biographical Dictionary of Engravers*, Tom. I, pag. 7, 8 et 9. London, 1785, in-4°.

tiare ornée d'une plaque d'or, où se trouvait gravé le nom de Dieu.

En faisant ainsi remonter l'invention de la gravure jusqu'à Tubalcaïn même, en citant Moyse comme ayant employé les mots *gravure* et *graver* [1], Strutt ne fait pas attention qu'il est question de gravure sur pierre, ce qui est véritablement une sculpture; et que, dans ces passages de Moyse, il n'est nullement question de graver sur métal. Il en est de même de presque tout ce qu'on lit à ce sujet dans les auteurs anciens, ainsi que des monumens cités par les traducteurs ou par les écrivains modernes : tous ces passages ont rapport à la sculpture, à la ciselure, et aussi quelquefois à la damasquinure, art dans lequel, en effet, il faut, comme dans la gravure, creuser le métal, pour le remplir ensuite, soit d'un métal plus précieux, soit d'une autre matière, comme de l'ivoire, de la nacre, etc.

De semblables discussions ne servent à rien, et ne répandent aucun jour sur l'importante invention de *l'art de tirer des épreuves d'une planche gravée,* ainsi que Bartsch [2] l'a déjà fait observer. C'était donc sortir entièrement de la question, que de faire remonter l'origine de la gravure à des temps aussi éloignés de nous ; c'est presqu'une

---

[1] *Exode,* Ch. xxviii, V. 9 et 11.
[2] *Le Peintre-Graveur,* Tom. XIII, pag. 4.

plaisanterie de citer les noms de Bezeléel et d'Aoliab[1] comme ceux des plus anciens graveurs; la manière même dont il est parlé d'eux dans la Bible, doit les faire regarder comme des sculpteurs et des ciseleurs[2]. Il n'est guère plus raisonnable de classer parmi les graveurs, Acragas, Mys, Calamis, Antipater, Stratonicus, Tauriscus de Cyzique, Ariston, et Eunicus de Mytilène, Hécatée, Posidonius d'Éphèse, Lædus le Stratiate, Zopyre, Pytheas et Teucer[3], dont les travaux sont tous perdus maintenant; d'ailleurs, il est à présumer que c'étaient aussi des ciseleurs ou des damasquineurs.

Sans remonter à une si haute antiquité, on a voulu regarder comme un objet digne de remarque un petit monument dont on ignore l'usage, et qui est un disque de cuivre jaune argenté.

La copie et la description en ont été données par Philippe Buonaroti[4]; depuis il a été cité par Jansen[5], comme une des preuves que la gravure

---

[1] *Biographical Dictionary*, etc., pag. 8.

[2] *Exode*, Ch. xxxi, V. 2 et 6; Ch. xxxv, V. 30 et 34; Ch. xxxvi, V. 1; Ch. xxxviii, V. 22 et 23; *Paralipomenes*, Liv. II, Ch. 1, V. 5.

[3] Pline, *Histoire naturelle*, Liv. xxxiii, traduction de Poinsinet de Sivry. Paris, 1778, in-4.º, Tom. X, pag. 661.

[4] *Osservazioni istoriche sopra alcuni medaglioni antichi*. Roma, 1698, in-4.º, pag. xvij.

[5] *Essai sur l'Origine de la Gravure en bois et en taille-douce*. Paris, 1808, in-8.º, Tom. I, pag. 77.

était pratiquée chez les Romains; et la vue de ce monument conduit cet auteur à s'étonner que les Anciens n'aient pas découvert l'art d'imprimer des gravures, puisqu'ils en étaient si près : il ajoute encore, que le travail de cet ancien monument est le même que celui auquel il donne le nom de *nillée*. C'est une grande erreur de la part de Jansen; il n'y a sur ce disque, il n'a jamais pu y avoir aucune trace de *Nielle**; je pense même qu'il n'est pas gravé au burin, mais au ciselet : il sera facile de s'en convaincre en l'examinant soigneusement, ainsi que j'ai pu le faire; il suffira même de voir une des copies qui en ont été faites et qui se trouvent dans les ouvrages dont on vient de parler, ainsi que dans celui de Strutt, pour sentir que la régularité du travail et la faiblesse des moyens employés sont loin d'approcher de la finesse et de la liberté du burin. Les preuves les plus palpables peuvent se tirer du travail de la queue des paons, et de celui des ailes de l'aigle, qui, de même que ceux des enseignes romaines, sont des hachures droites, se touchant en angle par les bouts, de manière à former de petits zig-zag. On trouve encore une régularité aussi extraordinaire dans les points allongés employés

---

* Pour l'explication du mot *Nielle*, voyez à la fin de la première Partie, note I.

pour rendre les plumes du ventre de l'aigle, la crinière du lion et le corps du cerf, ainsi que celui du chien qui le poursuit. Les personnes qui auront occasion de voir ce disque original, conservé au Cabinet des Médailles et Antiques de la Bibliothèque du Roi, pourront encore trouver d'autres traces de l'emploi du ciselet, dans les petits angles que l'on aperçoit aux lignes circulaires des boucliers et des casques dont les soldats sont couverts. Au contraire, dans aucun endroit on ne trouvera des traces de burin échappées, ainsi que cela aurait dû arriver à une main si peu habile : on pourra également remarquer dans les lettres et dans les tuniques des soldats, que les traits dont elles sont formées se terminent carrément, et jamais d'une manière aiguë, ainsi que cela ne pourrait manquer d'être, si le travail eût été fait avec un burin.

Avant de quitter les monumens antiques de gravure, rappelons encore que différentes plaques de métal antiques présentent des gravures en creux. Les *libri ærei*, contenant les décrets des empereurs, étaient probablement de ce genre. Trois mille monumens de cette nature* furent détruits dans un incendie, sous Vitellius. Il est également hors de raison de vouloir démontrer l'ancienneté de la gravure, en

---

* Seroux d'Agincourt, *Histoire de l'Art par les Monumens*, etc. Paris, 1823, in-fol., Tom. II, pag. 146, note (a).

considérant des monumens damasquinés, tels qu'une coupe de bronze qui se trouve au Musée Portici [1], ainsi que le bouclier votif de la famille Ardabaria [2], que M. Bracci croit avoir été fait à Ravenne, dans le V.ᵉ siècle; mais encore une fois, tout ceci n'a rapport qu'à l'art de graver; et quand même, à l'aide de tous ces monumens, on parviendrait à démontrer que les Anciens ont exercé cet art avec succès, il resterait encore à décider dans quel pays on a trouvé les moyens de *tirer épreuve* d'une planche gravée, et c'est l'objet principal dont j'aurai à m'occuper dans la suite de cet ouvrage.

Il est vrai que quelquefois on a aussi voulu faire croire que les Romains connaissaient l'art de l'impression ; pour y parvenir, on s'est appuyé d'un passage de Pline [3], dont l'obscurité se prête à tout ce qu'on veut; on cherche à en conclure, que des portraits imprimés ont été répandus par centaines à cette époque. Comment donc auraient-ils alors disparu tous, sans qu'on ait pu en trouver un seul vestige, même dans les fouilles d'Herculanum et de Pompeïa?

Voulant donner de la prépondérance au système de la grande ancienneté de la gravure destinée à

---

[1] *Essai sur l'Origine de la Gravure*, etc., Tom. I, pag. 76.
[2] *Idem*. Tom. I, pag. 76 et 77.
[3] *Histoire naturelle*, Liv. xxxv, traduction de Poinsinet de Sivry, Tom. XI, pag. 166 à 169.

l'impression, quelques personnes, soit par simple curiosité, soit peut-être avec l'intention de tromper des amateurs crédules ou ignorans, ont fait imprimer des plaques de métal gravées, qui avaient servi pour des couvertures de livres, des pommeaux d'épées, et même des patères antiques. Mais toutes ces *épreuves modernes de gravures anciennes* ne changent rien aux prétentions ou aux droits de l'*inventeur de l'impression.*

La plupart des auteurs qui se sont occupés de l'histoire de la Gravure, ont prétendu que la gravure sur métal provenait naturellement de la gravure sur bois, qu'ils regardaient comme une invention faite en Allemagne dans le XV.e siècle. D'autres ont fait venir cette précieuse invention de la Chine, où elle était en usage dès l'an 1000 de J.-C. D'autres enfin font voir que l'art d'imprimer des planches de bois sur des étoffes était exercé dans différentes parties de l'Asie*, avant qu'on s'en occupât en Europe. En admettant ces hypothèses, il faudrait alors chercher à qui on doit l'importation de cet art dans le commencement du XV.e siècle, puisque c'est à cette époque qu'on trouve des épreuves de gravures faites en Allemagne et en France.

---

* Éméric-David, *Discours historique sur la Gravure*, etc., dans le Musée français, gr. in-fol. Tom. III, pag. 7.

Il n'existe aucune trace des causes et des moyens qui amenèrent à faire cette découverte, soit en Asie, soit en Europe; on ne trouve non plus aucun renseignement relatif aux premiers artistes qui en firent usage. On a dit que ce procédé avait été employé sous Charles V, Roi de France, pour faire des cartes à jouer; et de ce qu'on trouve d'anciens ouvrages où il est parlé de cartes à jouer, de ce que depuis très-long-temps la gravure en bois a servi pour nos cartes à jouer, on en veut conclure que ces premières cartes étaient aussi imprimées avec des planches gravées sur bois [1]. Il est cependant plus naturel de penser qu'elles étaient peintes; du-moins celles qui existent à la Bibliothèque du Roi, et que l'on croit avoir été faites, en 1392, pour l'amusement de Charles VI, par le peintre Jacquemin Gringonneur, celles-là ne laissent apercevoir aucune trace de gravure en bois. Bien certainement, quoi qu'en dise M. Ottley [2] relativement au prix qu'elles coûtèrent, elles ne sont pas gravées en bois, mais peintes, dans le goût des miniatures qui ornent les manuscrits de cette époque. Quant aux cartes qui se trouvent dans le cabinet Durazzo, et dont parle Lanzi [3], je suis

---

[1] Luigi Lanzi, *Storia pittorica della Italia*, etc. Bassano, 1809, in-8.º, Tom. I, pag. 85.

[2] *An Inquiry into the origin and early History of engraving*, etc. London, 1816, in-4.º, pag. 69.

[3] *Storia pittorica*, etc., Tom. I, pag. 86.

disposé à les croire postérieures au règne de Charles VI, et, par-conséquent, moins anciennes que celles de la Bibliothèque du Roi : elles sont probablement coloriées *au patron*[1], sur des gravures en bois, qui donnaient le trait de la figure, ainsi que c'est encore actuellement l'usage dans la fabrication des cartes à jouer.

La plus ancienne épreuve connue d'une gravure sur bois, avec date, est un saint Christophe, sans marque et sans nom, portant une inscription latine, et l'année 𝔐𝔦𝔩𝔩𝔢𝔰𝔦𝔪𝔬 𝔠𝔠𝔠𝔠° 𝔵𝔵° 𝔱𝔢𝔯𝔱𝔦𝔬[2]. Cette pièce est si grossièrement gravée, elle est d'un dessin si défectueux, qu'il est naturel de penser que c'est un des premiers essais de la gravure sur bois. Le saint Bernard, avec la date de 1454, montre un peu plus de connaissance de l'art. La manière extraordinaire employée dans cette gravure sur bois ne peut laisser douter un instant, qu'elle ne soit de la même main qu'un saint George et une sainte Catherine, sans date, ainsi qu'une Vierge tenant l'Enfant-Jésus, aussi sans date, mais portant le nom de 𝔅𝔢𝔯𝔫𝔞𝔯𝔡 𝔐𝔦𝔩𝔫𝔢𝔱.

Le goût du dessin qu'on remarque dans le saint Christophe, doit faire croire que cette pièce a été

---

[1] Huber et Rost, *Manuel des Amateurs de l'Art*. Zuric, 1797, Tom. I, pag. 85.

[2] Heinecken, *Idée générale d'une Collection complette d'Estampes*. Leipzig, 1771, p. 250. — *Manuel des Amateurs de l'Art*, etc., Tom. I, pag. 86. — *An Inquiry*, etc., pag. 89.

gravée en Allemagne. Le saint Bernard paraît être une production française, ou du-moins c'est ce que doivent faire penser, et le nom de l'artiste, dont la terminaison est conforme aux usages de la langue française, et le prénom de Bernard, qui est celui d'un saint, l'un des plus honorés dans la France, sa patrie.

La découverte de la pièce qui nous fait connaître le nom d'un des plus anciens graveurs sur bois, est due à M. Hill, de Manchester, amateur, dont le zèle égale les connaissances. Nous ignorons où elle se trouve maintenant; mais les trois autres gravures de cet ancien maître existent à la Bibliothèque du Roi : il est à remarquer qu'elles y sont toutes arrivées depuis peu d'années. Le saint Bernard a été trouvé vers 1800, dans les environs de Mayence, par M. Maugerard, alors commissaire du gouvernement français dans les départemens au-delà du Rhin. La sainte Catherine fut rapportée d'Allemagne, en 1816, par M. Dibdin, auteur d'un voyage bibliographique, archéologique et pittoresque en France et en Allemagne. J'ai trouvé le saint George en Angleterre, dans le cabinet d'un amateur, qui l'avait reçu de France quelques années auparavant, et qui, en 1824, voulut bien le céder pour la Bibliothèque du Roi.

Ces estampes, si recherchées maintenant, malgré la grossièreté de leur travail, étaient sans doute destinées à orner l'oratoire, la chambre ou le lit de ceux qui n'avaient pas le moyen d'y placer des peintures, ainsi que les images enluminées que l'on voit encore dans les campagnes : malgré leur grand nombre, elles ont toutes été détruites par le temps, et sont devenues extrêmement rares.

L'Allemagne et la France seulement possèdent des épreuves de gravures sur bois avec date; mais l'Italie présente également des titres authentiques dans l'ancien exercice de la gravure en bois; non pas certainement dans les planches de l'histoire d'Alexandre-le-Grand, citées par Papillon, et attribuées aux Cunio [1], frère et sœur jumeaux, qui vivaient en 1284, mais dans un décret du sénat de Venise, en 1441, où il est dit que l'art et le métier des cartes imprimées [2] avait décliné, à cause de la grande quantité de cartes à jouer qui venaient du dehors.

Tout ce qui vient d'être dit démontre que, dans le XV.e siècle, la gravure sur bois servait à multiplier des images de piété [3] et à faire des cartes à jouer. Par suite, on employa cet art pour exécuter des livres, où le texte et les figures sont gravés sur la même planche [4], et coloriés à la manière des cartes à jouer,

---

[1] Voyez, à la fin de cette partie, une dissertation relative aux Cunio, note II.
[2] Voyez, à la fin de la première partie, note III.
[3] *Manuel des Amateurs de l'Art*, etc., Tom. I, pag. 85 et 86.
[4] *Ibid.*, Tom. I, pag. 86 et 87.

tels que l'*Apocalypse*, la *Bible des Pauvres*, l'*Ars Moriendi*, etc. Puis, Guttenberg et Schoeffer à Mayence, ainsi que Laurent Coster à Harlem, imaginèrent de graver des caractères mobiles, et de les fondre en métal ; ils employèrent alors pour l'impression de leurs *formes*, composées d'un nombre de petits cubes réunis, les mêmes procédés dont on se servait pour tirer les planches gravées sur bois.

Les moyens employés pour imprimer des gravures sur métal n'ayant aucun rapport avec ceux dont on fait usage pour l'impression des gravures sur bois, bien certainement l'un de ces deux arts n'a pu donner naissance à l'autre, quoi qu'en disent plusieurs auteurs répétés par Lanzi[1], qui prétend que « si la marche de l'esprit humain vers les
» découvertes est telle, que les plus simples le
» conduisent naturellement aux plus compliquées,
» on doit en conclure que la gravure en bois fit
» naître l'idée de la gravure en cuivre ; et c'est ce
» qui arriva effectivement en plusieurs endroits ».

Cette idée, adoptée par d'Agincourt[2] et par beaucoup d'autres, me paraît une grande erreur, dans laquelle Lanzi a été entraîné par Heinecken[3]. Il me semble plus naturel de se ranger à l'opinion

---

[1] *Storia pittorica della Italia*, etc., Lib. 1, § III, Tom. I, pag. 88.
[2] *Histoire de l'Art par les Monumens*, Tom. I, pag. 151.
[3] *Idée générale d'une collection complette d'Estampes*, pag. 235.

de M. Éméric-David*, qui admet deux divisions dans la gravure : « l'une, où l'artiste représente les
» objets en creux, laissant subsister dans sa hauteur
» première le champ ou la surface plane qui les
» environne; l'autre, où les objets, au contraire,
» sont laissés en relief, enlevant ou rabaissant tout
» autour la matière qui sert de fond ou de sup-
» port ». Ainsi que ce dernier auteur, je crois que la gravure en creux fut inventée avant la gravure en relief. Quant aux procédés pour imprimer ces deux espèces de gravures, je ne pense pas qu'ils aient dû nécessairement avoir lieu dans le même pays, et à peu d'années d'intervalle; ni que les uns soient incontestablement la suite des autres : au contraire, ainsi que je vais tâcher de le démontrer, les procédés employés dans ces deux arts, auxquels on pourrait dire qu'on a donné à tort le même nom, me paraissent n'avoir aucun rapport entre eux.

La ressemblance apparente qui existe entre l'épreuve d'une gravure sur bois et celle d'une gravure sur cuivre, peut, au premier aperçu, faire croire que ces deux arts se touchent; mais la manière de procéder dans l'une et dans l'autre de ces gravures est entièrement différente, puisque, dans la gravure en bois, les clairs sont creusés d'autant

---

* *Musée Français*, gr. in-fol. Tom. III, pag. 4.

plus profondément, qu'ils sont plus larges; tandis que dans la gravure sur métal, les parties qui, dans l'épreuve, doivent être claires, restent intactes, et qu'on fouille plus ou moins les tailles, en raison de l'intensité de la couleur qu'elles doivent avoir. Il est facile de sentir qu'une *gravure* si différente ne peut être imprimée par les mêmes moyens. Aussi, pour *encrer* une gravure sur bois, on pose légèrement dessus des balles chargées d'un noir gras; on ne colore donc ainsi que les parties saillantes de la planche; puis, en pressant ensuite le papier sur la planche de bois, on obtient une épreuve. Dans la gravure sur métal, il faut faire entrer le noir dans toutes les tailles, ce qui se fait, en mettant de l'encre, qu'on étale soigneusement sur toute la planche, d'abord avec un tampon de linge, et souvent avec le doigt; puis on essuie, soit avec un chiffon, soit avec la paume de la main, toute la superficie de la planche; et au moyen d'une pression beaucoup plus forte, et aussi plus lente que celle de la presse à vis, avec l'aide d'étoffes moëlleuses, ordinairement en laine, et auxquelles on donne le nom de langes, on force le papier humide à s'introduire dans toutes les tailles de la gravure, d'où il enlève le noir qui y était. Ces procédés sont moins simples, plus multipliés, et présentent plus de difficultés que ceux employés pour l'impression d'une gravure sur bois; ils supposent des connaissances plus étendues et plus générales dans les arts : c'est ce qu'a fait observer M. Éméric-David[1]. Il est donc naturel de penser que, quoique la gravure sur métal soit la plus ancienne, c'est l'impression de l'autre gravure qui a dû être découverte la première. Le seul rapport que l'on puisse trouver entre ces deux natures d'impression, est l'encre grasse qu'on emploie également pour toutes deux, et dans laquelle il entre de la litharge, dont la propriété est d'être très-siccative.

La différence des moyens employés pour tirer des épreuves de ces deux sortes de gravures, n'a cependant pas empêché que plusieurs des termes techniques de l'un de ces arts aient été adoptés pour l'autre, et lui aient été en quelque sorte appropriés, malgré l'inconvenance des expressions. C'est ainsi que se reportant aux *planches de bois* dont se servaient les graveurs, coupeurs, ou plutôt *tailleurs* de cartes à jouer[2], on a nommé *planche* de cuivre ou d'argent la lame de métal sur laquelle gravaient les orfévres; puis, pour distinguer les épreuves de ces deux espèces de gravures, l'une étant nommée *taille de bois*, on a donné à l'autre le nom de *taille douce*, parce que l'épreuve qu'on tirait de celle-ci paraissait à l'œil

---

[1] *Musée Français*, gr. in-fol. Tom. III, pag. 6.
[2] Du mot allemand Formschneider.

d'un effet plus doux que celui des épreuves tirées des gravures sur bois. Transportant, au contraire, à la plus ancienne de ces gravures le nom d'un instrument qu'on emploie pour la seconde, on a nommé *pointe* le *canif* dont on se sert dans la gravure sur bois, pour enlever les petites portions de bois qui forment l'intervalle entre chaque taille.

Il ne peut entrer dans le plan de cet ouvrage de faire l'histoire de la gravure sur bois, ni celle de l'impression de ces gravures; plusieurs auteurs [1] en ont déjà parlé avec assez de détails, pour qu'on ne puisse rien dire de mieux que ce qu'ils ont écrit à ce sujet. Il n'en est pas ainsi de la gravure sur cuivre, et de l'art d'en tirer des épreuves: car sur ce point les écrivains n'ont fait que se répéter, en citant toujours Vasari, le seul auteur à-peu-près contemporain qui, dans la vie d'Antoine Pollajuolo [2] et dans celle de Marc-Antoine [3], ait donné quelques renseignemens sur l'origine de *l'Art de la Gravure*, ou plutôt sur l'art *d'imprimer* des gravures sur métal.

Lomazzo, Tiraboschi, et d'autres encore, se sont

---

[1] Heinecken, *Idée générale d'une Collection complette d'Estampes*, p. 235.— Ger. Meermanus, *Origines Typographicæ*. Hagæ-Com., 1765, in-4.º, p. 17 et seq. — Papillon, *Traité historique et pratique de la Gravure en bois*. Paris, 1766, Tom. I.— Jansen, *Essai sur l'Origine de la Gravure en bois, etc.*

[2] *Vite de' più illustri Pittori, etc.* Roma, 1759, in-4º. T. I, p. 438.

[3] *Idem.* Tom. II, pag. 409.

livrés à des conjectures auxquelles il ne faut pas toujours accorder une confiance entière : souvent même, se croyant suffisamment instruits, parce qu'ils avaient vu graver, mais ne connaissant pas bien les procédés employés pour l'impression, ils ont cru pouvoir expliquer des choses qui ne leur étaient pas assez familières, et ils ont laissé de l'incertitude dans leurs définitions. Les traducteurs, à leur tour, ne trouvant pas toujours, dans leur langue, la valeur analogue du terme technique qu'il s'agissait de rendre, ont augmenté l'incertitude qui existait déjà dans les définitions de l'auteur original, ou bien même, remplaçant une expression par une autre, qu'ils croyaient synonyme, ils sont devenus tout-à-fait inintelligibles.

On peut trouver un singulier exemple de cela dans l'ouvrage même de l'abbé Lanzi, auteur si instruit et si recommandable, mais qui, dans sa dernière édition, a été aidé par le chevalier Jean de Lazzara, dont les connaissances sont fortement en défaut dans la note relative à la Paix gravée par Mathieu de Jean Dei [1], représentant la Conversion de saint Paul. L'annotateur y dit : « Il y a déjà bien » des années que voulant découvrir la manière » de *nieller*, on en ôta le *nielle*[2], et la planche » redevint telle qu'elle était sortie de dessous le

---

[1] Relativement à ce nom, voy. à la fin de la première partie, note IV.
[2] *Storia Pittorica della Italia*, Tom. I, pag. 88, note (*a*).

» burin du graveur ». Il suffit de savoir ce que c'est qu'un émail, pour sentir qu'il n'y a encore eu aucun moyen chimique ni mécanique, de dissoudre ou d'enlever l'émail de dessus une planche de métal, avec assez de précision pour la mettre dans le cas de produire des épreuves. Si, le hasard ayant fait sauter une partie du *nielle*, on parvenait avec beaucoup de peine, et autant de patience, à en enlever quelques autres portions, encore en resterait-il toujours de petites parties, qui, continuant à remplir les tailles les plus délicates, empêcheraient que l'épreuve pût présenter toute la finesse du travail. Il est facile de se convaincre de ce qui vient d'être dit, en voyant des épreuves du *nielle* que M. Wellesley a fait tirer à Milan, en 1825, et dont il est parlé dans la deuxième partie de cet ouvrage, sous le n.º 164.

Dans la traduction française de Lanzi, cette note est rendue d'une manière inexacte et tout-à-fait inintelligible. On a employé le mot ciselure comme synonyme de *niellure**, puis on ajoute : « Ce fut d'après » cet exemple qu'on imagina de remplir les cavités » des plaques d'argent avec un mélange de plomb, » et l'on en tira d'abord vingt épreuves ».

Il est inutile sans doute de dire combien le mot

---

* *Histoire de la Peinture en Italie*, traduite par madame Dieudé. Paris, 1824, Tom. I, pag. 154, Note (1). — Pour l'explication du mot *niellure*, voyez à la fin de la première Partie, note I.

ciselure est ici déplacé, puisque s'il était possible d'ôter la *ciselure* d'une plaque de métal, alors elle redeviendrait entièrement unie, et ne pourrait donner aucune espèce de résultat, en la soumettant à l'impression. Il me semble que si l'auteur de la note ou le traducteur eussent pris la peine de regarder avec quelqu'attention une de ces épreuves de la Conversion de saint Paul dont il est question, ils se seraient convaincus qu'elles ont été tirées d'une planche en très-bon état, et n'ayant souffert aucune altération. Ils auraient pu voir aussi bien facilement que le travail de cette gravure n'a jamais été terminé, puisque plusieurs figures sont au simple trait, et que dans les fonds, plusieurs parties ne sont pas couvertes de tailles. Ces observations démontrent suffisamment que cette Paix n'a jamais pu être *niellée*, puisque le *nielle* ne se mettait sur une planche que lorsqu'elle était entièrement terminée.

Ainsi que d'autres, je serai aussi obligé de recourir à Vasari dans le cours de cet ouvrage, et je tâcherai d'éclaircir les points qui présentent quelques difficultés dans son texte; puis, je chercherai dans les auteurs qui ont écrit depuis, ce qui pourra convenir au sujet que je traite. Je profiterai de l'ouvrage de l'abbé Zani; je ne négligerai pas de consulter ce qui a été dit par MM. Bartsch, Éméric-David et Ottley, soit que j'adopte leurs idées, soit que je me permette de les contredire ou de les critiquer. J'aurai encore, pour me guider, les amateurs avec lesquels j'ai eu occasion de me rencontrer, et dont l'entretien m'a quelquefois fait acquérir la certitude d'un point sur lequel j'avais d'abord eu des doutes; mais, dans tout cela, je ne parlerai pas de *l'invention de la gravure sur métal*, dont l'usage remonte à des temps très-reculés; je ne m'occuperai que de *l'origine de l'impression des estampes.*

Si pendant long-temps on a pu être incertain sur le pays et l'époque où l'on a inventé ce merveilleux procédé, cet art sans lequel la gravure ne serait qu'un art secondaire, ainsi que l'a dit d'Agincourt [1], il ne peut plus maintenant rester aucun doute à cet égard. L'ouvrage de l'abbé Zani doit convaincre les plus incrédules : la manière dont s'exprime ce savant et estimable amateur, montre que sa modestie est aussi grande que ses connaissances. Il ne prétend pas, dit-il, se placer sur un tribunal [2], et rendre un jugement dans une matière aussi délicate; il veut laisser à un amateur impartial le droit de peser, avec la balance de la plus saine critique, la valeur des documens que produisent les illustres rivaux, et de présenter la couronne au vainqueur.

---

[1] *Histoire de l'Art par les Monumens*, Tom. II, pag. 146.
[2] *Materiali per servire alla storia dell' origine e de' progressi dell' incisione in rame, etc.* Parma, 1802, in-8.º, pag. 3 et 56.

Qu'il me soit donc permis d'accepter sa mission, et de publier à haute voix l'arrêt que sa découverte le mettait dans le cas de prononcer lui-même; qu'on sache que toutes les incertitudes sont fixées; qu'il est démontré enfin que l'art d'imprimer des gravures sur métal est dû à l'Italie; que cette invention eut lieu dans la ville de Florence, en 1452, et que son berceau fut l'atelier du célèbre Thomas Finiguerra*.

---

* Relativement à ce nom, voyez à la fin de la première Partie, note V.

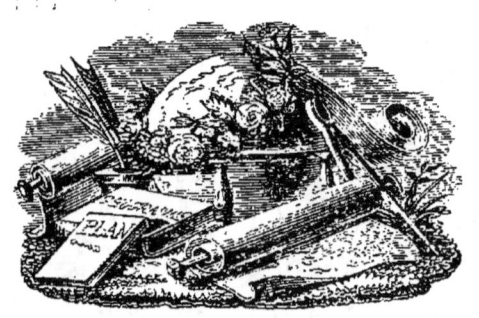

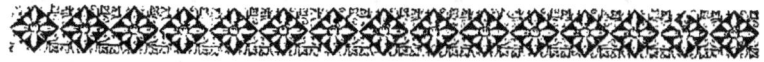

CHAPITRE II.

De l'Orfévrerie lors de la renaissance des arts en Italie. — De l'ancienneté des Nielles. — De ceux qui furent faits en Italie, lors de la renaissance. — De ceux qui ont été faits depuis à Ausbourg et à Paris. — Des plaques en argent niellé, et de la Paix gravée, en 1452, par Maso Finiguerra. — Des Empreintes de Nielles en terre et en soufre.

Lors de la renaissance des arts en Italie, l'orfévrerie n'était pas, comme de nos jours, presque réduite à fournir aux simples usages de la vie. C'était un art des plus importans, dont on se servait principalement pour l'ornement des églises, riches à cette époque, et dont les revenus, souvent employés à faire fleurir les beaux-arts, ont ainsi contribué si efficacement à leur développement et à leurs progrès. Les orfévres étaient non-seulement dessinateurs, mais encore sculpteurs, ciseleurs et graveurs : ils savaient modeler en cire, et n'avaient pas recours à d'autres artistes pour faire leur modèle. Lorsque leur ouvrage était fondu en argent, ils le réparaient eux-mêmes; et quand, au-lieu de faire des figures de ronde-bosse ou des bas-reliefs terminés au ciselet, ils voulaient représenter des ornemens sur une surface plane, ils devenaient graveurs, et se servaient de la pointe ou du burin pour tracer leur dessin sur le métal. Voulant faire ressortir les figures, ils employèrent des hachures croisées dans les fonds, placèrent quelques tailles dans les parties ombrées, et les couvrirent quelquefois d'un émail noir, dont l'effet était de faire briller davantage les parties d'argent qui restaient à découvert. Cette nature de travail, auquel on donna le nom de *nielle,* à cause de sa couleur noire, était employée pour orner des calices*, des reliquaires, la couverture des évangélistaires ou livres d'autels, des poignées d'épées, des manches de couteaux, enfin, des coffrets ou *layettes,* qu'on nomme maintenant, dans le langage des amateurs de curiosités, des *cabinets,* dont l'usage alors remplaçait celui de nos commodes ou chiffonniers, et qui formaient, avec le *bahut,* l'ameublement qu'apportait la mariée dans son ménage. Ces petits meubles, ordinairement en bois d'ébène, divisés par compartimens, et dans lesquels il se trouve un grand nombre d'armoires et de petits tiroirs

---

* *Storia pittorica,* etc., Tom. I, pag. 88. — *Le Peintre-Graveur,* etc., Tom. XIII, pag. 3.

plus ou moins ornés en ivoire, en nacre, ou bien en agathe et autres pierres dures, étaient quelquefois garnis de plaques de métal, suivant la richesse des époux auxquels ils étaient destinés.

Ces ornemens en cuivre, en argent ou en vermeil, étaient presque toujours gravés, et quelquefois, au-lieu de représenter de simples ornemens ou des arabesques, on y traçait des têtes, des figures entières, et même des sujets composés de plusieurs groupes*. Les plaques de métal dont on se servait pour cet usage, étaient toujours d'une très-petite dimension, ordinairement en parallélogrammes, quelquefois en forme de médaillons ronds ou ovales, ou bien chantournés, en raison du compartiment sur lequel elles devaient être appliquées : souvent, dans les épreuves de ces planches, on aperçoit la trace des trous faits dans le métal, afin de pouvoir le fixer, avec de petits clous, sur le livre ou sur le meuble qu'il devait orner.

Un artiste habile ne se contente pas ordinairement de suivre la marche de ses devanciers; il cherche encore à perfectionner son travail, soit en inventant quelque procédé nouveau, soit en améliorant ceux déjà découverts, soit enfin, en rappelant quelques-uns des arts qui sont tombés dans l'oubli. Un de ces orfévres ingénieux, pour faire remarquer

---

* *Vite de' più illustri Pittori*, etc., Tom. 1, pag. 439.

ses gravures, et leur donner quelque rapport avec les peintures en émail, fort employées alors, imagina de faire revivre en Italie l'ancien usage des *nielles*, déjà connu en France [1], ainsi qu'on peut en voir la preuve dans les passages de plusieurs auteurs cités par Ducange [2]. La plus importante se trouve dans le testament de Léodebode [3], abbé de Fleuri, vers le VII.ᵉ siècle. Par cet acte, il lègue *deux coupes dorées de Marseille, qui ont au milieu des croix* niellées.

Lessing, en rapportant ce passage [4], ne veut pas croire que ces coupes de métal aient été décorées d'une croix en émail noir; il pense que c'était plutôt une croix *nillée*, terme de blason, employé pour désigner une croix semblable à la croix *ancrée*, mais qui tient moins de largeur dans l'écu. Le même auteur énonce ensuite, « comme une conjecture, » que l'art de *nieller* est peut-être le même que l'en- » caustique des Anciens ». Bartsch [5], en rapportant cela, n'a pas fait attention que, dans notre langue, encaustique ne signifie pas autre chose que l'art de

---

[1] *Le Peintre-Graveur*, Tom. XIII, pag. 2.

[2] *Glossarium ad scriptores mediæ et infimæ latinitatis*. Parisiis, 1733, in-fol., verbis *Nigellum, Niellatus*.

[3] *Historiæ Francorum scriptores*, etc. Parisiis, 1641, Tom. IV, pag. 61. B.

[4] *Kollektaneen zur Litteratur*, Tom. XVI, pag. 194, au mot *Niellum*.

[5] *Le Peintre-Graveur*, Tom. XIII, pag. 36, note 4.

peindre avec un mélange de couleur et de cire, art exercé par les Grecs et les Romains[1], tandis que la peinture en émail leur était inconnue[2]. Il ne faut pas lui donner une autre acception, le prendre également pour l'art d'incruster de petites portions de métal sur du bois, de l'ivoire, ou même un métal précieux sur un autre qui l'est moins : ce qui a plutôt rapport à l'art de damasquiner, dont l'usage en effet, ainsi que cela a déjà été dit, était assez fréquent chez les peuples anciens, quoique son nom semble pourtant faire croire que son origine est due à la ville de Damas, et par cette raison, paraîtrait ne pas remonter, en Europe, au-delà du temps des Croisades.

La damasquinure et la *niellure* n'ont d'autre rapport entre elles que d'avoir été exercées l'une et l'autre par des ouvriers habitués à travailler l'or et l'argent. Peut-être bien peut-on classer aussi sous le nom d'*Enkaustik*, un art auquel les Italiens donnent le nom de *agemina*[3], et qui, à-peu-près semblable à la damasquinure, consiste à placer des filets d'or et d'argent sur des plaques de cuivre ou d'acier, où ils se trouvent fixés au moyen d'un mordant. La damasquinure est un ouvrage

---

[1] Pline, Livre xxxv, Tom. XI, pag. 274 et suiv.; pag. 294 et 295; Tom. XII, pag. 132 et 133.

[2] *Histoire de l'Académie royale des Inscriptions et Belles-Lettres*, Tom. XXV, pag. 6.

[3] *Histoire de l'Art par les Monumens*, Tom. II, pag. 144.

à plusieurs couleurs; la *niellure,* au contraire, est une espèce de peinture monochrome; et la gravure, dans cette circonstance, est nécessaire, non-seulement pour tracer les figures, mais aussi pour que les barbes formées par le burin, en ouvrant la taille, puissent présenter à l'émail des aspérités qui l'agrafent, s'il est permis d'employer cette expression; et, le retenant sur la plaque de métal, l'empêchent ainsi de s'écailler. C'est pour atteindre le même but, qu'on est maintenant dans l'habitude de guillocher les tabatières, les montres, ou autres bijoux qu'on veut émailler. Dans les cadrans de montre, ou autres objets dont l'émail n'est pas transparent, la plaque de métal est également striée, mais sans régularité et sans soin, parce que l'émail étant opaque, ne laisse rien apercevoir du travail préparatoire.

Ce qui vient d'être dit fait voir pourquoi, dans le travail des *orfévres-nielleurs,* les tailles sont plus fines et plus serrées que dans les estampes des *orfévres-graveurs* qui leur ont succédé, puisque dans la gravure destinée à être *niellée,* des tailles larges et profondes, d'un côté, n'auraient pas présenté les ébarbures nombreuses nécessaires pour retenir l'émail, et de l'autre, auraient pu en produire quelques-unes assez fortes pour traverser la couche d'émail, qui était extrêmement mince. Alors la superficie aurait pu présenter des portions de métal d'un très-mauvais effet, principalement dans les fonds, puisque, au-lieu d'être d'un noir égal, le *nielle* se serait trouvé parsemé de petits points brillans. Lorsqu'au contraire, on a voulu tirer des épreuves d'une planche gravée, un travail aussi serré et aussi fin était difficile à imprimer, surtout dans ces premiers temps, où la presse à cylindre n'étant pas encore inventée, on ne se servait que de la simple pression d'un rouleau poussé à la main.

L'usage des *nielles*, après avoir été continué depuis le VII.e jusqu'au XII.e siècle, avait été négligé pendant un long espace de temps; il fut repris et fréquemment employé dans le XV.e siècle; mais il ne tarda pas à être abandonné de nouveau; et si l'on trouve plusieurs monumens d'orfévrerie gravés avec richesse vers ce temps, en Allemagne, on ne connaît aucun objet *niellé*[*] qui paraisse avoir été fait dans ce pays et dans ce siècle. On en rencontre quelquefois que l'on croit faits à Augsbourg, dans le milieu du XVIII.e. Ce genre de travail vient d'être repris à Paris depuis quelques années, pour orner des tabatières, des montres, des boîtes à odeurs, des bracelets, et même des épingles en serpent, représentant ordinairement des lettres enlacées en forme de chiffres. Ces nouveaux bijoux

---

[*] *Le Peintre-Graveur*, Tom. XIII, pag. 3 et 4.

sont en or au-lieu d'être en argent, et n'offrent que des enroulemens d'arabesques, au-lieu de sujets à figures; mais, ainsi que les anciens *nielles*, ils présentent le métal à nu dans les clairs, avec des parties en émail noir dans les ombres [1].

On ne connaît plus rien des *nielles* antérieurs à la renaissance ; et ceux qui furent exécutés en Italie vers ce temps, ne sont pas communs maintenant. Leur rareté tient à plusieurs causes, parmi lesquelles on doit placer en première ligne le temps où l'on a cessé de cultiver cet art, puisque Cellini [2], en parlant de l'art de *nieller,* dit que dans l'année 1515, l'art de graver des *nielles* était presque abandonné. La petitesse des objets *niellés*, et la facilité avec laquelle ils ont pu s'égarer, ont dû aussi en augmenter la rareté. Cette rareté a pu devenir extrême par le besoin que firent éprouver les guerres civiles en Italie, de recourir aux églises pour obtenir des secours pécuniaires, en fondant une partie des objets d'art dont leurs trésors étaient remplis ; enfin, ce qui nécessairement a réduit aussi leur nombre, c'est le soin qu'ont dû mettre à faire disparaître des morceaux de métal, dérobés pour leur valeur intrinsèque, ceux qui auraient pu craindre

---

[1] La mode, qui change si souvent en France, en conservant le même travail, fait quelquefois remplacer l'émail noir par un émail bleu foncé.

[2] *Trattato dell' Oreficeria*, Cap. II. Fiorenza, 1569, in-4°.

de les voir réclamer par leurs propriétaires, s'ils avaient été conservés dans leur forme primitive.

Entre les objets destinés au culte, et où les orfévres pouvaient le mieux exercer leur talent, comme offrant un champ plus étendu, on doit remarquer les *Paix*, petites plaques de métal cintrées, de trois ou quatre pouces de hauteur, sur une moindre largeur. Ces *Paix* sont encore d'usage maintenant à la messe des grandes fêtes, pendant qu'on chante l'*Agnus Dei*. Leur nom vient de ce que baisée d'abord par le célébrant, cette plaque est ensuite présentée à baiser à chacun des ecclésiastiques, en leur disant *Pax tecum*. C'est à tort qu'on les a quelquefois confondues avec la *patène*, petit plat servant pour le sacrifice de la messe, et sur le dehors duquel on grave seulement le monogramme de *J.-C.* La patène donnée aussi à baiser, pendant l'offertoire, par le célébrant lui-même, ne peut être touchée que par lui, à cause de la consécration qu'elle a reçue, et en raison de l'usage auquel elle sert.

Parmi les Paix qu'on voit encore dans les églises, beaucoup sont remarquables par leur travail, quelques-unes par leur extrême ancienneté. Souvent ce sont des bas-reliefs en argent ou en vermeil; d'autres sont couvertes de peintures en émail; enfin on en connaît aussi qui sont *niellées :* et parmi celles-ci, nous parlerons d'abord de la Paix gravée par *Maso Finiguerra*, en 1452, pour l'église de Saint-Jean de Florence*, et placée depuis quelques années dans le Musée de cette ville, où elle se voit actuellement. Un tel monument, si précieux aujourd'hui, fut regardé sans doute, dès ce temps, comme un ouvrage bien remarquable, puisqu'il en existe deux empreintes en soufre. L'une tirée de la planche avant qu'elle fût terminée, après avoir appartenu à Gori, est passée dans le Cabinet du comte Durazzo, à Gênes, et fait encore partie de sa précieuse collection ; l'autre, entièrement conforme à l'original, pour la perfection du travail, était chez le sénateur Seratti, gouverneur de Livourne.

Cet amateur distingué, voulant suivre le Roi de Naples à Palerme, lorsque ce monarque fut obligé de changer sa résidence, emporta avec lui toute sa fortune. Sa mauvaise santé ne lui ayant pas permis de rester long-temps en Sicile, il obtint la permission de retourner à Livourne; mais un évènement malheureux le priva de revoir sa patrie. Lors de son retour, il fut pris et mené à Alger, où il mourut en 1811. La prise fut vendue en partie dans ce pays; mais la collection d'estampes

---

* La traduction du passage de Gori, où il parle de la Paix gravée par Finiguerra, se trouve à la fin de la première partie, note VI.

fut apportée à Malte, et acquise, en 1813, par un capitaine anglais, qui la transporta à Londres; les estampes suivirent alors la chance ordinaire du commerce : l'empreinte en soufre fut réservée par le capitaine, qui voulait en tirer un bon parti. Il la garda jusqu'à l'année suivante, où elle fut achetée 150 livres sterling par M. Colnaghi, et vendue ensuite 250 livres sterling au duc de Buckingham et Chandos.

Cette curieuse empreinte est un des objets les plus remarquables de la magnifique collection de Stowe ; elle est encore entourée d'une partie de son vieil encadrement en bois commun, placée sous verre dans un autre cadre en bois d'ébène : le tout est contenu dans une boîte fermée à clef, et déposée dans la salle des archives du comté. De pareils soins ne donnent pas, il est vrai, plus de valeur à cette empreinte inestimable; mais ils font voir avec quelle vénération elle est conservée par l'illustre amateur qui en est propriétaire. Le duc possède également le manuscrit de la dissertation dans laquelle Seratti donne des renseignemens sur la découverte de Finiguerra. Tout ce que dit l'auteur de cette notice ne doit pas être adopté sans discussion; mais il s'y trouve des faits importans, qu'on ne peut révoquer en doute, et qu'il pourra être agréable de connaître tels qu'ils ont été exposés par l'amateur italien : déjà sa dissertation a été donnée textuellement en italien par Zani[1]. M. Ottley l'a traduite en anglais[2], et la traduction française que j'en ai faite se trouvera à la fin de cet essai[3].

Avant d'aller plus loin, il me sera permis sans doute de revenir encore sur l'art de *nieller*, afin de faire connaître les causes et les hasards qui ont dû amener Finiguerra à la découverte de l'impression des estampes. Chacun sait que cet orfévre, le plus distingué de son temps, se fit remarquer dans l'art de *nieller*, et qu'il fut chargé de plusieurs travaux importans pour le Baptistère de Florence, l'une des églises les plus riches de cette ville. Vasari, que l'on a cité souvent, parle de la composition qu'employaient les orfévres pour faire leurs *nielles*[4].

La manière d'écrire de cet auteur est si laconique, et quelquefois si négligée, qu'il serait peu utile de donner textuellement les passages où il s'occupe des *nielles* et de la découverte de Maso Finiguerra. Cela pourrait même laisser quelques doutes sur les moyens employés par les orfévres pour *nieller*, puisqu'en en parlant dans différens passages, il n'est pas toujours entièrement d'accord avec lui-même; cependant il est bon de faire connaître ce qu'il nous apprend; mais au-lieu d'en

---

[1] *Materiali per servire alla storia, etc.*, pag. 215 à 221.
[2] *An Inquiry, etc.*, pag. 270 à 275.
[3] Voyez à la fin de la première partie, note VII.
[4] *Vite de' più illustri Pittori, etc.*, Tom. I, pag. 61.

donner une traduction littérale, j'ai pensé qu'il serait mieux d'ajouter quelques éclaircissemens, qui, sans changer le fond de ce que dit l'auteur italien, le rendraient plus facile à entendre. Déjà Vasari a été commenté par des auteurs compatriotes ou par des traducteurs qui, cherchant à le rendre plus clair, n'y ont pas tout-à-fait réussi [1]; je tâcherai de me faire mieux comprendre. Toutefois, ceux qui voudraient lire le texte original, trouveront, à la fin de la première partie de cet ouvrage, les passages dans lesquels Vasari parle de l'art de *nieller*, et de celui de tirer des empreintes en terre et des épreuves sur papier [2].

Lorsqu'un orfévre voulait *nieller* l'ouvrage qu'il venait de terminer avec le burin, il mettait dans un creuset de l'argent, du cuivre et du plomb, du soufre et du borax [3]; ce mélange étant fondu et chauffé jusqu'à la vitrification, on le coulait, et on le laissait refroidir. La composition, devenue cassante, était ensuite pilée, broyée, et tamisée en poudre très-fine; l'orfévre alors avait soin d'en répandre, avec précaution, sur les parties gravées de la planche d'argent que, suivant son dessin, il

---

[1] *Storia Pittorica, etc.*, Tom. I, pag. 90, note (*a*); et la traduction française de cet ouvrage, Tom. I, pag. 156, note (1).

[2] Voyez, à la fin de la première Partie, note VIII.

[3] La traduction du passage de Cellini, relatif à l'art de *nieller*, se trouve à la fin de la première partie, note IX.

voulait *nieller* : ayant ainsi couvert de *nielle en poudre* la partie gravée de sa planche, il la plaçait près d'un feu clair, dont la flamme était renvoyée sur la plaque de métal, au moyen d'un soufflet; ce qu'on obtiendrait maintenant avec la lampe d'émailleur. Le *nielle*, mis de nouveau en fusion, se fixait au métal, sur lequel il était retenu par les petites aspérités que présentait la gravure. La planche *niellée* et retirée du feu, on la laissait refroidir, puis on en usait la superficie, d'abord avec une pierre-ponce, pour enlever les superfluités; ensuite avec des matières plus douces; puis enfin, on la frottait seulement avec la main, jusqu'à ce que la surface fût entièrement polie.

Cette opération demandait beaucoup de soins et de propreté, afin que le *nielle* fût étendu bien également et sans soufflure; on a même été jusqu'à dire que les épreuves sur papier provenaient d'empreintes en soufre, et non pas des planches d'argent elles-mêmes, parce que, disait-on, le noir et la graisse, qu'il fallait introduire dans les tailles de la gravure, auraient été un obstacle suffisant pour empêcher le nielle de se fixer convenablement sur le métal. Cette objection est assurément bien futile; il est facile de faire voir combien elle a peu de force, en lisant ce que dit Cellini [*], que la beauté d'un

---

[*] *Trattato dell' Oreficeria*, Cap. XXI, p. 24.

nielle consiste à être uni, et qu'il n'y ait aucune soufflure : il faut pour cela faire bouillir la planche dans de l'eau mêlée avec de la cendre, opération à laquelle on donne le nom de *cendrée*. Après que la planche a bouilli dans cette eau pendant un quart d'heure, il faut la mettre dans de l'eau propre, et la frotter avec une brosse, jusqu'à ce qu'il ne reste plus d'ordure dans les tailles de la gravure. Ce passage démontre clairement que pour *nieller* une planche, elle devait être bien nettoyée; le procédé que décrit Cellini, fait voir que la saleté qu'aurait pu laisser l'impression, aurait été enlevée aussi facilement que celle qui se trouvait produite par le hasard, pendant la durée du travail.

Vasari, en parlant des *nielles*, dit aussi que Maso Finiguerra peut être regardé comme trèscélèbre dans ce genre. Pendant fort long-temps on a regretté de ne pas connaître les travaux de cet habile orfèvre ; cependant il existait de lui une Paix qui, sans avoir ni son nom ni sa marque, est bien authentique, puisque les archives de Saint-Jean de Florence fournissent la preuve que, en 1452, on lui paya 66 florins d'or pour avoir gravé et *niellé* une Paix d'argent représentant l'Assomption de la Vierge. Cette Paix, où l'on remarque un talent extraordinaire dans la composition, dans le dessin et dans la gravure, a servi de point de comparaison pour faire reconnaître, comme étant de la main de Maso Finiguerra, d'autres travaux qui, sans avoir la même authenticité, présentaient les mêmes caractères de beauté.

L'opération de *nieller* ne permettant aucune espèce de réparation ni de retouche, il était nécessaire de s'assurer si le travail était terminé avant de jeter le *nielle* sur le métal; aussi les orfévres étaient-ils dans l'usage de prendre des empreintes pour se rendre compte du point d'avancement de leur gravure : ils employaient pour cela une terre extrêmement fine et compacte*, qui happait la teinte noire et grasse dont on avait eu soin d'emplir les tailles de la gravure; par ce moyen, ils obtenaient sans peine des empreintes de leur travail, ainsi que le font journellement, avec de la cire molle, les graveurs de médailles. Ces empreintes avaient l'inconvénient de se briser facilement; la terre, en séchant, se gerçait; et lorsqu'elles étaient d'une dimension de trois ou quatre pouces, il devait être impossible de les conserver. Aussi, aucun objet de cette nature n'est arrivé jusqu'à nous : soit que ces morceaux aient été détruits par le temps, soit plutôt qu'ils n'aient jamais été conservés par les orfévres eux-mêmes.

Pour avoir une empreinte moins fragile, ils

---

* *Vite de' più illustri Pittori*, etc., Tom. II, pag. 409.

imaginèrent de couler du soufre sur l'empreinte en terre : ce moyen offrait deux avantages ; l'un de conserver plus facilement un souvenir de la planche avant qu'elle fût *niellée*[1] ; l'autre, de présenter la composition dans le même sens que la planche originale : enfin, pour rendre plus solide encore l'empreinte en soufre, on coulait derrière une certaine épaisseur de plâtre. On rencontre encore quelques-uns de ces essais, et j'en ai vu, dans la collection du chevalier Marc Sikes, plusieurs qui avaient servi à décorer une châsse conservée long-temps dans le couvent des Camaldules. Cependant, on cessa bientôt de faire des empreintes en soufre, probablement dès qu'on eut trouvé le moyen de tirer des épreuves sur papier. On n'en connaît aucune des planches gravées dans le XVI.e siècle, et j'ignore sur quoi M. Ottley a pu se baser[2], pour dire que Vasari lui-même aurait pu voir encore ce procédé en usage, lorsqu'il était en apprentissage chez l'orfévre Manno, vers 1525.

Le passage de Vasari, qui parle des empreintes en terre et en soufre, ainsi que des épreuves sur papier, tirées par Finiguerra lui-même, a été discuté avec soin par M. Ottley, qui a très-bien démontré dans son ouvrage[3], que Baldinucci et

---

[1] *An Inquiry*, etc., pag. 281 et 285.
[2] *Idem*, pag. 282.
[3] *Idem*, pag. 267 et 268.

Bartsch se sont trompés, en prétendant que les épreuves sur papier étaient tirées des empreintes en soufre. Il fait voir que ces deux auteurs ont été entraînés dans cette erreur par une phrase mal ponctuée dans les dernières éditions de Vasari [1]; en rétablissant cette phrase d'après une ancienne édition de Bologne, elle a cessé d'être louche, et il devient hors de doute que Finiguerra a pris sur ses planches d'argent des empreintes en terre, sur lesquelles il prenait une contre-empreinte en soufre, et qu'il a tiré aussi de ces mêmes planches d'argent des épreuves sur papier. Dans un autre endroit de son ouvrage [2], M. Ottley cherche à faire croire que l'abbé Zani a partagé, ainsi que l'a fait Bartsch [3], l'erreur de Baldinucci. M. Ottley se trompe. Cette opinion se trouve, il est vrai, dans l'ouvrage de Zani [4]; mais il la rapporte dans une de ses notes, qui est la dissertation sur le soufre de Seratti: il s'exprime tout différemment, lorsqu'il parle lui-même de cet objet. On voit, dans le texte de son ouvrage, qu'il a seulement voulu dire [5], que Maso tira son épreuve sur papier, *postérieurement* à l'empreinte en soufre, et non pas *d'après* l'empreinte.

---

[1] Voyez à la fin de la première partie, note X.
[2] *An Inquiry*, etc., pag. 308, note †
[3] *Le Peintre-Graveur*, Tom. XIII, pag. 12.
[4] *Materiali per servire alla storia*, etc., pag. 216.
[5] *Idem*, pag. 48 et 49.

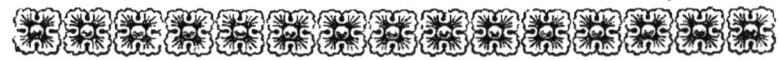

CHAPITRE III.

Épreuve sur papier, de la Paix niellée en 1452 par Finiguerra. — Impossibilité de tirer épreuve d'un soufre. — L'Art d'imprimer les gravures se répand dans la Lombardie, la ville de Venise et l'Allemagne. — Épreuves de divers Nielles. — Fausseté des dates attribuées à plusieurs Estampes anciennes. — Découverte de l'abbé Zani à la Bibliothèque du Roi.

JUSQU'A présent, en parlant des *orfévres-nielleurs*, il n'a été question que des empreintes qu'ils ont pu tirer en soufre, et point des épreuves sur papier. Cependant, indépendamment des deux empreintes prises sur la Paix de Finiguerra, et dont il a déjà été parlé, il existe une épreuve sur papier, tirée de cette même planche avant qu'elle fût *niellée*, et elle se trouve à Paris, à la Bibliothèque du Roi. C'est une épreuve de la même nature, mais tirée d'une autre planche, qui engagea M. Ottley à publier son ouvrage, ainsi qu'il le dit lui-même en tête de sa préface*. « Me trouvant en Italie, il

---
* *An Inquiry*, etc., pag. vij.

» y a plusieurs années, le hasard me fit rencontrer
» une petite gravure : le style du dessin et la déli-
» catesse du fini, ainsi que la manière imparfaite
» avec laquelle on semblait l'avoir tirée, me por-
» tèrent à penser que ce pouvait être un véritable
» essai des talens de Maso Finiguerra ».

On va voir que l'importante invention de tirer épreuve d'une planche gravée au burin, fut, quoi qu'en dise d'Agincourt [1], amenée par le hasard [2], qui souvent a plus de part que le génie lui-même, dans les inventions les plus précieuses, mais dont l'homme habile sait s'emparer, en apercevant l'avantage qui peut résulter de la découverte qu'il a faite sans s'y attendre.

Personne n'ignore ce que raconte Vasari, qu'une femme ayant posé sur l'établi de *Maso Finiguerra* un paquet de linge mouillé, sans faire attention qu'il s'y trouvait une planche prête à être *niellée*, ce paquet étant resté quelque temps sur la planche, on fut fort étonné, en l'enlevant, de voir tout le travail de la gravure empreint avec fidélité sur le linge humide [3]. L'ingénieux *Finiguerra*, surpris, émerveillé même de cet effet, répéta sans doute cet essai avec le premier linge qui se sera trouvé sous sa main : réfléchissant ensuite que du papier

---

[1] *Histoire de l'Art par les Monumens, etc.*, Tom. II, pag. 146.
[2] *An Inquiry, etc.*, pag. 285.
[3] *Manuel des Amateurs, etc.*, Tom. III, pag. 4.

humecté pouvait amener les mêmes résultats, quelques chiffons placés derrière son papier, et la paume de la main, lui auront suffi pour se convaincre de ce qu'on pouvait espérer d'une pareille découverte. Passant rapidement à un essai plus important, il aura remplacé le linge par une étoffe de laine, dont les poils plus élastiques firent entrer plus fortement le papier dans les tailles ; à la paume de la main il a dû substituer un rouleau de bois, au moyen duquel les deux mains procurent une pression plus forte et plus égale. Quoique tout ceci ne soit que des conjectures, encore semblent-elles si naturelles, que rien ne s'oppose à expliquer ainsi l'anecdote racontée par Vasari; cependant, depuis quelque temps, on avait voulu la faire regarder comme un de ces contes qu'il rapporte souvent, et auxquels on ne doit point ajouter foi. Rien n'est cependant plus facile à concevoir ; mais comment comprendre ce que dit Bartsch*? et surtout comment croire qu'une empreinte en soufre ait jamais pu être *encrée ?* comment penser que les tailles fines et serrées de la gravure de Finiguerra, après avoir été moulées et contre-moulées, aient pu conserver encore assez de profondeur sur le soufre pour se charger de noir? comment, après avoir ainsi barbouillé l'empreinte d'un sujet rempli de figures

---

* *Le Peintre-Graveur*, Tom. XIII, pag. 19 a 21.

aussi petites et de travaux aussi délicats, aurait-il été possible, avec du papier humide et spongieux, d'enlever le noir sur les parties claires, sans l'enlever en même-temps dans les fonds et dans les parties ombrées ? comment enfin un soufre aurait-il pu supporter la pression nécessaire pour tirer une épreuve [1], tandis qu'il est certain que le plus léger frottement et la chaleur seule de la main seraient déjà suffisans pour occasionner des craquemens qui bientôt ameneraient la brisure totale du soufre ?

L'art d'imprimer des planches sur métal a pu rester dans cet état précaire pendant quelques années; puis il s'étendit au-delà de Florence, gagna la Lombardie et les états vénitiens, ainsi qu'on peut le conclure de ce que dit Lanzi [2], en parlant des *nielles* décrits dans la deuxième partie de cet ouvrage, sous les n.ᵒˢ 26 et 326. Le nom placé dans l'inscription latine qui est autour du n.º 26, est celui d'une famille bolonaise; et les inscriptions du n.º 326 sont en dialecte vénitien. Ces motifs sont suffisans pour faire penser que ces gravures ont été faites ailleurs que dans la ville de Florence.

Il est à croire aussi que l'art d'imprimer était encore très-peu avancé quand il fut porté en

---

[1] *An Inquiry*, etc., pag. 269.
[2] *Storia Pittorica dell' Italia*, Tom. I, pag. 92.

Allemagne, et que, contre l'opinion de Bartsch [1], c'est encore avec des procédés aussi imparfaits, que furent faites les premières épreuves des planches gravées par le maître de 1466; du-moins il s'en trouve quelques-unes si défectueuses, qu'on peut attribuer leur défaut à la faiblesse des moyens dont on se servait pour imprimer. Il est vrai qu'on peut aussi penser que les parties mal venues dans ces anciennes pièces n'avaient pas été suffisamment encrées. Toujours est-il certain qu'en peu d'années l'art d'imprimer des estampes fit de grands progrès en Allemagne : on en trouvera la preuve dans plusieurs estampes, tant de ce maître de 1466, que de Martin Schongauer et de Israël Van Mecheln. Ces pièces, d'une dimension quatre ou cinq fois plus grande que les Paix italiennes, sont déjà bien mieux tirées qu'elles, et présentent des résultats très-supérieurs à ceux qu'on avait obtenus à la même époque en Italie. Il est vrai de dire aussi que le noir employé dans ces deux pays diffère étonnamment; car, tandis que les pièces gravées par les vieux maîtres allemands sont d'un noir brillant, on reconnaît toujours les gravures italiennes à la pâleur de leur encre [2], souvent bleuâtre dans les pièces les plus anciennes, quelquefois un peu

---

[1] *Le Peintre-Graveur*, Tom. XIII, pag. 27.
[2] *Idem*, Tom. XIII, pag. 33 et 34.

bistrée, toujours plus ou moins grise et jamais d'un noir pur comme celui des estampes d'Allemagne.

On ne peut douter de l'amélioration apportée par les Allemands dans l'impression des estampes [1]. Lanzi croit en voir les motifs dans l'usage de la presse, et de l'encre d'impression qui était employée depuis plusieurs années en Allemagne [2]. Cette dernière observation est exacte; quant à l'autre, chacun sait qu'il n'y a aucun rapport entre la presse dont on se sert pour l'impression des livres, et celle qu'on emploie pour imprimer les gravures en taille-douce : et, quoiqu'en effet la presse à cylindre ait pu être inventée en Allemagne, ce ne peut être, malgré ce que dit Lanzi [3], la presse à vis des imprimeurs en lettres qui en ait donné l'idée.

Il est facile de se convaincre de la justesse des observations relatives à la couleur de l'encre, en examinant des *épreuves de nielles,* ainsi que des gravures d'Antoine Pollajuolo, Baccio Baldini, Nicolas Rosex, André Mantegna, et aussi celles de Jean-Antoine de Brescia, que je crois être le même graveur que Jean-André de Venise, dussé-je par cette assertion troubler la paix du tombeau, et m'attirer encore une nouvelle exclamation

---

[1] *Storia Pittorica dell' Italia,* etc., Tom. I, pag. 103 et 104.
[2] *Le Peintre-Graveur,* Tom. XIII, pag. 30 et 34.
[3] *Storia Pittorica della Italia,* Tom. I, pag. 113.

du savant et excellent abbé Zani *, avec lequel j'ai le regret de ne pas me trouver d'accord sur cet article. Au contraire, les gravures de Benoît Montagna, et celles des deux Campagnola, quoique faites dans le même temps, présentent une impression dont le ton noir se rapproche assez de celui des estampes allemandes. Cette différence peut venir de ce que, travaillant à Venise, ces graveurs ont dû avoir connaissance, dans cette ville plutôt qu'ailleurs, des améliorations faites par les Allemands, dans l'art d'imprimer des gravures. Au reste, quoique Heinecken ait prétendu qu'à cette époque il existait trop peu de relations entre l'Allemagne et l'Italie, pour que les découvertes relatives à la gravure aient été promptement transportées d'un pays dans l'autre, il n'en est pas moins vrai qu'il n'a fallu que peu d'années, pour faire connaître chez une nation les gravures qui étaient publiées chez l'autre.

Cette assertion peut être facilement prouvée, en voyant la lettre ŋ de l'alphabet gravé en Allemagne par le maître dont la marque est ɛ 1 ℔ 6 6 ꝯ. La planche ayant été coupée par le haut et par le bas, cette lettre est devenue un u, qui se trouve dans quelques exemplaires d'un livre de Pierre de Abano,

---

* *Enciclopedia metodica critico-ragionata delle belle Arti*, da P. Zani. Parma, 1820, in-8.º, Part. II, Tom. VII, pag. 205.

imprimé à Milan, en 1472. Je ne m'étendrai pas davantage sur ce sujet, qui n'a pas de rapport aux *nielles;* je l'ai d'ailleurs discuté dans un travail préparé depuis plusieurs années, sur l'alphabet du maître de 1466, et que je compte publier plus tard.

Les anciennes estampes italiennes sont toujours rares, et il y a lieu de penser qu'elles n'ont jamais été tirées qu'à petit nombre. Cependant, il est permis de croire aussi que l'imperfection des moyens employés pour imprimer les estampes devait en donner beaucoup de tellement défectueuses, qu'elles étaient probablement déchirées par les graveurs eux-mêmes, qui, s'ils n'étaient pas toujours imprimeurs, du-moins faisaient faire ce travail sous leurs yeux.

C'est ainsi sans doute qu'on doit expliquer pourquoi on trouve des épreuves si usées d'une estampe, qui pourtant n'est pas commune; mais je ne pense pas qu'il en soit ainsi des *nielles,* dont probablement on n'a jamais tiré que deux ou trois épreuves. Cependant quelquefois on a cru qu'à force de recherches on en découvrirait; mais depuis vingt-cinq ans que l'attention a été appelée sur ce sujet, les soins les plus assidus des amateurs ont procuré la découverte d'un nouveau *nielle,* plutôt qu'une seconde épreuve de la même planche d'argent. Il paraît même qu'on doit regarder comme *absolument unique la* PREMIÈRE ÉPREUVE *sur papier, d'une gravure sur métal* qui se trouve à Paris, à la Bibliothèque du Roi. Bartsch fait tous ses efforts pour ne pas reconnaître cette vérité, en prétendant, comme je l'ai déja dit, qu'au-lieu d'être tirée de la planche de Finiguerra, l'épreuve de la Bibliothèque a été prise sur une empreinte en soufre. M. Ottley [1] n'est pas d'avis non plus que notre épreuve soit le premier essai de Maso Finiguerra; il veut attribuer l'antériorité à l'épreuve de la Paix dont il a été possesseur, et à laquelle il suppose la date de 1445, sans avoir pour cela aucune base certaine; s'appuyant simplement sur ce que, dans l'épreuve de cette Paix, les moyens d'impression lui paraissaient tout-à-fait dans l'enfance.

Lanzi, par une autre supposition, cherche aussi à diminuer le prix de notre estampe, en disant que l'épreuve de l'Adoration des Rois est plus ancienne que celle de l'Assomption. Cet auteur, en supposant l'Adoration antérieure de douze ans à l'Assomption, dont la date est certaine, a voulu faire remonter la découverte de l'impression des estampes à l'année 1440, afin d'avoir une antériorité sur l'époque assignée par Heinecken [2] pour la découverte de l'impression en Allemagne.

Il n'est sans doute pas nécessaire de s'étendre davantage sur les prétentions élevées par les

---

[1] *An Inquiry*, etc., pag. 307.
[2] *Idée générale d'une Collection d'Estampes*, pag. 220.

auteurs allemands, et il est tout-à-fait inutile de redire combien sont erronées les dates de 1440 et 1455. De Murr[1], suivant ce qu'ont écrit Paul Behaim le jeune et Sandrart[2], a prétendu que ces dates se trouvaient, la première sur une suite de la Passion en onze pièces; la seconde, sur une scène familière d'un vieillard jouant avec une jeune fille. Heinecken et Bartsch ont fait voir l'un et l'autre que, tout en répétant ces faits, ils doutaient fort de leur authenticité : Bartsch paraît même penser que si la suite de la Passion existe (ce qui est douteux, puisqu'on ne l'aurait jamais vue depuis l'année 1618, date du catalogue dans lequel elle se trouve citée[3]), il est à présumer que cette collection serait gravée sur bois, et que la date serait celle de 1470[4]. Il n'est peut-être pas inutile de rappeler ici que si les chiffres 4 et 7 présentent maintenant trop peu d'analogie pour être confondus, il n'en était pas ainsi à cette époque, où ces deux chiffres étaient figurés ainsi, ᛉ ᐱ, et où par-conséquent un accident sur l'épreuve pouvait faire croire que le chiffre ᐱ était surmonté d'une boucle, qui lui donnait l'apparence d'un ᛉ. Quant à l'année 1455, Zani a démontré clairement que, si cette date existe,

---

[1] *Journal des Arts*, Tom. II, pag. 180.
[2] *Academia nobilissimæ artis pictoriæ*, Tom. I, pag. 220.
[3] *Le Peintre-Graveur*, Tom. XIII, pag. 5 et 6.
[4] *Idem*. pag. 6.

les deux derniers chiffres ont été mal lus [1], et qu'elle devrait indiquer l'année 1499.

Ceci m'amène à parler d'une autre estampe représentant saint Grégoire, pape, voyant l'homme de douleur pendant le sacrifice de la messe, et sur laquelle M. Fischer a donné une dissertation pour prouver que cette pièce, gravée en cuivre, portait la date de 1422 [2].

Consulté dans le temps sur cette singularité, à la simple inspection du *fac-simile* qu'on me fit voir, je démontrai que les chiffres qu'on avait pris pour des 2 étaient des 8, dont on n'avait pas aperçu le délié, qui coupait perpendiculairement le plein, ainsi formé dans les chiffres gothiques Z, et que par-conséquent la pièce était de l'année 1488, et non pas de 1422. Enfin, on doit aussi regarder comme controuvée la pièce dont parle Samuel Palmer [3], pièce qu'il prétend être gravée sur métal, avec la date de 1412 et les initiales A M, dont la désignation, selon lui, est André de Murano.

De semblables assertions pouvaient être permises encore il y a trente ans ; mais maintenant, à moins de vouloir se refuser à l'évidence, il n'est plus possible de douter un instant, que l'art d'imprimer

---

[1] *Materiali per servire alla storia, etc.*, pag. 6 à 9.
[2] *Annales encyclopédiques*, rédigées par A.-L. Millin, Tom. III, pag. 269; juin 1817.
[3] *History of Printing.* London, 1733, pag. 391.

les estampes, ainsi que je l'ai déjà dit, ait pris naissance en 1452, dans la ville de Florence.

Si donc, comme on est autorisé à le penser, l'épreuve de la Paix de 1452 est UNIQUE; si elle est la seule pour laquelle on trouve des preuves irrécusables qu'elle soit de la main de Finiguerra; si enfin cette épreuve est pour ainsi dire le type et le point de comparaison auquel on a recours pour reconnaître les autres *nielles*, qui raisonnablement peuvent être attribués à ce célèbre orfévre, nous devons cependant avouer que long-temps la Bibliothèque du Roi a possédé ce trésor, sans en connaître toute la valeur. C'est à un étranger, c'est à l'abbé Zani, que nous en devons la découverte; il nous fit voir que cette pièce devait être distinguée particulièrement, comme étant bien certainement gravée par *Maso Finiguerra*, souvent nommé, mais à tort, *l'inventeur de la gravure*, et que l'on doit, sans aucun doute, regarder comme l'inventeur de *l'impression des gravures sur métal*.

C'est peut-être ici le lieu de faire remarquer combien tous ceux qui ont écrit sur l'origine de l'art de la gravure, ont suivi une marche vicieuse, en croyant toujours procéder mathématiquement, et marcher du connu à l'inconnu; sans penser qu'ainsi, non-seulement ils pourraient, mais que même ils devraient remonter jusqu'au commencement du monde. Lors donc que ces auteurs étaient parvenus à trouver une date sur une estampe, ils en tiraient la conséquence que, puisque ce fait était constant, il devait avoir un antécédent, auquel, disaient-ils, on pouvait attribuer dix années d'antériorité[1]. Lorsqu'au-lieu d'une date ils parvenaient à démontrer l'existence certaine d'un graveur, et l'époque où il vivait, ils lui donnaient un maître, au moyen duquel ils reculaient la découverte de trente ans.

Lanzi lui-même, auquel on accorde un jugement sain, a suivi cette fausse route : après avoir dit que la Paix de l'Assomption de la Vierge fut imprimée par Maso Finiguerra, il ajoute, qu'à cette époque il était déjà célèbre, et qu'ainsi que le disent Gaburri et Tiraboschi, il avait dû faire épreuve des bijoux qu'il avait gravés sur argent; qu'il adopta cet usage vers 1440, et peut-être quelques années plus tôt[2]. Il en donne pour preuve l'Adoration des Mages, dont il a déjà été question, et qu'il prétend antérieure à l'Assomption, ce que je regarde comme douteux, et qui plus est comme contraire à la vérité. D'abord, si la pièce représentant une Adoration des Mages est de la main de Maso Finiguerra, ainsi que je suis disposé à le croire, on n'a aucune preuve, quoi qu'en puisse dire Lanzi, qu'elle soit antérieure à l'Assomption[3]; au contraire,

---
[1] *Idée générale d'une Collection complète d'Estampes*, pag. 220.
[2] *Storia pittorica*, etc., Tom. I, pag. 100.
[3] *Idem*, Tom. I, pag. 92 et pag. 100, note (*b*).

je pense que sans parler de la composition, du dessin, ni du travail de la gravure, qui ne pourraient rien apprendre à ce sujet, en considérant seulement les épreuves de cette pièce, et la manière dont elles sont imprimées, on verra qu'elles sont incomparablement mieux tirées que celles de l'Assomption; et même que l'autre Paix représentant la Vierge et l'Enfant-Jésus, entourés de plusieurs saints et saintes.

Si l'état d'amélioration des épreuves de l'Adoration des Mages ne paraissait pas déjà une preuve suffisante, pour démontrer qu'elles ont été tirées postérieurement aux deux autres Paix, il semble qu'on devrait encore trouver une nouvelle probabilité de ce fait dans le nombre d'épreuves qu'on en connaît, et qui est supérieur à toutes celles des autres *nielles*. Or, pourrait-on supposer que Finiguerra eût tiré plusieurs épreuves d'une planche qui non-seulement est perdue, mais dont on ne trouve de trace dans aucun auteur ni dans aucunes archives; tandis qu'il aurait négligé de le faire postérieurement pour une Paix destinée au service de la plus célèbre église de Florence.

Voyons au contraire dans ce fait la preuve que le Couronnement de la Vierge est la *première pièce* imprimée par Finiguerra; que peut-être il n'en fit qu'une seule épreuve, parvenue en France sans qu'on puisse savoir comment; qu'après deux cents ans d'existence, cette pièce entra dans le cabinet de l'abbé de Marolles, collection dont la richesse est d'autant plus grande, qu'elle a été formée antérieurement à tous les autres cabinets de l'Europe. Plus tard, quand Finiguerra eut gravé la Paix représentant la Vierge et l'Enfant-Jésus accompagnés de saints et de saintes, il en tira deux épreuves, dont une fut aussi trouvée en France par l'abbé Zani, dans le cabinet Borduge; elle a passé depuis dans celui de M. Durand, et fait maintenant partie du riche cabinet du duc de Saxe-Teschen. Enfin, plus tard encore, notre ingénieux orfévre ayant terminé son Adoration des Mages, et voyant que plusieurs personnes désiraient avoir quelques essais de sa nouvelle découverte, en tira plusieurs épreuves, dont quatre sont arrivées jusqu'à nous.

L'épreuve de la Paix gravée par Maso Finiguerra, en 1452, placée à la Bibliothèque du Roi, parmi les estampes des vieux-maîtres d'Italie, avait cependant échappé à la vue et à la sagacité des nombreux amateurs qui, en visitant cet établissement, en avaient admiré la richesse. Mariette même ne la reconnut pas, lui qui, plus encore que Heinecken, avait dû examiner soigneusement ces recueils, puisqu'il avait cherché avec tant de soin des gravures de Maso Finiguerra, ainsi qu'on en trouve la preuve dans la lettre qu'il écrivit à Gaburri[*], en 1731, et

---

[*] *Raccolta di Lettere sulla pittura*, etc., Tom. II, p. 230 et 231.

dans laquelle il dit : « J'ai une pleine connaissance
» de la riche collection d'estampes du prince
» Eugène, puisque je l'ai mise en ordre, et que
» j'en ai fait un catalogue très-ample : *il n'y a cer-*
» *tainement rien de Maso Finiguerra,* ni dans
» celle du Roi, qui est très-belle, sur-tout dans la
» classe des estampes gravées par les vieux-maîtres ».

L'abbé Zani nous apprend dans son ouvrage [1], qu'il vit cette pièce intéressante à la fin de 1797, et peu de jours après son arrivée à la Bibliothèque; mais dans ce moment, il ne fit part à personne de sa découverte, et se contenta de me dire qu'il avait trouvé des trésors qui causeraient bien de l'étonnement lorsque son ouvrage paraîtrait. Ce n'est qu'au mois de mars 1798, après avoir vu chez M. Alibert le dessin de la Paix envoyée par Gaburri à Mariette; que ne conservant plus aucun doute sur l'authenticité de notre épreuve, il prit le parti de faire connaître l'importante découverte qu'il avait faite. Je ne puis m'empêcher de faire remarquer que Lanzi, dans sa dernière édition, dit que la découverte de cette estampe eut lieu à Paris, en 1803 [2]. C'est une erreur d'autant plus étonnante de sa part, que l'ouvrage publié à ce sujet par l'abbé Zani, a été imprimé à Parme, en 1802.

---

[1] *Materiali per servire alla storia*, etc., pag. 48.
[2] *Storia pittorica*, etc., Tom. I, pag. 91.

Essai sur les Nielles p. 57.

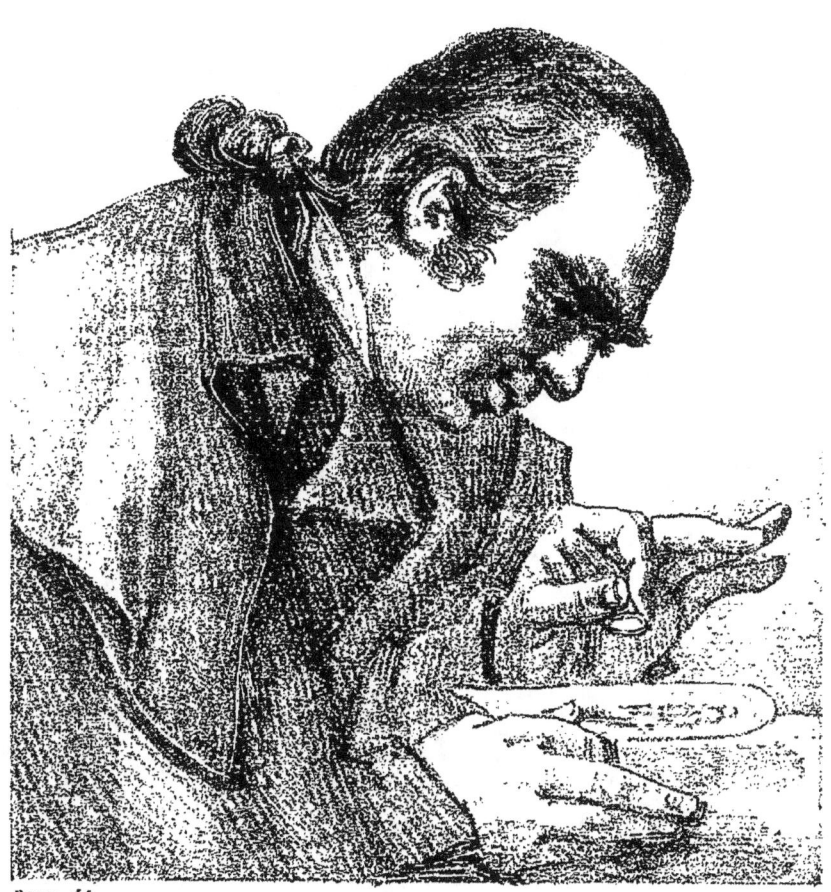

Denon, del.   A. Duchesne scr.

D. PIERRE ZANI

découvrant à la Bibliothèque du Roi, en 1797,

une épreuve de la Paix niellée en 1452

par MASO FINIGUERRA.

Il serait difficile de peindre la joie de l'estimable abbé Zani, au moment où, ayant acquis la certitude de sa découverte, il s'empressa de nous en faire part. Cet excellent homme était tellement sourd, qu'il entendait à peine les complimens qu'on lui faisait sur l'importance de la pièce, qu'il avait reconnue comme une épreuve tirée par Maso Finiguerra, d'après une planche gravée par lui. Parlant très-mal le français, il s'exprimait avec beaucoup de difficulté, et cherchant alors à se mieux faire comprendre, il parlait italien; puis, pour s'expliquer mieux encore, il se servait de phrases latines que sa prononciation rendait difficiles à entendre, et d'expressions techniques, dont quelquefois nous ne pouvions sentir la justesse; employant sans cesse les mots *niello, niellare, niellatore*, dont le sens ne nous était pas connu; le tout entremêlé d'exclamations joyeuses, dont il a rendu compte dans son ouvrage, avec une naïveté et une bonhomie tout-à-fait extraordinaires [1], mais qu'on serait bien coupable de regarder comme un radotage, pardonnable à un vieillard dont l'ouvrage ne serait qu'une simple *rapsodie* [2]. L'agitation dans laquelle était l'abbé Zani devait paraître d'autant plus singulière, que depuis six mois qu'il venait tous les

---

[1] *Materiali per servire alla storia*, etc., pag. iv, 2, 49 et 52.
[2] *An Inquiry*, etc.; pag. 308.

jours travailler à la même place, il avait été facile de remarquer que son infirmité le rendait semblable à un terme, et l'empêchait de prendre part à rien de ce qui se passait autour de lui. Très-jeune à cette époque, et ne pouvant attacher à cette intéressante découverte autant d'importance que notre savant amateur, je n'oublierai jamais cependant la scène singulière que produisit l'état d'enthousiasme où se trouvait ce digne abbé Zani; elle m'a frappé si fortement, qu'après plus de vingt-cinq ans, elle est encore parfaitement présente à mon esprit.

M. Joly, conservateur du cabinet des estampes de la Bibliothèque, désirant que cette pièce fût placée plus convenablement, la fit enlever de dessus la feuille où elle se trouvait confondue avec quinze autres gravures anciennes, qui, jusqu'à ce moment, avaient bien pu aller de pair avec elle, mais qui, par un trait de lumière, venaient d'être en quelque sorte précipitées à cent pieds au-dessous. Ce fut une nouvelle source de joie pour notre savant abbé, lorsque le lendemain je lui fis voir la précieuse épreuve de la Paix qu'il venait de découvrir, seule au milieu d'une feuille, n'ayant plus pour compagnes, dans le même volume, que les vignettes du Dante, les prophètes et les sibylles de Baccio Baldini. Dix années après, ayant fait un choix de quelques estampes anciennes pour les placer sous cadre, j'engageai M. Joly à y mettre aussi la gravure de Finiguerra. Depuis cette époque, tous les amateurs français ou étrangers, en venant visiter le cabinet des estampes de la Bibliothèque du Roi, ont eu facilement l'occasion d'admirer cette épreuve unique de la PREMIÈRE ESTAMPE imprimée par Maso Finiguerra, en 1452.

Comme je l'ai déjà dit, Bartsch ne veut pas que cette épreuve ait été tirée sur la planche d'argent[1]; il prétend qu'ainsi que les autres épreuves de *nielles*, elle a été prise sur l'une des empreintes en soufre que l'on connaît. Il cherche à démontrer que sans doute elle vient du soufre de Seratti[2]; il veut également que ce soit sur des soufres qu'aient été prises les épreuves de *nielles* dont il révoque en doute l'existence[3], parce que, dit-il, la Bibliothèque de Vienne n'en possède pas un. Cependant, sans le savoir, il en a décrit, dans son ouvrage, seize[4], qui doivent se trouver à Vienne, dans la collection impériale, ou bien dans celle qui, à cette époque, appartenait au duc de Saxe-Teschen; car il ne s'en trouvait effectivement pas dans la collection

---

[1] *Le Peintre-Graveur*, Tom. XIII, p. 19, 20, 22, 23, 29 et 34.
[2] *Idem*, Tom. XIII, pag. 44.
[3] *Idem*, Tom. XIII, pag. 25.
[4] *Idem*, Tom. XIII, pag. 99, n.ᵒˢ 1 et 2; pag. 101, n.ᵒ 6; p. 102, n.ᵒ 1; p. 206 et suiv., n.ᵒˢ 2 à 10: p. 254, n.ᵒ 1; p. 291 et suiv., n.ᵒˢ 66, 67, 68.

formée par le comte de Fries, et qui a été vendue à Amsterdam en 1824. Il dit aussi qu'excepté la collection Durazzo¹, on ne connaît de *nielles* nulle part.

L'abbé Zani, dans ses *Materiali, etc.*, en cite quatre, qu'il a rencontrés en Italie; il aurait dû en décrire davantage, puisqu'à cette époque la Bibliothèque du Roi en possédait une quarantaine, qu'il a vus, mais dont il a négligé, je ne sais pourquoi, de donner connaissance. Il est même assez extraordinaire qu'après avoir cité, d'après Heinecken, les cinq pièces qui composent la suite du Sacrifice d'Abraham, il ne parle pourtant que d'une seule de ces pièces qu'il a vues, dit-il, dans la Galerie de Florence². Cependant ces mêmes pièces se trouvaient toutes les cinq à la Bibliothèque, dans un des volumes de la collection de Marolles; et si à cette époque elles n'étaient pas encore reconnues pour des *nielles*, au-moins se trouvaient-elles classées avec les pièces anonymes des vieux-maîtres italiens. Toutes les épreuves de *nielles*, alors éparses dans plusieurs volumes, sont maintenant réunies dans un seul avec celles qui ont été acquises à la vente Silvestre, ou qu'on a eu occasion de trouver depuis en Allemagne, en Hollande et en Angleterre. Ce recueil, du plus haut intérêt,

---

¹ *Le Peintre-Graveur*, Tom. XIII, pag. 24.
² *Enciclopedia metodica, etc.*, Part. II, Tom. II; pag. 7.

est le plus nombreux qui existe; il n'a été surpassé que par la très-riche collection de Marc Sykes, maintenant disséminée, par la vente publique qui eut lieu en Angleterre en 1824.

Il est difficile de concevoir que Bartsch, qui devait assurément bien connaître les procédés employés pour l'impression d'une estampe, et la force de pression nécessaire pour faire épreuve d'une planche gravée, ait jamais pu penser qu'une épreuve sur papier pût être tirée d'un soufre[1].

S'il avait vu des empreintes de cette nature, même celle de Seratti, qu'il dit être la plus belle et la mieux conservée, et qu'on croit tirée postérieurement à celle de Durazzo[2], puisqu'elle présente le résultat de la planche dans un état plus avancé; s'il avait vu aussi d'autres empreintes en soufre, ainsi que j'en ai vues plusieurs dans la collection du chevalier Marc Sykes, il se serait convaincu qu'il est impossible de tirer épreuve de semblables empreintes. S'il avait voulu voir des *nielles* dans les épreuves qu'il a décrites[3] à l'article du maître ℞, il lui aurait été démontré, qu'un travail aussi fin et aussi serré ne peut laisser sur du soufre des tailles assez creuses, pour qu'on y puisse introduire de

---

[1] *Le Peintre-Graveur*, Tom. XIII, pag. 12 et 17.
[2] *Storia pittorica*, etc., Tom. I, pag. 91.
[3] *Le Peintre-Graveur*, Tom. XIII, pag. 206 et suivantes.

l'encre¹, et que le papier qu'on y appliquerait, même avec la plus grande légèreté, ne produirait toujours qu'un barbouillage informe. Enfin, s'il avait pu examiner avec attention des épreuves de *nielles*, il aurait trouvé sur quelques-unes, et notamment sur celle de la Paix de 1452, les traces d'une forte pression, et, en quelques endroits, l'indication des bords d'une planche de métal.

C'est donc une erreur de vouloir considérer la Paix de 1452 comme prise sur un soufre, et non pas sur la planche d'argent elle-même; c'est donc une erreur de ne pas vouloir la regarder comme une épreuve tirée par Finiguerra, et probablement comme le premier essai de la gravure sur métal; c'est donc une erreur enfin que de vouloir considérer la PREMIÈRE ESTAMPE comme un chiffon de papier appuyé, on ne saurait trop comment, sur une empreinte de soufre, qui se trouverait encrée par des procédés tout-à-fait inconcevables². Si Bartsch eût été vrai, s'il eût mis dans sa discussion toute la franchise convenable, s'il eût voulu un moment se dépouiller de l'amour-propre national, s'il eût voulu ne pas conserver un peu de jalousie contre le cabinet des estampes de Paris, il serait convenu que l'épreuve de la Paix de Finiguerra, qui se

---

[1] *Le Peintre-Graveur*, Tom. XIII, pag. 19 et 20.
[2] *Idem*, pag. 20.

trouve à la Bibliothèque du Roi, est une épreuve tirée sur la planche d'argent elle-même; qu'elle est bien imprimée; que ce qui manque dans le haut à gauche, est un léger accident arrivé au papier postérieurement au tirage. Quant à la couleur de l'épreuve, elle ne peut rien indiquer contre elle. J'ai déjà fait remarquer qu'on voit souvent des épreuves de *nielles* bleues ou grises ; c'est même le ton de la plupart des anciennes estampes italiennes; et ce ton gris ne peut donner à penser que l'épreuve soit mal venue, ou soit tirée d'une planche usée. Il faut aussi faire remarquer qu'à cette époque on ne possédait pas les connaissances chimiques qui ont apporté une grande amélioration dans la fabrication du noir d'impression. Peut-être bien n'avait-on pas encore l'habitude de faire cuire l'huile; peut-être ne faisait-on pas usage de la litharge, dont la combinaison facilite la dessication de l'huile, et l'empêche de s'étendre sur le papier; ce qui lui donnait un ton jaunâtre, ainsi qu'on peut le remarquer dans quelques estampes anciennes d'Italie, et notamment dans les vignettes imprimées pour l'Enfer du Dante; peut-être aussi que, ne mettant pas assez de litharge dans l'encre, le noir n'était pas suffisamment fixé sur le papier, ce qui fait qu'il ne faut mouiller les *nielles* qu'avec précaution, et ne pas les mettre dans l'eau chaude; sans quoi, on doit craindre de voir enlever une partie de l'encre. Cette opération si simple, et qu'on peut répéter sans inconvénient sur des estampes d'Allemagne, a causé quelquefois un peu de dommage à d'anciennes épreuves de *nielles*. Cela me donnera occasion de faire remarquer que l'acide dont on fait tant d'usage depuis quelques années, et qu'on emploie toujours avec succès pour blanchir les estampes d'Allemagne et de France, est souvent pernicieux pour les anciennes estampes d'Italie. Il est donc plus prudent de ne pas s'en servir, ou du-moins dans ce cas, de l'employer avec beaucoup de modération.

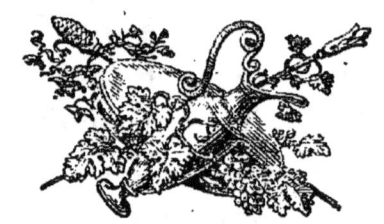

CHAPITRE IV.

Des différens Orfévres-nielleurs, *et en particulier de Peregrini. — Explication des différentes marques employées par cet artiste.*

MASO FINIGUERRA a été jusqu'à-présent le seul *orfévre-nielleur* dont on se soit occupé, et dont on ait cité le nom et les productions; il est le seul aussi des travaux duquel on ait cherché des épreuves; cependant, d'autres que lui ont travaillé dans le même genre; et l'abbé Zani parle d'une Paix, dont la planche originale non terminée fut achetée, en 1801, pour la galerie royale de Florence. Elle représente saint Paul renversé sur la route de Damas*. Cette Paix, gravée par Mathieu, fils de Jean Dei, a été faite pour la communauté de Saint-Paul, où elle se trouvait encore lors de la suppression de cette congrégation. Malgré l'intérêt que peut présenter cette pièce, il est bon de rappeler, ainsi que je l'ai déjà dit, qu'elle n'a jamais été terminée, et n'a pas

---

* *Materiali, etc.*, p. 45. — *Storia pittorica, etc.*, T. I, p. 88 et 89.

été *niellée;* par-conséquent, il sera toujours possible, lorsqu'on le voudra, d'augmenter le nombre d'épreuves existantes de cette ancienne gravure. Toutes celles que j'ai vues sont modernes. Par là, je n'entends pas dire qu'elles aient été tirées dans ce siècle-ci, mais vers le milieu du siècle précédent, probablement dans le temps où Gori, s'étant occupé de recherches sur les *nielles*, avait obtenu la facilité de faire faire quelques épreuves; il les donna alors comme objet de curiosité, sans cependant vouloir les faire passer pour des épreuves tirées dans le XV.e siècle. Parmi celles que j'ai eu occasion de rencontrer, j'en ai distingué de deux espèces; les unes, sur un papier qui, sans être entièrement semblable au papier ancien, y a quelque rapport; les autres, sur un papier épais et à gros grain, tel que celui qu'on emploie encore ordinairement en Italie. Cette différence doit faire croire qu'on a tiré des épreuves à deux époques différentes; les premières du temps de Gori, les autres postérieurement à lui. Mais, en tous cas, ces épreuves, quoique prises sur une planche d'argent gravée dans le XV.e siècle, ne présentent pas l'intérêt de celles qui ont été tirées par Maso Finiguerra ou ses contemporains, puisque ce qu'on recherche ce sont les essais de l'art d'imprimer, et non pas des preuves de l'ancienneté de la gravure.

Les autres *orfèvres-nielleurs*, dont les noms

sont parvenus jusqu'à nous, sont, parmi les Florentins, Amerighi [1], Michel-Ange Bandinelli [2], Philippe Bruneleschi [3]; à Bologne, François Furnio [4], Bartholomé Gesso [5], Geminiano Rossi [6] et François Raibolini [7], connu sous le nom de François Francia, et célèbre comme ayant été le maître de Marc-Antoine; à Milan, Daniel Arcioni [8] et Caradosso [9]. On connaît encore Ambroise Froppa [10] de Pavie, Forzone Spinelli [11] d'Arezzo, qui travailla à Florence; Jacques Tagliacarne [12] de Gênes, Teucro [13] fils d'Antoine, et Jean Turino [14] de Sienne, l'un

---

[1] *Enciclopedia metodica*, etc., Part. I, Tom. II, pag. 83.
[2] *Idem*, Part. I, Tom. III, pag. 52.
[3] *Vite de' più illustri Pittori*, etc., Tom. I, pag. 244.
[4] *Enciclopedia metodica*, etc., Part. I, Tom. IX, pag. 206.
[5] *Idem*, Part. I, Tom. IX, pag. 356.
[6] *Idem*, Part. I, Tom XVI, pag 214.
[7] *Idem*, Part. I, Tom. XVI, pag. 16. — *Vite de' più illustri Pittori*, etc., Tom. I, p. 481. — *Storia pittorica*, etc., Tom. I, p. 89.
[8] *Enciclopedia metodica*, etc., Part. I, Tom. I, pag. 178. — *Storia pittorica*, etc., Tom. I, pag. 89.
[9] *Storia pittorica*, etc., Tom. I, pag. 89.
[10] *Enciclopedia metodica*, etc., Part. I, Tom. IX, pag. 194.
[11] *Idem*, Part. I, Tom. XVII, pag. 366. — *Vite de' più illustri Pittori*, etc., Tom. I, pag. 65 et 154. — *Storia pittorica*, etc., Tom. I, pag. 8.
[12] *Enciclopedia metodica*, etc., Part. I, Tom. XVIII, pag. 108 et 311, note 2.
[13] *Enciclopedia metodica*, etc., Part. I, Tom. XVIII, pag. 170.
[14] *Idem*, etc., Tom. XVIII, pag. 301. — *Vite de' più illustri Pittori*, etc., Tom. I, pag. 43. — *Storia pittorica*, etc., Tom. I, p. 89.

des élèves d'Antoine Pollajuolo. Enfin, on cite aussi les noms de Antonio[1], Danti[2], Pierre Dini dit Arcolano[3], Gavardino[4], et Léon-Jean-Baptiste Alberti[5]. Mais l'histoire ne nous fait pas connaître particulièrement les travaux de tous ces artistes; elle nous apprend seulement que la plupart d'entre eux avaient l'estime de leurs contemporains, et qu'ils furent chargés d'exécuter plusieurs objets *niellés* pour diverses églises.

Le nom d'un autre *orfèvre-nielleur* est, jusqu'à ce jour, resté presque inconnu; car l'abbé Zani[6], tout en citant une pièce de lui, ne paraît pas même soupçonner qu'il ait pu en faire d'autres : cela est d'autant plus singulier, que ce maître a laissé un grand nombre de *nielles*, qui méritent d'être considérés avec la plus grande attention, et que, contre l'usage de tous ses compagnons, il a souvent adopté une marque qui peut faire reconnaître ses travaux. Cependant, parmi les *nielles* sans marque que je n'oserais attribuer à Finiguerra, comme ne les trouvant pas assez importans, ou comme étant d'un

---

[1] *Enciclopedia metodica*, etc., Part. I, Tom. II, pag. 150.
[2] *Idem*, Part. I, Tom. VII, pag. 246.
[3] *Idem*, Part. I, Tom. VII, pag. 331.
[4] *Storia pittorica*, etc., Tom. I, pag. 89.
[5] *Idem*, Tom. I, pag. 8.
[6] *Materiali per servire alla storia*, etc.

travail inférieur à ceux qu'on connaît de lui, il en est plusieurs que je crois de cet autre orfévre qui doit être regardé comme l'auteur des *nielles* les plus jolis, les plus fins et les plus remarquables, tant par la grâce de la composition, que par la correction du dessin.

J'avais souvent eu lieu de remarquer sur plusieurs arabesques gravées avec soin et d'un très-bon goût, la marque ₽ placée d'une manière assez apparente, soit sur une tablette, soit sur quelqu'une des autres parties dont les arabesques étaient composées. J'avais vu aussi un *nielle*, représentant une figure debout, que je regardais comme un des plus précieux morceaux de ce temps, et dans la marge duquel on voyait les lettres O. ₽. D. C.; la barre qui coupait la lettre P, démontrait assez que ces deux marques désignaient le même auteur. Les autres lettres devaient avoir une signification, mais je ne la connaissais pas. Tant que je voulus en faire les initiales de noms patronymiques, je ne pus réussir à trouver rien de raisonnable : mais le hasard me fit rencontrer dans un recueil d'anciennes estampes, acquises à la vente du cabinet Silvestre, en 1811, plusieurs *nielles*, dont un représentait une Résurrection de Jésus-Christ : dans la marge du bas est écrit DE OPVS PEREGRINI CE[s] Le dessin et le travail étaient également remarquables, et avaient tant de rapport avec les pièces marquées P ou O. P. D. C., que je ne pouvais douter qu'elle fût du même artiste. Déjà Bartsch [1] avait regardé ces deux marques comme appartenant au même maître, dont au surplus il n'avait pas fait connaître le nom, qui se trouve sur le nielle dont il vient d'être parlé.

L'inscription qu'on lit au bas de la Résurrection de Jésus-Christ, pourra bien, il est vrai, paraître fautive, si on veut l'analyser suivant les règles de la grammaire latine; cependant elle ne peut laisser d'obscurité sur le nom de l'auteur, et ce n'est pas le seul exemple de l'ignorance des graveurs de cette époque. Cette inscription me donna la signification des quatre lettres O. P. D. C.; depuis, j'ai été confirmé dans mon opinion par le savant abbé Zani, qui les a expliquées de la même manière que moi [2]. Le déplacement de la lettre D ne présentera, je crois, aucune difficulté pour l'expliquer, et la lettre C. désigne clairement le nom de la patrie de notre artiste; avec la différence, que dans l'inscription latine les trois dernières lettres indiquent adjectivement son pays, tandis que la marque O. P. D. C. est composée des initiales de quelques mots italiens, où le nom de la ville serait précédé de la

---

[1] *Le Peintre-Graveur*, Tom. XIII, pag. 205 et 206.
[2] *Enciclopedia metodica, etc.*, Part. I, Tom. XV, p. 332, note 39.

préposition DA. Dans l'inscription latine, l'abréviation du dernier mot doit se lire CÆSENATIS; et dans les lettres O. P. D. C. on doit trouver les initiales des mots OPERA PEREGRINI DA CESENA. Enfin la lettre P seule, avec son signe abréviatif, désigne certainement le nom de PEREGRINI.

Il y a déjà plus de douze ans que ces explications me paraissaient certaines, et j'en ai donné connaissance à tous les amateurs français ou étrangers qui sont venus à la Bibliothèque du Roi, où ils ont vu avec étonnement la belle collection de *nielles* qui s'y trouve. Ayant eu, dès-lors, l'intention de donner un Catalogue raisonné de ces *nielles*, j'attendais ce moment pour faire connaître une découverte à laquelle il me semblait permis d'attacher quelqu'importance; mais les retards involontaires apportés dans la publication de mon travail, ont été cause que déjà, à Munich et à Londres, il a été publié des ouvrages où se trouvent cités le nom et les travaux de Peregrini. Il me sera facile de prouver l'antériorité de ma découverte, puisque, dès 1819, afin de prendre date, j'ai donné le nom de cet *orfévre-nielleur*, dans ma Notice des Estampes exposées à la Bibliothèque du Roi*.

---

* Première édition de cette Notice. Paris, 1819, pag. 15.

M. Brulliot, en 1820, dans la première partie de son ouvrage [1], a bien voulu se rappeler que c'était de moi qu'il tenait ces notions sur Peregrini; et, s'il s'est vu forcé de donner le premier l'explication de la marque P, il dit, dans cet article, des choses si obligeantes pour moi, que je ne peux que le remercier de la manière honorable et affectueuse dont il s'exprime à mon égard. J'aurais voulu adresser de semblables remercimens à l'auteur du Catalogue des Estampes italiennes de la collection de Marc-Sykes, publié à Londres en 1824; mais je ne le puis faire, car, en donnant une liste de plusieurs *nielles* de Peregrini, cet auteur n'a pas cru devoir citer mon nom. Cependant il avait connaissance de ce que dit M. Brulliot, et il aurait pu aussi se rappeler que c'était moi qui, lors de son voyage à Paris, lui avais fait connaître le nom d'un si habile *nielleur*. Lorsqu'il a décrit ces *nielles* dans son ouvrage [2], en 1816, il n'a pas pu donner le nom de leur auteur qui, à cette époque, lui était tout-à-fait inconnu; du-moins ne l'a-t-il pas nommé lorsque, pourtant avec raison, il lui attribua la marque ℂ [3], qui présente

---

[1] *Table générale des Monogrammes*, etc., 1820, pag. 7, 8, 9.
[2] *An Inquiry*, Pag. 568 à 574.
[3] *Idem*, Pag. 571.

bien l'initiale de son nom et celle de sa ville natale.

Il existe encore une marque qui doit aussi se rapporter à Peregrini, et cette fois, du-moins, j'aurai l'avantage de n'être pas prévenu par les personnes à qui j'ai pu la faire connaître. Cette marque ne se trouve que sur une seule pièce, qui faisait partie du cabinet Rossi*; c'est un manche de couteau, dont le travail paraît être celui de Peregrini. La marque est composée des lettres P. C. sur une petite tablette, et s'explique facilement, ainsi que la précédente, par les mots PEREGRINI CÆSENATIS.

Une autre marque, composée de lettres différentes, et qui se trouve plus fréquemment sur des *nielles* représentant des arabesques, m'a long-temps tenu en suspens, pour en trouver l'explication; mais je crois qu'elle désigne aussi le même *orfèvre-nielleur*. Elle est toujours tracée sur une tablette, répétée et placée symétriquement dans les arabesques : quelquefois, sur la même planche, on voit la marque ₽, et, dans tous les cas, le goût du dessin et la manière de graver indiquent également le travail de Peregrini. Cette marque, différemment modifiée, se compose des lettres S. C.

---

* *Catalogue raisonné des Estampes qui composaient le Cabinet de M. Rossi*, par F.-L. Regnault-Delalande. Paris, 1822, n.° 156.

ou SC, ou même SCOF. La marque S.C. est plus fréquente que les autres.

La trouvant placée sur des tablettes qui, quelquefois, avaient l'apparence d'enseignes romaines, j'avais cru d'abord que ce pouvait être les initiales des mots *senatus consultus*, et cette présomption paraissait assez spécieuse : je commençai cependant à en douter, lorsque je considérai le peu de rapport qui existait entre l'inscription et le sujet des pièces sur lesquelles elle se trouvait : elle perdit encore de son poids à mes yeux, quand les lettres S C ne se trouvaient accompagnées d'aucun point abréviatif : enfin elle me parut tout-à-fait erronée, lorsque je vis la syllabe SCOF. Une autre explication se présenta alors à mon esprit : je pensai que ces lettres pouvaient être les initiales des mots *scola florentina*. Mais cela ne pouvait plus expliquer la marque S. C. séparée par un point; d'ailleurs, dans le XV.e siècle, les beaux-arts étant encore au berceau, on n'avait pas dû sentir le besoin de distinguer les artistes des différens pays. Ce n'est que postérieurement à cette époque[*], et lorsque les peintres furent plus nombreux, que, voulant se faire honneur de leurs maîtres, ils furent classés par écoles et par pays.

---

[*] *Storia pittorica*, etc., Tom. I, pag. 98.

Toutes ces hypothèses m'ont toujours paru trop peu raisonnables pour les adopter, et si je les rapporte ici, c'est pour éviter à ceux à qui elles viendraient dans l'esprit, la peine de s'y arrêter comme à une chose neuve. Mon travail était déjà très-avancé, et j'avais pris le parti d'avouer qu'aucune investigation ne m'avait amené à la découverte de la vérité; quand, en relisant ce passage, il me vint une idée qui me frappa d'autant plus, qu'en un instant mon explication se déroula avec la rapidité de l'éclair, et qu'il semblait qu'une étincelle électrique venait de dissiper l'obscurité dont elle était entourée.

Il faut s'être occupé long-temps de recherches de cette nature, pour connaître la satisfaction qu'on éprouve dans de semblables découvertes. Personne, je pense, ne peut douter maintenant que la marque P soit celle de Peregrini; mais lorsque je n'avais à donner que ma propre conviction, on m'a quelquefois témoigné du doute, et, si l'on ne combattait pas mon opinion, on me laissait entrevoir qu'elle paraissait au-moins hasardée. L'incrédulité cessa, lorsque je pus faire voir une pièce marquée des lettres O. P. D. C.; on abonda dans mon sens quand on vit, dans l'une de ces initiales, le même signe abréviatif que dans la lettre P isolée; enfin on demeura convaincu, quand on trouva la même nature de travail dans les *nielles* marqués des trois diverses manières. En sera-t-il de même cette fois? je l'espère. Cependant il me faudrait encore trouver une pièce, qui peut-être n'existe pas, pour fournir une preuve irrévocable de mes présomptions, qui pourtant me semblent appuyées sur une base raisonnable.

L'orfévre de Cesène, auquel nous ne connaissons jusqu'à-présent d'autre nom que celui de Peregrini, avait certainement un nom patronymique, et, sans vouloir dire que ce fût celui de Stephanus, personne ne niera que ce nom pouvait avoir la lettre S pour initiale; personne encore ne contestera qu'à cette époque on se servait indifféremment du nom patronymique ou bien du sobriquet, qui, souvent, est devenu le nom de famille que nous employons maintenant exclusivement. Personne enfin ne révoquera en doute que, pour se faire reconnaître, il était d'usage de placer le nom de son pays à la suite de son propre nom. Toutes ces vérités établies, il est facile maintenant de conclure que les marques S. C. ou SC, soit avec les points abréviatifs, soit sans points, s'expliquent très-bien par les noms *Stephanus Cæsenas*, et que la marque SCOF peut l'être également par la phrase Stephanus Cæsenas Opus Fecit. Si enfin sur la même planche on trouve la lettre P, elle donnera le complément des noms de notre habile *orfévre-nielleur*.

Quelques personnes ont prétendu que la phrase *Stephanus, etc.*, était incomplette, et que, pour qu'elle fût claire et précise, il faudrait y trouver le pronom *hoc;* mais ce serait avoir peu de connaissance du style lapidaire que de faire une pareille objection. S'il reste quelque incertitude pour adopter l'explication que je viens de donner, elle cessera probablement, si l'on veut prendre la peine de considérer avec attention les pièces gravées par *Nicolas Rosex*, connu aussi sous le nom de *Nicolas de Modène*, orfévre et contemporain de Peregrini. On y verra que, non-seulement il a employé diverses manières de se désigner, mais encore que plusieurs d'elles donnent des formules qui se rapprochent de celles qu'a employées Peregrini. C'est ainsi qu'on trouve quelquefois seulement son nom NICOLETO; dans d'autres pièces, il y a joint son nom de ROSEX, ou bien celui de MODENA, sa ville natale; d'autres fois il n'a placé à la suite de son nom patronymique que les initiales R ou M, ou bien les syllabes RO. MO. Enfin, on verra aussi les marques OPVS NICOLETTI, ou bien OP. N. D. MODENENSIS, puis aussi les lettres N. O., qui certainement, dans ce cas, signifient NICOLETI OPVS.

Peut-être ai-je un peu longuement discuté ce point ; mais j'ai cru nécessaire de faire voir combien j'avais pris de soins pour m'assurer si l'idée qui m'était venue pouvait être facilement combattue ou bien si elle était appuyée sur des probabilités qui, par leur nombre, pourraient ôter toute incertitude.

Il est encore nécessaire, avant d'aller plus loin, d'éclaircir un fait qui pourrait entraîner à quelqu'erreur, en faisant attribuer à Peregrini des pièces auxquelles il n'a aucune part. Bartsch, qui mérite l'estime et la reconnaissance générale, pour toutes les peines et tous les soins qu'il s'est donnés à rechercher et à décrire une si grande quantité d'estampes rares et curieuses, et à débrouiller tant d'erreurs, en a fait deux assez graves dans cet article, qui, pourtant, est un des plus courts de ses nombreux catalogues raisonnés. En parlant de Peregrini[*], il donne la description de quelques-unes de ses planches ; mais il commence par assigner l'année 1511, comme le temps où a vécu notre artiste ; et il en donne pour preuve, la date qui se trouve sur la même tablette que la lettre P, dans une petite estampe représentant un enfant assis. Cette estampe n'est point un *nielle* : la figure est

---

[*] *Peintre-Graveur*, Tom. XIII, pag. 205 et suivantes.

d'une proportion bien plus forte que tout ce qui a été fait par les *orfèvres-nielleurs*. Le dessin et la manière de graver n'ont aucun rapport avec tous les autres travaux qui portent l'une des marques de Peregrini. Malgré l'identité des deux monogrammes P, on est donc obligé de penser qu'il y a eu deux artistes qui ont marqué de la même manière. L'un est un des *orfèvres-nielleurs* de la fin du XV.e siècle; l'autre est un graveur du commencement du XVI.e siècle. Ticozzi [1] parle de ce dernier sous le nom de *Pierre ;* il dit qu'il abandonna la peinture pour se livrer à la gravure : il était, suivant cet auteur, né à Cesio, village du territoire de Feltre, où, selon Zani [2], il travaillait en 1511. Ces choses ne peuvent être douteuses pour qui aura vu et des *nielles* de Peregrini, et l'estampe marquée de l'année 1511. M. Brulliot, qui les a examinés avec moi, et dont le jugement mérite d'être cité, a adopté entièrement mon opinion, ainsi qu'il le dit dans son ouvrage [3].

A la fin du Catalogue raisonné qui va suivre, on trouvera une table de tous les *nielles* qui portent

---

[1] *Storia dei Letterati e degli Artisti del dipartimento della Piave.* Bellune, 1813. Tom. I, pag. 39.

[2] *Enciclopedia metodica, etc.,* Tom. VI, pag. 323, note 148.

[3] *Table générale des Monogrammes, etc.* 1820, in-4.º, pag. 7.

la marque de Peregrini, et de ceux que je crois devoir être attribués à cet auteur, pendant si long-temps inconnu, et qui méritait si bien d'être tiré de l'oubli, puisque, après Maso Finiguerra, c'est le plus habile des *orfévres-nielleurs,* et que c'est celui dont il nous est parvenu le plus grand nombre de travaux.

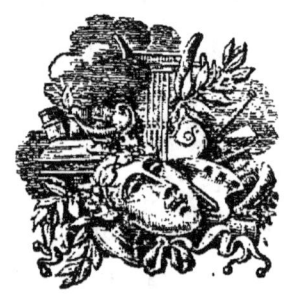

CHAPITRE V.

Des Nielles *attribués à Antoine Pollajuolo, Nicolas Rosex et Marc-Antoine. — Des caractères distinctifs des* Nielles. *— Des inscriptions qui s'y trouvent. — Des gravures du XVII.ᵉ siècle, qui ont quelque ressemblance avec les* Nielles.

Arrivé maintenant à l'époque où la gravure prit de grands développemens, je dois m'arrêter, et n'ai à parler, ni du Ptolémée, imprimé à Bologne avec la date de 1462, ni de celui qui parut à Rome en 1478, ni du Monte-Santo de Dio, imprimé à Florence en 1477, ni enfin du poëme du Dante, avec les figures de Baccio Baldini, publié à Florence en 1481; parce que ces différens ouvrages sont ornés de planches destinées à être tirées en nombre, tandis que mon intention a été de parler seulement des *nielles*, et de la découverte de l'art d'imprimer des planches gravées, invention due à Maso Finiguerra, ainsi que je l'ai démontré précédemment. Cependant, je crois devoir dire encore que les graveurs les plus célèbres du commencement du

XVe siècle ont été orfévres, que quelques-uns d'entre eux ont fait des *nielles*, et que s'il se trouve peu de ces travaux dont on puisse avec certitude désigner l'auteur, il est naturel de penser que parmi les *nielles* anonymes, quelques-uns sont probablement de Baccio Baldini, André Mantegna et Jean-Antoine de Brescia; tandis que d'autres sont certainement de la main de Nicolas Rosex. Vasari annonce qu'Antoine Pollajuolo en a fait plusieurs; enfin, quoique personne encore ne l'ait dit, Marc-Antoine Raimondi a fait aussi des *nielles*, mais sans nom et sans marque : tels sont les trois Maries [1], et les trois petites figures de Saintes [2], debout sur un fond noir, en tailles diagonales irrégulières. Ces pièces, d'une très-petite dimension lorsqu'elles sont séparées, ont été gravées trois par trois sur deux planches : sans doute elles ont été divisées ensuite pour orner un reliquaire, ou bien un de ces cabinets ou autres petits meubles dont j'ai parlé au commencement de cet ouvrage, et qui, à cette époque, étaient d'un usage si répandu.

L'habitude de graver sur argent des figures qui devaient être *niellées*, entraîna nécessairement les premiers graveurs à faire des tailles droites et

---

[1] Cette pièce, extrêmement rare, n'est pas décrite par Bartsch; mais elle est citée, ainsi que la suivante, par Heinecken, *Dictionnaire des Artistes*, Tom. I, pag. 344.

[2] *Le Peintre-Graveur*, Tom. XIV, pag. 107, n.° 120.

serrées, sans régularité, et ordinairement dans la même direction sur toute l'étendue de la planche; parce que ces tailles, sur les planches d'argent, n'étant qu'un moyen mécanique pour fixer le *nielle* et l'empêcher de s'éclater, il était peu important qu'elles fussent régulières, dans un sens ou dans un autre, l'émail noir et non-transparent, dont elles étaient recouvertes, ne laissant d'ailleurs apercevoir aucune de ces imperfections. Les premiers *orfévres-graveurs* continuèrent à travailler de la même manière et avec un travail aussi fin et aussi serré, mais en mettant seulement un peu plus de soin dans l'arrangement de leurs tailles. Marc-Antoine lui-même, dans ses premiers travaux, laisse encore voir cette habitude d'orfévre; mais plus tard il sentit l'inconvénient d'un travail aussi maigre: il mit un peu plus de goût dans la disposition de ses hachures, leur donna de la courbure, et les plaça dans des sens différens, suivant la forme des muscles ou le jet des draperies qu'il voulait rendre. S'il n'arriva pas, dans le maniement du burin, à la perfection qui se rencontre dans les travaux de Visscher, Edelinck, Poilly, Masson, Wille, Morghen et Bervic, il sortit du-moins de la route que ses devanciers avaient parcourue et que suivaient ses contemporains; il se distingua par une si grande pureté de dessin, par une telle habileté dans l'expression des différentes parties du corps et dans le caractère des têtes, qu'on a peine à s'apercevoir de ce qui manque dans ses gravures, tant on est occupé de ce qu'on y trouve de parfait.

Avant de terminer cette dissertation, qu'il me soit permis de faire quelques remarques qui, sans doute, n'échapperaient pas à ceux qui examineront des *nielles* avec quelque attention, mais que je crois devoir exposer, pour ne point être taxé de négligence, comme aussi pour faciliter les études de ceux qui n'auraient pas encore vu des pièces de cette nature.

Les caractères auxquels on peut reconnaître les *nielles* et qui les distinguent des autres gravures des vieux-maîtres, sont d'abord la dimension des pièces, dont les plus grandes sont les Paix, qui n'excèdent pas quatre pouces. Tous les autres *nielles* sont ordinairement de un à deux pouces; plusieurs médaillons n'excèdent pas six à huit lignes; j'en ai vu même de quatre lignes seulement. Les fonds sont généralement noirs, et on pourrait même dire toujours, si ce n'est que quelques *nielles* non-terminés présentent encore un fond blanc. Il se trouve cependant aussi quelques exceptions, et, dans ce cas, les figures *niellées* se détachent sur un fond doré, où sont gravés quelquefois des ornemens en quadrilles ou en rosaces. L'encre avec laquelle sont tirées les épreuves de *nielles* est souvent un peu bleuâtre ou bien d'un ton gris. Enfin, on remarque toujours dans les *nielles* une grande finesse et des tailles extrêmement serrées.

Lanzi donne encore deux autres signes, que je suis loin de regarder comme distinctifs [1]. « L'épreuve, » dit-il, est en sens contraire de la planche de métal, » et ainsi on voit, à gauche, un saint qui, par sa » dignité, devrait occuper la droite; tous les per- » sonnages souvent jouent des instrumens, agissent » de la main gauche ». Quoique vraie en elle-même, cette observation ne peut servir de moyen de reconnaissance; car il faudrait avoir vu la planche originale, pour savoir si une figure s'y trouve à droite ou à gauche; et quant aux armes et aux instrumens tenus de la main gauche, cela peut s'appliquer également à toutes les anciennes estampes; car, ce n'est qu'à la fin du XVII.e siècle, qu'on a commencé à graver au miroir; encore cet usage ne devint habituel qu'à la longue.

L'autre observation de Lanzi a rapport aux inscriptions qui, sur les épreuves, se lisent de droite à gauche et sont en caractères retournés. On doit, en effet, regarder avec raison comme l'épreuve d'un *nielle*, la pièce sur laquelle on lit une inscription écrite de droite à gauche; mais la plus grande partie des *nielles* n'ont pas d'inscription; et d'ailleurs je ne crois pas qu'on doive rejeter

---

[1] *Storia pittorica della Italia*, etc., Tom. I, pag. 93.

comme douteuses les épreuves de *nielles* qui, ayant tous les autres caractères que j'ai indiqués précédemment, présentent des lettres ou des inscriptions dans le sens ordinaire de l'écriture.

Il est même bon de faire remarquer que parmi ces *nielles* se trouvent tous ceux dont les épreuves portent l'une des marques de Peregrini. Ces différentes marques sont toujours dans le sens ordinaire de l'écriture, de gauche à droite. Il est vrai que cette marque est souvent placée dans la marge du bas, sur la portion de métal qui est en-dehors de la gravure. On peut donc conclure, d'après cela, que ces marques et ces inscriptions n'ont été mises sur la planche qu'avec l'intention de faire des épreuves tirées apparemment pour servir de modèle aux élèves ou aux orfévres d'un mérite inférieur. Il est à croire qu'au moment de *nieller* les plaques d'argent, Peregrini faisait sauter cette portion inutile de métal, ou que si quelquefois elle était conservée, elle se trouvait cachée dans les jointures des petites plaques d'argent qu'on réunissait dans le même bijou, et que la marque cessait ainsi d'être visible.

Les observations précédentes ne peuvent expliquer que la moitié des difficultés; il reste encore à dire ce que devenait la marque P, lorsqu'elle se trouve placée au milieu d'arabesques, sur des boucliers, des médaillons ou d'autres parties d'ornement qui ne permettaient pas qu'on la fît disparaître comme celles qui avaient été tracées en-dehors de la composition. Il reste également à dire ce que devenait l'inscription SCOF ou les initiales S.C., répétées l'une ou l'autre différentes fois, et toujours sur des tablettes qui font partie intégrante des arabesques. Il est sans doute permis de croire que, dans ce cas, les lettres étaient effacées par l'orfévre, après qu'il avait fait épreuve de sa planche, et avant de la *nieller*. Telle est au-moins la présomption que je crois pouvoir me permettre d'exposer, en avouant cependant que, quelque probable que puisse paraître cette explication, elle n'a pas été adoptée par toutes les personnes à qui je l'ai présentée. Je sais que quelques-unes aiment mieux supposer que les épreuves sur lesquelles se lisent des inscriptions dans le sens ordinaire de l'écriture, ne sont point des *nielles*, mais des gravures destinées à servir de modèles. Alors, si ce ne sont pas des épreuves de *nielles*, comment en ont-elles tous les caractères? comment, par exemple, les pièces de Judith, n.°ˢ 21 et 22, pourraient-elles être rejetées des *nielles*, parce que, suivant Lanzi, cette héroïne tient son épée de la main droite, et parce que l'inscription qui se lit sur le n.° 21 est dans le sens ordinaire? Mais alors, à quelle intention auraient donc été faits les deux trous que l'on voit dans le haut de la planche, et qui démontrent si clairement que cette petite plaque a dû être fixée sur un meuble, et qu'elle n'était pas destinée à fournir des épreuves? Si ces gravures avaient été faites pour servir de modèles, elles auraient dû être fort multipliées; et cependant les pièces de cette nature sont tout aussi rares que les épreuves sans inscriptions, ou celles dont les marques se lisent à rebours. Elles ont, à cela près, tous les mêmes caractères, tels que la composition, le goût du dessin, la finesse du travail, la qualité de l'impression, et l'ancienneté du papier.

En terminant cet essai, il est encore nécessaire de faire sentir qu'on ne doit pas confondre avec les épreuves de *nielles*, ces nombreuses gravures des petits-maîtres allemands, depuis Aldegraver et Beham, jusqu'à Théodore de Bry, ainsi que celles qui ont été publiées en France par Étienne de Losne, Jacquart, Daniel Mignet et autres. Ces petites gravures, publiées par ces artistes pour servir de modèles aux joailliers et aux orfévres, représentent ordinairement des arabesques se détachant, de même que les *nielles*, en clair sur un fond noir. Elles ont été quelquefois présentées comme des épreuves de ces premiers essais de la gravure; cependant, il est facile de les reconnaître par la vigueur du ton, par la qualité du papier, qui est plus épais et plus blanc, et surtout, par la régularité de la gravure, qui d'ailleurs n'a pas la finesse de celle qui était employée dans les *nielles*.

Il ne reste plus, pour terminer mon travail, qu'à donner la description de tous les *nielles* que j'ai vus, et que j'ai cru devoir réunir, en les classant suivant l'ordre chronologique et méthodique adopté ordinairement dans l'arrangement des œuvres, sans faire aucune distinction entre les *épreuves* sur papier, les *empreintes* en soufre, et les *planches* originales d'argent, parce qu'il serait possible que, par la suite, on rencontrât des épreuves sur papier, d'un *nielle* dont je n'aurais vu que la planche ou une empreinte en soufre. Si j'avais formé trois divisions, l'une d'elles aurait été infiniment plus nombreuse que les deux autres; puis, lorsqu'on aurait eu à chercher un sujet, il aurait fallu parcourir chaque classe ; ou si j'avais négligé, comme peu important, de parler des empreintes en soufre ou des planches en argent, mon travail se serait alors trouvé incomplet. Cependant je n'ai pas la prétention d'avoir donné la description de tous les *nielles* existans; mais je n'en ai omis aucun volontairement, et je suis fondé à croire qu'il en existe bien peu d'autres que ceux qui se trouvent décrits dans le catalogue qui va suivre.

J'ai toujours eu soin d'indiquer dans quelle collection se trouve le *nielle* décrit; on verra de cette manière que la collection la plus riche était celle du chevalier Marc Masterman Sykes, vendue à Londres au mois de juin 1824, et maintenant dispersée dans plusieurs cabinets. La plus nombreuse ensuite est celle qui se trouve à la Bibliothèque du Roi, à Paris; celle que possédait le comte Durazzo, à Gênes, vient après; puis ensuite celle du marquis de Malaspina, et celle du marquis Trivulcio, à Milan. Il se trouve encore quelques *nielles* dans le Musée de Florence et à l'Institut de Bologne, ainsi qu'à Stowe, chez le duc de Buckingham, et à Paris, dans le cabinet de M. Revil. Il en existe aussi en Pologne, qui ont appartenu au prince Poniatowski; et enfin, une collection fort précieuse est celle qu'a formée M. Samuel Woodburn, qui en a acheté une grande partie à la vente du cabinet Sykes.

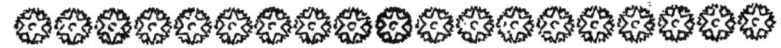

NOTES.

✳ I. ✳

Recherche sur les mots NIELLE, NIELLER *et* NIELLURE.

Nielle : ce mot n'a encore été employé pour désigner certaines gravures, que par M. Bartsch, allemand, qui a publié en français un ouvrage intitulé *Le Peintre-Graveur*. Jusque là, il n'avait été en usage dans la langue française, que comme étant le nom d'une maladie noire qui attaque les blés, ou bien pour une fleur des jardins [1], qui doit son nom à l'extrême noirceur de sa graine en maturité; et aussi pour une plante [2] des champs, quelquefois tellement abondante dans les blés, que le pain en acquiert une couleur noirâtre : dans ces deux cas le nom est féminin.

Il m'a paru indispensable d'adopter le mot NIELLE, ainsi que l'a employé Bartsch; d'ailleurs, il ne peut être remplacé par aucun autre mot français. On s'est fortement trompé, lorsqu'on a cru que *nieller* signifiait *ciseler*, et que *niellure* était synonyme de *ciselure*.

Les italiens se servaient depuis long-temps du

---

[1] *Nigella Damascena.*
[2] *Agrostemma Githago* ou *Lychnis Githago.* Linn.

substantif *niello* [1]; ils disaient, *lavoro di niello*, pour parler, dans l'orfévrerie, du *travail noir*, ou plutôt de l'art de mettre un *émail noir* sur des planches d'argent *gravées* ou *guillochées*. Cellini, Vasari, Lanzi, et d'autres auteurs italiens, se sont servi de cette expression lorsqu'ils ont parlé des bijoux *niellés* par les orfévres du XVe siècle.

Par extension, le mot *nielle* fut adopté depuis, en parlant des empreintes en soufre, qui donnaient la représentation d'un *nielle* sur argent; puis enfin, on s'en est servi aussi en parlant de l'épreuve sur papier, qui avait été tirée de la planche d'argent elle-même, avant qu'elle fût *niellée*. Ces motifs paraîtraient sans doute suffisans pour qu'il fût permis d'adopter ces mots en français; mais peut-être sera-t-il convenable d'ajouter que cet art, maintenant si peu connu, a déjà été exercé en France, et qu'il en est question dans d'anciens auteurs. Richelet dit, au mot *nieller* : « *encaustrum argento illinire*. En matière de sculpture [2], c'est une manière d'émailler sur l'argent. »

Ménage, dans son Dictionnaire étymologique, au mot *nielle*, ne mentionne que la maladie des blés, et une petite monnaie qui avait été anciennement fabriquée à l'hôtel de *Nelle*, résidence, à Paris, des seigneurs de Nelle, village de Picardie, dont le nom

---

[1] *Vocabulario de gli Academici della Crusca.* Firenze, 1733. — *Dictionnaire d'Alberti.* Lucques, 1803.

[2] C'est *gravure* qu'il aurait fallu dire; plus loin, on expliquera comment cette faute a été faite.

vient, dit-on, de ce que la *nielle* affectait souvent les blés dans cette contrée.

On trouve aussi, dans le Dictionnaire de Ménage, le mot *nellure*, pour désigner la nature du travail dont il est question dans cet essai. L'auteur, en avouant qu'il ne sait pas positivement ce que signifie ce mot, en donne pourtant, dans son ouvrage, une définition courte, mais exacte. Il l'a tirée de Vigenère, dans ses annotations sur les tableaux de Philostrate[1]; il en conclut que le mot *nellure* vient de *niger* et de *nigellus*; il aurait été plus convenable alors d'écrire *niellure*, ainsi que l'a fait Boiste dans son Dictionnaire universel.

Ducange, dans son Glossaire, rapporte le mot *niellatus*, et renvoie au mot *nigellum*; il donne aussi le mot *nigellus*, et le définit *aliquantum niger*. A l'article *nigellum*, il dit: *Encaustrum nigrum, vel subnigrum, ex argento et plumbo confectum, quo cavitas sculpturæ[2] repletur.*

Ducange, cite ensuite les passages de plusieurs ouvrages latins, dans lesquels se trouvent les phrases *nigello pulcro opere; altare cum nigello; scutellam argenteam cum nigello; scutella nigellata*. Le plus

---

[1] *Les Images ou Tableaux de plates peintures des deux Philostrates*, etc., mis en françois par Blaise de Vigenère. Paris, 1515, in-folio. Chap. de la Chasse des bêtes noires, pag. 239.

[2] Ce n'est point *sculpturæ* qu'il fallait dire, mais *scalpturæ*: cette faute, si simple ici, puisque c'est seulement une faute typographique, où la lettre *u* est mise à la place d'un *a*, a été cause de l'erreur de Ménage, qui, dans sa traduction, a dit *sculpture* au-lieu de *gravure*, et fait ainsi un contre-sens; car s'il est facile de remplir les creux d'une planche gravée, il ne peut en être ainsi d'un monument de sculpture.

ancien titre dont il parle, est le Testament de Leodebode, abbé de Saint-Aignan-d'Orléans, sous Clotaire II; cet acte est rapporté par Halgar [1], dans la vie du roi Robert : on y trouve la phrase *Scutellas Massilienses deauratas, quæ habent in medio cruces niellatas.*

Enfin, dans les romans manuscrits de Garin et de Parise la Duchesse, il est question *d'épées noellez, d'étriers noelez,* et *d'épées au pont d'or noïelez.*

De tout cela, on doit conclure que *nielle, nieller* et *niellure,* ne sont pas des mots nouveaux dont on puisse avoir la prétention d'enrichir la langue; mais ce sont des termes employés par nos ayeux, et dont il semble qu'on peut se servir maintenant, sans crainte d'être accusé de néologisme.

✻ II. ✻

Observations sur le récit de Papillon, relatif aux gravures sur bois attribuées au comte Alexandre Alberic Cunio, et à Isabelle Cunio, sa sœur jumelle [2].

Quoique ces pièces soient des gravures sur bois qui

---

[1] *Historiæ Francorum Scriptores*, etc., Tom. IV, pag. 61. B.

[2] J'ai cru inutile de rapporter textuellement l'histoire de Papillon; mais ceux qui auraient envie de la lire, la trouveront en français dans le *Traité de la Gravure en bois*, Tom. I, pag. 83 à 93, et dans l'*Enciclopedia metodica,* etc., Part. I, Tom. VII, pag. 204 à 214. Elle a été reproduite, en italien, dans *Materiali per servire alla storia, etc.,* p. 222 à 233; et en anglais, dans *An Inquiry,* etc., p. 11 à 21.

ne peuvent répandre aucune lumière sur les *nielles* et sur l'art d'imprimer les gravures sur cuivre, j'ai cru ne pouvoir me dispenser d'en parler dans cet ouvrage, puisque plusieurs fois elles ont été citées comme une preuve que la gravure sur bois était exercée en Italie à la fin du XIII.ᵉ siècle.

J'avoue que, malgré l'estime particulière que m'inspire l'abbé Zani, je ne puis partager sa conviction sur l'authenticité de ces pièces. L'opinion de cet habile investigateur a été adoptée par M. Ottley[1] et par M. J.-F. Galeani Napione[2]. Tous deux sont d'avis que Papillon n'a point fait un conte, et que le fait rapporté par lui peut être placé parmi les vérités qui doivent devenir historiques, ainsi que le dit M. Éméric-David[3]. Cependant je suis loin d'être convaincu, et je partage entièrement l'avis de M. de Heinecken[4], relativement à l'extrême ignorance de Papillon, dont le mérite consiste à avoir gravé sur bois, avec talent, un grand nombre de vignettes, et qui peut aussi recevoir quelques louanges pour la partie pratique de son Traité de la gravure en bois, mais dont la partie historique est un amas de contes absurdes, et de bévues

---

[1] *An Inquiry*, etc. Tom I, pag. 38 à 41.

[2] *Osservazioni intorno alle ricerche riguardanti l'origine delle Stampe, delle figure in legno ed in rame*, lues à l'Académie impériale des Sciences, Littérature et Beaux-Arts de Turin, le 17 décembre 1806.

[3] *Discours historique sur la Gravure en taille-douce*, dans le Musée français, Tom. III, pag. 22.

[4] *Idée générale d'une Collection complette d'Estampes*, pag. 239, note (*a*).

propres à donner au lecteur des doutes sur ce que l'ouvrage offre de vrai.

Je ne veux pas dire pour cela que Papillon ait eu l'intention d'en imposer; je suis loin de le croire : il était trop honnête, trop brave homme dans toute l'acception du terme, pour qu'on puisse le taxer de mauvaise-foi; mais il était d'une simplicité et d'une crédulité telles, qu'il n'a jamais douté de ce qu'il a lu, ou de ce que quelqu'un lui a dit : aussi son livre fourmille-t-il de naïvetés dont on pourrait former un *Papillionana*, où, parmi les traits les plus plaisans, celui-ci ne serait pas le moins remarquable. Parlant de l'origine des cartes à jouer, Papillon dit : [1] « S'il est vrai, suivant certain » auteur, que ce fussent les Lydiens qui eussent trouvé » cet expédient avec celui du jeu de paume, pour se » dissiper de deux jours l'un pendant un temps de » famine, afin de ne pas manger autant qu'à l'ordi- » naire ». Il faut convenir que ce serait un singulier moyen de calmer son appétit, que de jouer à la paume tous les deux jours.

La manière dont il raconte son aventure chez l'officier suisse, demeurant à Bagneux; les circonstances dont il accompagne son récit, ne peuvent laisser de doute sur la vérité de ce qu'il rapporte; mais en croyant Papillon sur parole, est-il bien constant qu'on doive avoir la même confiance dans la traduction et la dictée de M. Greder? Si par hasard cet officier suisse était le *Loustic* du régiment, et qu'il ait eu la

---

[1] *Traité historique de la Gravure en bois*, Tom. I, pag. 79.

perfidie de vouloir s'amuser de la simplicité de son colleur de papier, qui, à vingt-un ans, se croyait peut-être un docteur? Les notes en langues étrangères, d'une écriture ancienne, avec une encre très-décolorée, ne présentaient-elles pas aussi des difficultés qui auraient pu arrêter beaucoup de personnes, plus habiles même que M. Greder, dont le nom et les connaissances sont maintenant tout-à-fait ignorées ; difficultés dans lesquelles Papillon n'a pu certainement lui être d'aucun secours ?

Ne rencontre-t-on pas tous les jours des personnes qui attachent un prix extrême à des gravures qu'elles croient de la plus grande ancienneté, quoique pourtant elles ne remontent pas au-delà du XVII.ᵉ siècle? L'amour de la propriété n'aurait-il pas aveuglé M. Spirchtvel dans la rédaction de sa note manuscrite? et s'il faut croire à la bonne-foi de Papillon, aussi bien qu'à celle de M. Greder, ne peut-on pas penser qu'ils ont été tous deux induits en erreur par la note, qui n'est qu'un résumé de ce que M. Spirchtvel avait entendu dire à son *Père-grand,* qui lui-même le tenait du Podestat d'Imola, descendant des Cunio.

Que de traditions se sont succédées avant que la plume de Papillon fût là pour les recueillir et nous les transmettre, tandis que les monumens dont il était question ont entièrement disparu ; et maintenant, pour ne pas être taxé d'une incrédulité ridicule, il faudrait croire qu'en 1285, un frère et une sœur jumeaux, d'une famille de distinction, étaient, dès l'âge de treize ans, des prodiges de science et de talent; qu'à quinze ans, le jeune homme fit des prodiges de valeur à l'armée; qu'après avoir été blessé, il revint voir sa sœur; et que, pour occuper leurs loisirs, à l'âge de seize ans, ils composèrent ensemble, et peignirent « *Les Chevalereux Faits en figures, du Grand et Magnanime Macédonien Roi, le Preux et vaillant Alexandre* »; qu'ils gravèrent sur bois leur propre composition, malgré les difficultés et le peu d'agrément que présente cet art dans son exécution; que ces figures furent imprimées sur du papier de chiffon, dont l'usage n'était pourtant connu que depuis peu d'années; qu'ils en firent des épreuves pour les offrir à leurs illustres parens, et entre autres au Pape Honorius IV; que tous les exemplaires de ces figures ont été égarés, même celui qui devait se trouver dans la Bibliothèque du Vatican, puisque le conseiller Bianconi et le prélat Bottari l'ont inutilement cherché l'un et l'autre; qu'un seul exemplaire est cependant arrivé dans les environs de Mont-Rouge, où il se trouvait en 1720; mais qu'il a disparu depuis cette époque, sans qu'on puisse savoir ce qu'il est devenu. Il faudrait croire qu'aucune de ces neuf feuilles n'a jamais été rencontrée séparément, ou qu'elles n'ont pas été reconnues, quoique toutes cependant portent le nom entier de leur auteur, contre l'usage ordinaire des artistes de cette époque, qui souvent ne mettaient aucune marque, ou tout au plus leur chiffre; il faudrait croire que neuf planches ayant été gravées et imprimées en Italie en 1285, ni les Cunio eux-mêmes, ni personne après eux, n'ont plus rien fait de cette nature pendant un espace de plus de cent années. Il faudrait croire enfin que Mariette, dont les connaissances étaient si étendues, et qui vivait à Paris à la même époque que Papillon, n'a pas été consulté par les possesseurs de cette histoire d'Alexandre.

Il faudrait une confiance à toute épreuve pour ne pas être ébranlé par cette foule de singularités. J'avoue que, dussent se présenter à moi pour m'effrayer, et me ramener dans cette croyance, les ombres réunies de Papillon, de Greder, de Spirchtvel et de Jean-Jacques Turine, je répéterai toujours que je regarde leur récit comme digne de figurer parmi les romans.

* III. *

Extrait de l'ouvrage intitulé : Raccolta di Lettere sulla Pittura, etc. *Tom. V, pag.* 321.

Dans une lettre adressée au comte François Algarotti, par Thomas Temanza, en date de Biancade, le 22 octobre 1760, il est dit que dans l'ancien registre des statuts de chacun des arts et métiers, au Chap. XXXIII, on lit : « L'an MCCCCXLI, le XI octobre, attendu que l'art et métier des cartes et des estampes qui se font dans Venise est tombé en désuétude, à cause de la grande quantité de cartes à jouer et figures peintes ou imprimées, qui viennent de dehors de Venise : à ces causes, et afin de porter remède à ce que lesdits artistes, qui sont en assez grande réputation, ont un besoin plus pressant que les étrangers : il est ordonné et statué, ainsi que lesdits artistes l'ont demandé, que dorénavant, il ne puisse venir et être introduit dans ce pays, aucun ouvrage de l'art susdit, qui soit imprimé ou peint sur toile, ou sur papier, tels que les cartes à jouer, et tout autre travail de l'art, fait au pinceau ou imprimé, sous peine de perdre les ouvrages introduits ».

Et, liv. xxx, fol. 12, pag. 6. « De cette amende, un tiers appartiendra à la commune ; un tiers aux seigneurs anciens justiciers, qui sont commis pour cela, et un tiers au dénonciateur; avec la condition, cependant, que les artistes qui font dans ce pays les ouvrages dont il vient d'être parlé, ne pourront les vendre hors de leurs boutiques, sous la peine ci-dessus rapportée, excepté sur le marché, le mercredi, à Saint-Paul, et le samedi, à Saint-Marc ».

« L'an et le jour ci-dessus, fut confirmé le susdit ordre, par les respectables et nobles personnes MM. Nicolas Bendimero, Jérôme Querini, et André Barbariso, honorables provéditeurs de la ville; et par les respectables seigneurs, anciens justiciers, MM. Jérôme Contarini, Noël Malipiero, le troisième absent; mandant et ordonnant, que tout cela soit observé en tout et partout. »

✶ IV. ✶

Observation sur le nom de Mathieu de Jean Dei.

Le nom de cet orfévre est simplement Mathieu ; mais il est bon de faire remarquer que cette manière de dénommer était d'un usage très-fréquent autrefois.

Dans ce cas, la préposition *de* est prise pour *fils de* : ainsi, *Mathieu de Jean Dei*, signifie *Mathieu, fils de Jean Dei;* et c'est ainsi qu'on doit l'entendre dans l'ouvrage de Gori.

✱ V. ✱

Observation sur le nom de Thomas Finiguerra.

Quoique ce soit la manière ordinaire par laquelle on désigne cet orfévre, il serait plus exact de le nommer simplement *Thomas;* car Finiguerra n'est pas son nom, mais celui de son père; et Gori, lorsqu'il en parle, dit toujours *Thomasus Finiguerræ*, Thomas de Finiguerra, c'est-à-dire, suivant l'usage de ce siècle, *Thomas, fils de Finiguerra,* ainsi que nous l'avons déjà fait remarquer dans la note précédente.

✱ VI. ✱

Extrait de l'ouvrage intitulé : Thesaurus veterum diptychorum ✱, etc., à Ant.-Franç. Gori. Firenze, 1759, *in-fol. Tom. III.*

Dans les premiers paragraphes de cet article, Gori parle très-longuement du magnifique autel exécuté pour le Baptistaire de Saint-Jean de Florence, et dit que, commencé dès l'an 1366, il fut terminé en 1452. Il fait connaître ensuite les noms de tous ceux qui y

---

✱ En faisant cette traduction, j'ai cru nécessaire d'y joindre en notes quelques éclaircissemens.   J. Duch.

ont travaillé, tels que Becti, fils de Geri; Léonard, fils de Jean-le-Notaire; Christophe, fils de Paul; Michel, fils de Monti; Antoine [1], fils de Jacques *del Pollajuolo*. Indépendamment de ces artistes, sculpteurs, orfèvres ou ciseleurs, qui tous travaillèrent à l'autel même, on doit encore faire connaître les noms de Michelozzi, fils de Barthelemi; Becti, fils de François Becti, sans doute le même que celui dont il est parlé plus haut, comme étant fils de Geri; et Miliani [2], fils de Dominique Deio, comme ayant aussi contribué à l'embellissement de cet autel, puisque ces derniers furent employés pour les flambeaux et la croix qui étaient placés dessus. Gori ajoute ensuite, page 315, paragraphe VI :

« Auprès de ces précieux monumens, sont exposées deux plaques d'argent dont on fait usage pour donner et recevoir le baiser de paix; leur poids est d'environ vingt livres [3]; elles sont ornées de figures de vermeil, du plus beau travail, et par-derrière, il y a des poignées d'argent : l'une, gravée et peinte en monochrôme avec du *nielle*, fut faite avec un soin et un travail incroyables, par le célèbre Thomas [4], fils de

---

[1] C'est le même Antoine Pollajuolo dont on connaît quelques gravures, entre autres la *Bataille aux Coutelas*.

[2] Probablement de la même famille que Mathieu *Dei*, auteur d'une Paix représentant le Crucifiement de J.-Ch., dont il est parlé à la fin de cette note, et décrite sous le n.º 122, ainsi que de la Paix non-terminée représentant la Conversion de saint Paul, décrite sous le n.º 139.

[3] La livre de Florence est de moins de douze onces : c'est donc un poids d'environ quatorze livres de France.

[4] Tommaso, dont le diminutif *Maso* a prévalu, et est seul en usage maintenant pour désigner cet artiste.

Finiguerra; et puisque l'occasion s'en présente, je vais m'étendre un peu sur ce sujet ».

« Cette Paix est d'autant plus remarquable, qu'elle a donné naissance à l'art admirable de graver au burin sur des planches de cuivre, dont l'utilité, répandue par toute la terre, a comblé de gloire les artistes qui en ont fait usage ».

« L'habile orfèvre grava, sur une plaque d'argent, des figures représentant le Triomphe et le Couronnement de la bien-heureuse vierge Marie, enlevée au ciel et entourée d'anges, ainsi que d'un grand nombre de saints placés sur le devant de la composition; son ouvrage n'étant pas entièrement terminé, et avant qu'il fût chargé de la couverte noire, dite vulgairement *nielle*, il lui arriva, par hasard, de vouloir en prendre une empreinte, employant le plâtre et le soufre (ce dont j'ai un exemple dans un vieux tabernacle* de ce temps), et se servant d'une teinte obtenue par la fumée grasse d'une chandelle. Il voulut essayer aussi ce que produiraient les figures gravées, en appuyant dessus un papier humide. Lors donc qu'il eut vu que le papier appliqué sur la planche rendait fidèlement le sujet qui y était tracé, il arriva, par ce procédé, le premier de tous, à l'art de graver sur cuivre, et à celui d'en tirer des épreuves sur papier, au moyen d'une couleur quelconque mêlée avec de l'huile. Parmi ceux qui apprirent cet art de

---

* Probablement celui des Camaldules, dont les empreintes sont décrites sous les n.ᵒˢ 80 à 93.

Thomas, fils de Finiguerra, et qui en donnèrent l'exemple, furent Alexandre Botticello et Antoine *del Pollajuolo*, qui, ayant pris des sujets dans le poëme intitulé : *la divine Comédie du Dante*[1], en enrichirent les principaux chapitres, surtout ceux du commencement de ce poëme ; mais ils n'ont pas mis leur nom au bas de leur gravure, ainsi que cela est devenu la coutume dans la suite. Dans l'édition du Dante, avec les commentaires de Christophe Landini, publiée à Florence, sur grand papier royal, en 1481, par l'imprimeur Nicolas, fils de Laurent, allemand, on voit trois ou quatre gravures en cuivre : il doit en exister quatorze autres, qu'on dit avoir vues[2], ce que j'ai de la peine à croire ; peut-être plusieurs de ces gravures ont été répétées trois ou quatre fois en tête de quelques chants du poëme du Dante. On a parlé d'épreuves tirées avant cette époque, d'anciennes planches de bois gravées ; cet art était connu depuis long-temps chez les peuples orientaux, et principalement chez les Chinois ; mais quant à l'art de graver sur cuivre ou sur argent, et d'en tirer des épreuves, ce qui peut se faire en grand nombre, je dis, et j'affirme, que la

---

[1] J'ignore pourquoi Gori paraît attribuer une partie des gravures du Dante à Antoine Pollajuolo, tandis que ce travail est reconnu pour être de Baccio Baldini et d'Alexandre Botticello.

[2] Il en existe dix-neuf ; mais les deux premières seulement sont imprimées à leur place, sur la feuille même du texte ; les autres sont beaucoup plus rares, et lorsqu'on les trouve dans le livre, on voit qu'elles ont été tirées à part, et collées ensuite à la place qui avait été réservée en blanc dans le texte.

première invention et la plus grande gloire doivent en être attribuées à Thomas le florentin. Son ouvrage étant achevé en 1452, le même Thomas, fils de Finiguerra, orfévre florentin, reçut des syndics du corps du commerce, pour son travail et pour la valeur de l'argent, en florins d'or, 66 florins 1 livre 6 deniers*, ainsi qu'on en trouve la preuve dans le grand registre, coté AA, de la même année; il est conservé dans les archives de ce syndicat, où je l'ai vu. Je voulais faire dessiner et graver sur cuivre cette superbe Paix chrétienne; mais un ouvrage aussi difficile, rempli d'un aussi grand nombre de figures, couvert d'un émail noir, et surtout dans un tel état de vétusté, aurait nécessité des dépenses au-dessus de mes forces. C'est pourquoi je m'en suis abstenu, quoiqu'à regret, laissant à d'autres personnes de cette ville la gloire précieuse et l'honneur éternel de publier cet insigne et mémorable ouvrage.

Le célèbre sénateur Buonaroti, dans la préface de son ouvrage sur les médailles de grand module du Musée Carpegna, page 17, reconnaît Thomas, fils de Finiguerra, pour l'inventeur de cet art admirable; il rapporte ce qu'en dit Vasari, tant dans le chapitre xxxiii de sa préface, que dans la vie d'Antoine *del* Pollajuolo, dont il parle très au long dans le commencement de celle de Marc-Antoine; il cite aussi ce que dit Baldinucci. Thomas, avant de remplir et de couvrir ses gravures de *nielle*, avait coutume de prendre une empreinte avec de la terre,

---

* Ce qui ferait environ 2200 francs.

ou du soufre, ou du plâtre, ou enfin avec du papier humide; empreinte sur laquelle se trouvaient les traces de la fumée de chandelle dont il avait eu soin de noircir sa gravure. Tous ces procédés sont décrits brièvement dans l'ouvrage de Vasari; mais il se trompe grandement, quand il regarde Thomas, fils de Finiguerra, comme l'auteur des deux Paix de la Basilique de Saint-Jean; car il ne fit qu'un seul de ces ouvrages, comme je le dirai bientôt. Baldinucci, dans sa préface, où il traite de l'origine et des progrès de l'art de la gravure sur cuivre, dont il ignorait la véritable époque, raconte beaucoup de choses de ce même Thomas, et cite après lui, comme les plus habiles dans cet art admirable, Baccio Baldini, orfévre de Florence, qui n'étant pas assez instruit dans le dessin, fut aidé par Alexandre Botticelli. Après cela, il parle d'André Mantegna, comme remarquable dans cet art, à Rome, et dit que son exemple fut suivi, en 1490, en Allemagne, par Tudesque et Israël Martin*, qui furent bien surpassés par Albert Durer, Lucas de Leyde et Aldegraver. Une autre Paix, enrichie de damasquinure, représente au milieu, le Crucifiement de Jésus-Christ, avec un grand nombre de figures gravées sur une petite plaque d'argent, couverte ensuite d'une peinture noire, dite *nielle*; elle fut faite par Mathieu, fils de Jean Dei, citoyen et très-habile orfévre de Florence. Celui-ci

---

* Ces noms sont très-inexacts : *Tudesque* est le sobriquet que l'on a donné autrefois à l'un des deux Maîtres allemands, Israël Mecheln ou Martin Schongauer, qui sont ici confondus comme une seule et même personne.

ajouta aussi beaucoup d'ornemens très-beaux, pour lesquels, son ouvrage achevé et livré en 1455, en considération de la dépense, il reçut 68 florins [1] d'or ».

✳ VII. ✳

Courte Dissertation sur le Soufre de Maso Finiguerra, appartenant au comte Seratti [2].

Maso Finiguerra vécut de 1400 à 1460 : il fut élève de Masaccio, et s'appliqua à l'étude de l'orfévrerie; il dessina en clair-obscur, fit des modèles en bas-relief, et fut très-habile dans les ouvrages de *nielle*.

Pour faire ces sortes d'ouvrages, il gravait avec le burin sur une plaque d'argent, et la couvrait ensuite avec du *nielle*, qui est une substance métallique réduite en poudre : c'est un composé d'argent, de cuivre, de plomb, de soufre et de borax, mélange plus fusible que l'argent, et d'une couleur noire [3].

---

[1] Quoique cette pièce ait été payée plus cher que celle du Couronnement de la Vierge, il n'en faut pas conclure qu'on ait pensé à cette époque que le talent de Mathieu Dei dût être payé plus que celui de Thomas Finiguerra; mais il faut seulement réfléchir que dans le prix se trouve compris le poids du métal, et que celle du Crucifiement pesait probablement plus que l'autre.

[2] En conservant cette dissertation, déjà publiée par Zani et par M. Ottley, j'ai cru devoir y joindre des notes pour rectifier quelques erreurs, ou donner des éclaircissemens nécessaires.   J. Duch.

[3] Seratti a suppléé au défaut de Vasari, qui, donnant la note des substances dont le *nielle* est composé, a négligé de parler du cuivre, du soufre et du borax : il est évident que l'argent et le plomb seuls ne peuvent faire une substance facilement fusible et de couleur noire.

Lorsqu'on voulait faire fondre cette composition métallique, on employait un degré de chaleur suffisant pour faire couler la composition jusqu'à ce qu'elle remplît toutes les tailles de la gravure, sans cependant fondre la planche d'argent; ensuite, avec des ébarboirs, des limes et de la pierre-ponce, on enlevait le surplus du *nielle* qui se trouvait en saillie sur la superficie de la planche, jusqu'à ce qu'elle fût totalement découverte, et que le *nielle*, restant seulement dans les tailles, fît bien ressortir le sujet dessiné. On regarde comme les principaux ouvrages de *Maso* deux Paix qui sont conservées dans la sacristie de l'œuvre de Saint-Jean de Florence. Celle qui représente l'Assomption est certainement de lui : elle fut faite en 1452, et lui fut payée, en florins d'or, 66. florins 1 livre 6 deniers, comme on peut le voir sur le registre AA des archives du syndicat des marchands dans cette année. L'autre Paix fut faite par Mathieu, fils de Jean Dei, en 1455 : elle représente le Crucifiement de Jésus-Christ; mais elle est inférieure à la première, tant pour la composition que pour le dessin *.

La Paix représentant l'Assomption est reconnue pour l'ouvrage le plus authentique, et peut-être le seul de

---

* Ces planches *niellées*, entourées d'ornemens en argent massif, quelquefois dorées, étaient fixées au milieu d'eux, soit avec de la soudure, soit par un autre moyen, et seulement lorsqu'elles étaient entièrement terminées; autrement il eût été difficile d'en prendre des empreintes avec de la terre, et il eût été impossible d'en tirer une épreuve sur papier. La Paix, décrite sous le n.º 55, et qui faisait partie du Cabinet Sikes, se détache facilement des ornemens en filigrane qui l'environnent.

ce genre de Finiguerra¹ ; il est aussi très-remarquable, tant par la finesse et l'intelligence de la gravure, que par la pureté du dessin.

Les figures, au nombre d'environ quarante, sont toutes surprenantes par la beauté et l'expression du caractère. La pièce pourrait être regardée comme une des meilleures compositions des plus beaux temps de la peinture, s'il n'y avait, pour tout défaut, un peu trop de régularité dans la distribution des figures, et un peu de sécheresse dans les plis des draperies. Mariette en demanda une copie, qui lui fut envoyée avec la notice du chevalier Gaburri.

C'est d'après cet ouvrage, indubitablement de *Maso*, que les Italiens opposent leurs prétentions aux Allemands, pour prouver que cet orfévre a été l'inventeur de la gravure sur métal, découverte au moyen de laquelle on trouva par suite l'art d'imprimer ces gravures sur papier.

Vasari et Baldinucci rapportent que lorsque Finiguerra avait gravé quelqu'ouvrage, avant de le couvrir de *nielle*, il en prenait une empreinte avec une terre très-fine, sur laquelle il jetait ensuite du soufre fondu ; que sur ce soufre il passait une teinte à l'huile, qui restait seulement dans les tailles², et qu'en appuyant avec un rouleau de bois, le papier se trouvait recevoir l'empreinte du dessin.

---

¹ On trouvera, à la fin de cet ouvrage, une liste des *nielles* que je crois devoir attribuer à Finiguerra.

² Cette erreur, adoptée par Bartsch, se trouve combattue précédemment, pag. 43 et suivantes.

Il est possible que Maso ait quelquefois essayé ce procédé; mais son principal objet, en coulant un soufre, devait être de s'assurer de la perfection de son travail avant d'y jeter le *nielle*. Le soufre a trop de fragilité pour résister à l'impression; et la teinte que l'on trouve sur le soufre, qui nous est parvenu de la Paix de l'Assomption, est purement du noir de fumée délayé avec de l'eau, sans aucune espèce d'huile; par-conséquent, il aurait été impossible de l'imprimer sur du papier [1]. En outre, s'il eût voulu tirer des épreuves sur du papier, il aurait mieux réussi, en se servant de la planche gravée elle-même [2], et il se serait épargné l'empreinte de terre, et la fonte du soufre. On dit que le comte Durazzo possède quelques fragmens de papiers imprimés de cette manière par Maso [3].

Le prix qu'obtinrent dès ce temps ces ouvrages doit facilement faire penser que Baldini ou Botticelli, contemporains de Finiguerra, ou d'autres artistes peu

---

[1] L'auteur de cette dissertation se trompe; car assurément une encre à l'eau pourrait également être imprimée; mais l'épreuve qu'on en tirerait n'aurait aucune solidité, et le frottement gâterait promptement une estampe de cette nature.

[2] Seratti, en rapportant la fausse interprétation de Vasari, a senti combien elle était vicieuse, puisqu'il dit avec raison que Maso eût mieux réussi à tirer une épreuve de la planche d'argent, plutôt que de l'empreinte en soufre.

[3] Il est bien surprenant que l'auteur de cette dissertation ait regardé comme douteux un fait aussi certain, puisqu'il existait dans le Cabinet Durazzo un nombre d'épreuves de *nielles* du temps même de Finiguerra, et qui venaient toutes du Cabinet Gaddi. Il est étonnant aussi que l'abbé Zani n'ait pas fait cette remarque.

postérieurs à lui, ont gravé quelques copies pour les imprimer, lorsque l'expérience eut démontré qu'ils pouvaient ainsi faire usage d'une planche d'argent ou de cuivre gravée. De là peut venir l'opinion que Baldini et Botticelli ont gravé sous la direction et d'après les dessins de Finiguerra. Mais en comparant la Paix de l'Assomption, ouvrage incontestablement de Maso, avec les gravures de Baldini et de Botticelli, on trouve la différence qu'il y a entre l'original d'un maître habile, et les imitations de copistes ou d'imitateurs médiocres.

L'ingénieuse opération de couler du soufre, et d'en remplir les tailles avec du noir de fumée*, a dû être faite par Finiguerra, pour voir si son travail était terminé, s'il y avait de l'harmonie, si rien ne manquait au dessin, et si quelque partie avait besoin de correction, ce qu'on ne pouvait plus faire après avoir coulé le *nielle;* il était difficile à l'orfévre de voir tout cela sur la planche d'argent elle-même, dont les

---

* Voilà encore la même erreur répétée : cette fois elle paraîtrait adoptée par Seratti lui-même, quoique cependant il soit bien facile de sentir qu'on ne peut mettre du noir sur une empreinte de soufre, pour en remplir les tailles *seulement*, il est évident que le soufre se chargeait tout simplement du noir un peu gras, qui, des tailles de la planche d'argent, avait passé sur l'empreinte en terre. Cela donne aussi à penser que la partie grasse de la teinte devait en grande partie être absorbée par la terre, et que par-conséquent les analyses chimiques ont pu faire croire que sur les empreintes en soufre, les tailles n'étaient colorées qu'avec une teinte à l'eau. Les épreuves de *nielles* sur papier ne font pas naître une semblable idée; cependant, ainsi que je l'ai déjà dit, il est prudent de ne pas laisser long-temps dans l'eau chaude des épreuves de cette nature.

tailles vides ne pouvaient montrer le dessin que difficilement, et nullement l'effet, ni l'harmonie[1]. Il ne pouvait non plus introduire dans ses tailles aucune matière étrangère, qui aurait empêché le *nielle* de s'attacher sur la planche[2].

Il était nécessaire de prendre d'abord une empreinte sur la planche, avec une espèce de terre très-fine, au-lieu de couler le soufre directement sur le métal, afin que l'épreuve ne vînt pas en contre-partie, et aussi pour ne pas avoir en relief les tailles, sur lesquelles on n'aurait pas pu donner une teinte égale[3]. Empreignant la terre sur la planche, et ensuite coulant un soufre sur cette empreinte, on obtenait des tailles en creux, comme sur la planche elle-même; de sorte qu'en le couvrant avec du noir de fumée, il présentait le même effet qu'aurait offert la planche, quand elle aurait été *niellée*.

Seratti possède un soufre, tiré par Finiguerra sur

---

[1] Cette réflexion n'est pas tout-à-fait exacte; car lorsqu'on grave une planche, on emplit sans cesse les tailles avec le noir qui se trouve sur la pierre à l'huile, et, par ce moyen, un graveur peut juger en partie de l'effet de son travail.

[2] C'est encore une erreur : les matières introduites dans les tailles en auraient été enlevées facilement par la lessive ou cendrée dans laquelle on faisait bouillir une planche avant de la *nieller*.

[3] D'après cette manière de parler, il semblerait que les tailles de cette gravure doivent produire des reliefs considérables; tandis que la gravure est si fine, qu'elle est à-peine sensible sur la planche d'argent, et que sur le soufre elle présente des saillies qu'on ne peut apercevoir que difficilement et avec une loupe.

la Paix de l'Assomption, que l'on pourrait plutôt nommer le Couronnement de la Vierge. Ce soufre était entouré d'un grand cadre de bois orné de colonnes et de corniches, qui anciennement avaient été dorées. D'après une décoration si riche, on peut se faire une idée de l'estime qu'on en faisait dès cette époque : on a ôté avec soin les ornemens qui avaient souffert des injures du temps, et on a conservé le soufre dans la forme d'un petit tableau, avec la partie seulement du bois dans lequel il était incrusté. Ce soufre était encore un peu écorché dans quelques places au milieu : il a été réparé par le professeur Louis Levrier.

Il ne voulut pas remplacer les petites parties enlevées, avec de nouveau soufre, dans la crainte que la chaleur de celui-ci n'altérât les parties adjacentes; il ne voulut pas non plus se servir de cire, parce qu'elle est sujette à changer de couleur, ni même employer la *scagliola**, parce qu'en séchant elle se retire. C'est pourquoi, il fit usage d'une espèce de craie mêlée avec de l'huile ; et ensuite, d'après la Paix d'argent qui est conservée dans l'œuvre de Saint-Jean, en se servant d'un pinceau et d'une couleur à l'huile, il copia trait pour trait ce qui manquait sur l'empreinte. Il est facile de voir les parties restaurées, en regardant le soufre à contre-jour : dans ces places

---

* Espèce de mastic, composé de gypse ou pierre à plâtre de la qualité la plus fine, et d'une eau de colle : c'est avec cette composition que se font les stucs.

tout est uni, et dans le reste les traits se trouvent en creux [1].

On a comparé minutieusement le soufre avec la Paix d'argent, jusque dans les moindres parties et dans toutes les tailles, et il ne s'est trouvé aucune différence; ce qui prouve que Finiguerra n'avait rien trouvé à changer ni à ajouter, et qu'on ne peut conserver aucun doute sur l'originalité de la pièce. Or, comme il est absolument impossible de tirer une épreuve après la fonte du *nielle*, il est bien certain que le soufre a été fait de la main même de Finiguerra. Il a donc un prix supérieur à la Paix d'argent dont il fut tiré [2]. La Paix d'argent, par son ancienneté, a pris une couleur assez sombre. Elle est aussi endommagée et détériorée dans quelques parties; le travail a souffert, et il n'est aperçu qu'avec difficulté; le soufre, au contraire, est bien conservé, la couleur en est très-vive et bien brillante.

Ce soufre est cintré dans le haut; sa hauteur est de quatre pouces dix lignes, à la sommité de l'arc, et sa largeur de trois pouces trois lignes. Dans le milieu, vers le haut, est Jésus-Christ qui pose une couronne sur la tête de la Vierge : ces deux figures sont assises sur une

---

[1] J'ai bien aperçu les parties restaurées; mais quelques soins que j'aie pris en examinant ce soufre, je n'ai pu voir une différence de saillie entre les tailles de la gravure et celles qui ont été refaites.

[2] Cette assertion est au-moins douteuse : l'empreinte en soufre a été vendue 2500 fr. : je suis persuadé que si la Paix originale pouvait être acquise, on la paierait plus du double, malgré les dommages que le temps a pu y causer.

espèce de trône. Au-lieu de colonnes pour supporter la corniche, on voit deux anges debout tenant des vases remplis de roses; un peu au-dessous, quatre autres anges, deux de chaque côté, aussi en pied, tiennent des lis à la main; au-dessus, de chaque côté, sont placés trois anges qui sonnent de la trompette; et tout en haut, dans le cintre, au-dessus des frontons du trône, se trouvent encore quatre anges tenant une banderolle, sur laquelle est écrit : ASSUMPTA. EST. MARIA. IN. CŒLUM. GAUDET. EXERCITUS. ANGELORUM.

Sur le devant de cette composition, on voit deux saints à genoux (saint Augustin et saint Ambroise); l'un tient une crosse à la main, et est vêtu d'une dalmatique [1], sur le collet de laquelle on lit : AGOSTI. L'autre tient un livre dans sa main [2]; il est vêtu de même, et sur son collet est écrit : ANBRUS. Sur le second plan, d'un côté, se trouvent cinq saintes; l'une desquelles, avec une roue, est sainte Catherine; l'autre, avec un agneau, est sainte Agnès.

De l'autre côté sont cinq saints, l'un d'eux avec une croix et vêtu de peau de moutons, se fait reconnaître pour saint Jean-Baptiste.

Au troisième plan sont, d'un côté, trois saintes, dont une est sainte Marie-Magdelaine, tenant à la main un vase de parfums; de l'autre côté trois saints. Au quatrième plan, on voit trois saintes d'un côté et trois saints de l'autre. Toutes les femmes sont

---

[1] C'est plutôt une espèce de soutane.
[2] Ce n'est pas un livre, ce sont les deux mains jointes du saint.

toujours du côté gauche, et les hommes du côté droit. En disant droite et gauche, nous entendons la droite et la gauche de l'estampe *.

J'ai exécuté, et fait exécuter en ma présence, plusieurs expériences, afin de m'assurer si l'on pouvait faire usage d'un ancien *nielle*, pour en tirer des épreuves. Je pensai que pour enlever l'émail noir de dessus la planche gravée, on devait employer des dissolvans, qui agiraient sur le plomb, sur le borax, et sur le soufre, et laisseraient également intact le cuivre et l'argent. Car, quand bien même ils auraient attaqué seulement le cuivre, l'argent en contenant quelques portions, la planche serait restée rude et granuleuse, et par cette raison, elle se serait trouvée incapable de donner des épreuves.

Je pensai aussi que les parties de cuivre et d'argent qui entrent dans la mixtion du *nielle*, se trouvant dissoutes et séparées par la décomposition du plomb, du borax et du soufre, avec lesquels elles étaient liées, seraient enlevées d'un seul coup, et même laisseraient les tailles de la planche gravée tout-à-fait vides. Dans les gravures à grosses tailles, et surtout dans les lettres d'une certaine grandeur, l'essai pourrait à-la-vérité avoir du succès; et telle planche qui aurait été *niellée*, se retrouverait en état de donner des épreuves; mais dans les *nielles* à tailles fines, je n'ai pu réussir en rien;

---

* On a maintenant l'habitude toute contraire; et dans la description d'une estampe, par droite et gauche, on entend toujours la droite et la gauche du spectateur.

il faut croire que les petites parties d'argent ou de cuivre qui se trouvent dans le *nielle*, restent tellement adhérentes dans les tailles très-fines, qu'il est impossible de les en détacher. Les épreuves que nous possédons, doivent avoir été tirées ou des *nielles* du temps de Baldini et de Botticelli, après la découverte de l'art d'imprimer des planches de métal sur papier, ou bien de planches non terminées, sur lesquelles le *nielle* n'était pas encore coulé.

L'estampe de la chûte de saint Paul est une planche qui devait être couverte de *nielle* par un certain *Dati**; elle s'est trouvée non-terminée, et à cause de cela, on peut en tirer des épreuves. Maintenant cette pièce est dans la galerie de Florence.

* VIII. *

Extraits de l'ouvrage intitulé : Vite de' più illustri Pittori, *etc.*, *Cap.* XXXIII, *del Niello, etc., Tom. I, pag. lxj.*

Il niello, il quale non è altro, che un disegno tratteggiato, e dipinto su l'argento, come si dipigne, e tratteggia sottilmente con la penna; fu trovato da gli orefici fino al tempo degli antichi, essendosi veduti cavi co' ferri ripieni di mistura ne gli ori, ed argenti loro. Questo si disegna con lo stile sulo argento, che

---

* C'est *Dei* qu'il faut lire, et c'est de cette planche qu'on rencontre des épreuves tirées vers l'époque où fut faite cette dissertation. La description s'en trouve sous le n.º 139.

sia piano, e s'intaglia col bulino, che è un ferro quadro tagliato a unghia, dall'uno degli angoli all'altro per isbieco, che così calando verso uno de' canti, lo fa più acuto, e tagliente da due lati, e la punta di esso scorre, e sottilissimamente intaglia. Con questo si fanno tutte le cose, che sono intagliate ne' metalli, per riempierle, o per lasciarle vote secondo la volontà dell'artefice. Quando hanno dunque intagliato, e finito col bulino; pigliano argento, e piombo, e fanno di esso al fuoco una cosa, che incorporata insieme è nera di colore, e frangibile molto, e sottilissima a scorrere. Questa si pesta, e si pone sopra la piastra dell'argento, dov'è l'intaglio, il qual è necessario, che sia bene pulito; ed accostatolo a fuoco di legne verdi, soffiando co' mantici, si fa, che i raggi di quello percuotino, dove è il niello; il quale per la virtù del calore fondendosi, e scorrendo, riempie tutti gl'intagli, che aveva fatti il bulino. Apresso, quando l'argento è raffreddo, si va diligentemente co' raschiatoi levando il surperfluo, e con la pomice a poco a poco si consuma, fregandolo e con le mani, e con un cuojo tanto, che e' si trovi il vero piano, e che il tutto resti pulito. Di questo lavorò mirabilissimamente Maso Finiguerra Fiorentino, il quale fu raro in questa professione, come ne fanno fede alcune Paci di niello in S.-Gio. di Firenze, che sono tenute mirabili. Da questo intaglio di bulino son derivate le stampe di rame; onde tante carte Italiane, e Tedesche veggiamo oggi per tutta Italia; che siccome negli argenti s'improntava, anzi che fussero ripieni di niello, di terra, e si buttava di zolfo; così gli stampatori trovarono il modo del fare le carte sule stampe di rame col torcolo, come oggi abbiam veduto da essi imprimersi.

Vita d'Antonio et Pietro Pollajuoli, Tom. I, p. 439.

Era in questo tempo medesimo un altro orefice chiamato Maso-Finiguerra, il quale ebbe nome straordinario, e meritamente; che per lavorare di bulino, e fare di niello, non si era veduto mai, chi in piccoli, o grandi spazj facesse tanto numero di figure, quante ne faceva egli; siccome lo dimostrano ancora certe Paci, lavorate da lui in san Giovanni di Fiorenza con istorie minutissime della passione di Cristo.

Vita di Marco-Antonio, Tom. II, pag. 409.

Il principio dunque dell'intagliare le stampe venne da Maso Finiguerra Fiorentino, circa gli anni di nostra salute 1460. Perche costui tutte le cose, che intagliò in argento, per empirle di niello, le improntò con terra, e gittavovi sopra solfo liquefatto, vennero improntate, e ripiene di fumo; onde a olio mostravano il medesimo, che l'argento *; e ciò fece ancora con carta umida, e con la medesima tinta, aggravandovi sopra con un rullo tondo, ma piano per tutto, il che non solo le faceva apparire stampate, ma venivano come disegnate di penna.

---

* Il devrait se trouver ici un point et un E capital.

* IX. *

Extrait de l'ouvrage intitulé : Due Trattati di Benevenuti Cellini, scultore fiorentino, uno dell' oreficeria, etc. Milano, 1811, in-8.°

De l'art de nieller et de la manière de faire le Nielle.

L'an MDXV, je me mis à apprendre l'orfévrerie : alors l'art de graver les *nielles* était tout-à-fait abandonné; et aujourd'hui, à Florence, parmi nos orfévres, peu s'en faut qu'il ne soit entièrement inconnu. Ayant entendu dire par d'anciens orfévres, combien ce genre d'industrie était agréable, et surtout combien Maso Finiguerra, orfévre florentin, avait excellé dans l'art de *nieller*, je fis les plus grands efforts pour marcher sur les traces de cet habile artiste; je ne me bornai pas seulement à apprendre à graver les *nielles*, je voulus encore apprendre la manière de les faire, pour pouvoir plus facilement et avec plus d'assurance travailler dans cet art : nous parlerons donc d'abord de la manière de faire le *nielle*.

Prenez une once d'argent très-fin, deux onces de cuivre bien purifié, et trois onces de plomb aussi très-pur et très-propre : puis ayez un creuset capable de contenir cette quantité de métaux. Il faut d'abord mettre dans le creuset l'once d'argent et les deux onces de cuivre; ensuite, il faut le placer au feu d'un fourneau excité par un soufflet; quand l'argent et le cuivre seront bien fondus et bien mêlés, ajoutez-y le plomb; cela fait, retirez promptement le creuset, prenez un petit charbon avec les pincettes, et mêlez bien le tout; car, par sa nature, le plomb faisant toujours un peu de crasse, il faut l'enlever, autant que possible, avec le charbon, afin que les trois métaux soient bien incorporés et bien purs : ayez ensuite une fiole de terre, grosse comme le poing, dont le goulot sera de la grosseur du doigt; emplissez-la à moitié de soufre bien pilé; les métaux étant fondus, on les coulera dans la fiole, et, de suite, on la bouchera avec un peu de terre humide, la tenant à la main en l'entourant d'un grand morceau de linge. Pendant que la composition se refroidit, on doit l'agiter continuellement; puis pour retirer la composition, il faut rompre la bouteille. Il se trouvera qu'à cause de la propriété du soufre, cette fusion (qui se nomme *nielle*) aura pris la couleur noire. Il est bon de dire que le soufre doit être le plus noir que l'on puisse avoir [1]. Cela fait, prenez le *nielle* qui se trouvera en petits grains; la nécessité d'agiter la main, comme nous l'avons déjà dit, n'est que pour opérer le mieux possible le mélange de la matière [2] : ce qui restera se remettra dans un

---

[1] Pour que le soufre devienne noir, il faut le faire brûler.

[2] Ce mouvement sert aussi à faire mettre la matière en petits grains, au-lieu que sans cela elle ne formerait qu'une seule masse ou culot.

creuset, comme la première fois, et on le fera fondre sur un feu doux, fait avec un peu de braise : on recommencera ainsi jusqu'à deux ou trois fois; et chaque fois qu'on rompra le vase où est le *nielle*, on gardera seulement les grains dont l'égalité et la finesse formeront la perfection.

Maintenant nous parlerons de l'art de *nieller*, c'est-à-dire, de la manière d'employer le *nielle* sur les gravures d'or ou d'argent, n'y ayant pas d'autres métaux meilleurs pour cet objet. Prenez la planche qui aura été gravée; et comme la beauté du *nielle* consiste à ce qu'il soit uni et sans aucune soufflure, pour cela il faut faire bouillir la planche gravée, dans de l'eau, avec beaucoup de cendres de chêne. Parmi les orfévres, cela s'appelle faire une cendrée. Lorsque la planche gravée aura bouilli dans la chaudière, on devra la laisser avec la cendre pendant un quart d'heure, puis on la mettra dans une cuvette avec de l'eau fraîche et propre; ensuite, avec une petite brosse, il faut frotter et bien nettoyer la gravure, afin qu'elle soit dégagée de toute espèce d'ordure. Après, il faudra la fixer sur un instrument de fer assez long pour pouvoir la diriger au feu; la longueur doit être de trois palmes (environ un pied), plus ou moins, suivant le besoin et la dimension de la gravure. Il est bon d'avertir que la plaque de fer sur laquelle est attachée la planche ne doit être ni trop mince, ni trop épaisse, mais telle que, quand on se met à *nieller*, la gravure et le fer soient chauffés également, parce que si l'un des deux s'échauffait plus facilement que l'autre, on ne ferait pas un bon ouvrage; d'après cela, on doit prendre ses précautions. Cela étant fait, prenez le *nielle*, écrasez-le sur l'enclume ou sur un marbre, le contenant dans une virole ou dans un canon de cuivre, afin qu'en l'écrasant il ne s'échappe pas; il faut encore savoir que le *nielle* ne doit pas être seulement concassé, mais pilé et broyé très-également, afin que les grains ne soient pas plus gros que du millet, et rien de plus ni de moins. Le *nielle* ainsi arrangé, mettez-le dans des vases ou petites coupes vernissées, et lavez-le bien avec de l'eau froide, afin qu'il n'y reste aucune poussière ou aucune autre chose qui, s'y étant introduite lorsqu'on le broyait, pourrait altérer sa pureté. Prenez ensuite une petite spatule de laiton ou de cuivre, puis étendez sur la gravure, du *nielle* de l'épaisseur d'une lame de couteau ordinaire; en outre, jetez dessus un peu de borax bien pilé, mais il n'en faut pas trop mettre; après cela, mettez de petits éclats de bois sur un peu de charbon allumé au fourneau; quand le feu sera convenable, approchez doucement l'ouvrage du feu, en donnant d'abord une chaleur modérée, jusqu'à ce que vous voyez le *nielle* commencer à se fondre, parce que si on donnait trop de chaleur en commençant, l'ouvrage deviendrait rouge; et lorsqu'il est trop chauffé, il perd sa qualité, et devient mou; de sorte que le *nielle*, qui est en grande partie composé de plomb, détruirait la gravure, quelle qu'elle soit, sur or ou sur argent, et il arriverait qu'on aurait perdu sa peine, si on ne saisissait pas l'instant avec une grande diligence. Pour en revenir à ce que nous disions,

quand la planche sera sur la flamme, on se procurera
un fil de fer, dont on amincira le bout; on le mettra
au feu, et quand le *nielle* commencera à fondre, on
passera le fil de fer chaud sur la gravure, parce que
l'un et l'autre étant chauds, le *nielle*, devenu comme
de la cire fondue, pourra ainsi mieux s'unir et
s'étendre sur la planche gravée.

Lorsque l'ouvrage sera froid, on commencera à
limer le *nielle* d'abord avec une lime douce; quand
on en aura enlevé une certaine quantité, sans que
cependant la planche soit découverte, mais seulement
assez pour qu'on aperçoive la gravure, on mettra alors
la planche sur la cendre, ou plutôt sur un peu de
braise allumée; lorsqu'elle sera assez chaude, pour
que la main ne puisse pas supporter cette chaleur,
on prendra un brunissoir d'acier et un peu d'huile,
puis on le brunira, en appuyant la main autant que
l'exige ce travail. Ce brunissage est fait seulement
pour reboucher quelques trous qui se forment en
niellant : on réparera facilement ces défauts par la
pratique et avec un peu de patience; mais pour terminer le travail, un ouvrier intelligent doit reprendre
l'ébarboir, et finir de découvrir la gravure[*], avoir
ensuite du tripoli et du charbon pilé; et avec un
roseau aminci du côté de la moelle, mettant la planche
gravée dans l'eau, la frotter jusqu'à ce que son ouvrage
devienne bien uni et bien brillant. Il suffit d'avoir

---

[*] C'est-à-dire découvrir dans la gravure les parties claires où le
métal doit paraître à nu.

traité de l'art de *nieller*, même d'une manière assez succinte : cependant la difficulté du sujet demandait peut-être plus d'étendue; mais quand je me suis décidé à écrire sur cet art, je me proposai de ne pas sortir des bornes de la briéveté.

C'est pourquoi nous passerons outre, et nous parlerons de l'art de faire le filigrane, qui n'est pas moins difficile.

* X. *

Extrait de l'ouvrage intitulé : An Inquiry into the origin and early history of engraving, etc., by W. Y. Ottley. London, 1816.

Chap. IV, p. 200. « L'invention de graver les
» estampes, dit Vasari*, vient de Maso Finiguerra,
» florentin, vers l'an 1460 de Notre Seigneur; il
» grava sur argent toutes ses pièces. Avant de les
» remplir de *nielle*, il en faisait une empreinte avec
» de la terre sur laquelle il coulait du soufre fondu,
» qui restait empreint et couvert des traces du noir
» de fumée : ensuite prenant une encre à l'huile, elle
» donna la même chose que *l'argent*. Il fit encore
» cela avec du papier humide, et avec la même teinte,
» appuyant ensuite dessus avec un cylindre bien uni,
» qui non-seulement faisait paraître la planche impri-
» mée, mais donnait à l'épreuve l'apparence d'un

---

* *Vite de' più illustri Pittori*, etc., Tom. II, pag. 409.

« dessin à la plume ». Vasari rapporte ensuite que Finiguerra fut suivi par Baldini dans l'usage de tirer des épreuves de ses gravures.

Tel est, j'en suis convaincu, le vrai sens de Vasari. Il est bon de faire observer que le mot *argento*, dans l'italien, est suivi d'un point et virgule, à la suite duquel se trouve un grand E, annonçant le commencement d'une phrase. Cette manière de ponctuer est souvent en usage dans Vasari, et d'autres anciens écrivains italiens. Le point et virgule, avec une lettre capitale après, équivalait à deux points. Le savant Lanzi, en citant ce passage*, a changé le point et virgule, après le mot *argento*, en un seul point, afin de rendre le sens de l'auteur plus clair; liberté que j'ai prise aussi dans la traduction ci-dessus. D'un autre côté, quelques-uns des éditeurs modernes de Vasari ont à tort ôté la lettre majuscule E, comme un barbarisme, laissant le point et virgule, insuffisant par lui-même pour la division de la phrase comme elle était, et sans réfléchir que le sens d'un passage, déjà difficile à comprendre, pouvait par cela même devenir tout-à-fait obscur.

Le premier auteur qui ait ainsi changé la pensée de Vasari dans ce passage, quoique sans doute avec l'intention de le rendre plus intelligible, fut Baldinucci, qui, des deux procédés décrits ci-dessus, n'en fait mal-adroitement qu'un seul.

---

* *Storia pittorica della Italia*, etc., Tom. I, pag. 90.

« Lorsque Finiguerra, dit-il*, avait gravé un sujet
» quelconque sur argent pour le couvrir de *nielle*, il
» avait l'habitude d'en tirer un moule en terre, sur
» lequel il coulait ensuite du soufre fondu : il obtenait
» ainsi une empreinte en soufre de son travail ; rem-
» plissant alors les creux de cette empreinte avec une
» certaine teinte mêlée d'huile, il appliquait dessus
» du papier mouillé ; et par la pression d'un rouleau
» de bois, il se procurait une épreuve semblable à
» celle qu'eût donnée la planche d'argent ; et ses
» épreuves sur papier avaient l'apparence de dessin
» à la plume ».

Les paroles de Vasari ne peuvent pas être comprises ainsi. Quelle que soit l'obscurité qui règne dans la manière dont il s'exprime, il est clair que son intention n'était point de décrire une série non interrompue de différentes opérations, toutes dans le seul but de tirer sur papier une épreuve de son ouvrage ; mais deux procédés distincts, l'un commençant par une empreinte en terre, et finissant par l'injection du soufre, dont les tailles remplies de noir donnent l'image de ce qu'eût été la planche d'argent lorsqu'elle aurait été couverte de *nielle*. L'autre opération, beaucoup plus simple, consistait à tirer de la planche même une épreuve sur papier, ayant soin d'abord de remplir la gravure avec de la suie mêlée d'huile, posant ensuite un papier mouillé sur la planche, et la pressant avec un rouleau. Il est surprenant que Baldinucci n'ait pas

---

* *Notizie de' Professori di Disegno*, etc., Tom. IV, pag. 3 et 4.

senti qu'une substance aussi fragile que le soufre est incapable de donner des épreuves, et il l'est encôre davantage, que d'autres auteurs, ainsi que nous aurons occasion de le voir, aient adopté ses idées dans l'interprétation de ce passage de Vasari, sans songer que la fragilité du soufre n'aurait jamais pu supporter la pression du rouleau.

FIN DE LA PARTIE HISTORIQUE.

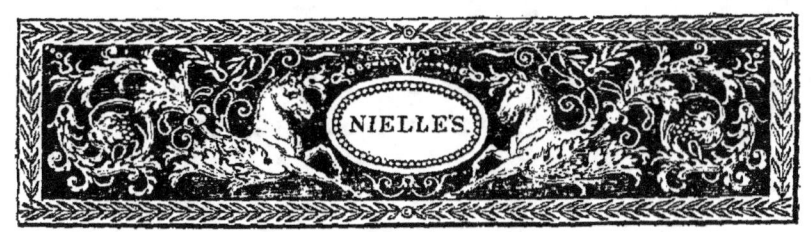

ESSAI
SUR
LES NIELLES.

PARTIE DESCRIPTIVE.

I. ANCIEN TESTAMENT.

HISTOIRE D'ADAM. — VII PIÈCES.

1. *Création d'Adam.*

(1) Dieu debout, à gauche, étend la main vers Adam, qui est couché en face et paraît vouloir se lever.

Largeur : 1 p. 8 lig. Hauteur : 1 p.

2. *Création d'Ève.*

(11) Dieu debout, à droite, tend la main à Ève, que l'on voit sortir en partie du côté d'Adam endormi à gauche.

Largeur : 1 p. 8 lig. Hauteur : 1 p. et une demi-lig.

3. *Tentation d'Adam.*

(III) Au milieu est un arbre autour duquel est le serpent à tête humaine; à gauche, Adam debout, les jambes croisées, tient la pomme que lui a présentée Ève qui est à droite, auprès de l'arbre de la science du bien et du mal.

Hauteur : 1 p. Largeur : 10 lig.

4. *Adam et Ève chassés du Paradis terrestre.*

(IV) A gauche, on voit la porte du paradis, près de laquelle est l'archange Michel, vêtu comme un guerrier romain; il pousse avec la main Adam, qui est accompagné d'Ève : tous deux s'en vont vers la droite.

Largeur : 1 p. 7 lig. Hauteur : 1 p.

5. *Adam et Ève travaillant.*

(V) Ève est assise à gauche, ayant auprès d'elle ses deux enfans; vis-à-vis est Adam, tenant un instrument de jardinage.

Largeur : 1 p. 7 lig. Hauteur : 1 p.

6. *Sacrifice d'Abel.*

(VI) Au milieu, on voit un rocher et un autel avec du feu dessus; un autre feu est allumé sur le rocher même, devant l'autel : les deux frères sont à genoux de chaque côté; celui qui est à droite a la tête couverte d'une espèce de chapeau en usage dans le XV.ᵉ siècle.

Largeur : 2 p. 9 lig. Hauteur : 1 p.

7. *Caïn tuant Abel.*

(VII) Abel, étendu par terre, cherche à se garantir, avec le bras droit, des coups que lui donne Caïn, avec un bâton qu'il tient élevé de la main droite.

Largeur : 1 p. 3 lig. Hauteur : 10 lig.
Cabinet Sykes, n.º 1230 *. La suite complète en soufre.

Cette dernière pièce est entourée de quelques ornemens très-profondément gravés, ceux du bas surtout, qui sont un simple feston renversé : on y voit sensiblement que les tailles sont en creux au-lieu d'être en relief comme sur une estampe, ce qui démontre que ces empreintes n'ont pas été coulées sur la planche d'argent elle-même, puisqu'alors elles se trouveraient en saillies; tandis que le moule de terre pris sur l'argent, ayant eu les tailles en relief, a dû les rendre en creux sur le soufre.

Les n.ᵒˢ I à IV sont réunis en une seule bande, dans une ancienne monture en bois.

Les n.ᵒˢ V à VII forment une autre bande, montés aussi très-anciennement dans un encadrement en bois : plusieurs de ces empreintes ont été restaurées avec assez d'adresse.

8. *Adam et Ève.*

Ève est assise à gauche, tenant une quenouille

---

* Ce n.º et ceux qui se trouvent aux autres pièces du Cabinet Sykes sont ceux que portent ces nielles dans le catalogue de cette collection, publié à Londres, pour la vente qui eut lieu en 1824.

et un fuseau; de l'autre côté, Adam enfonce en terre une bêche, en appuyant son pied gauche dessus; Caïn et Abel sont nus, debout au milieu d'eux. Le fond présente des rochers et quelques petits arbres. Dans chacun des angles du haut est une petite partie irrégulière, sans gravure, avec un trou au milieu.

Largeur : 1 p. 7 lig. Hauteur : 1 p. 1 lig.
Cabinet *Sykes*, n.° 1130.

HISTOIRE D'ABRAHAM. — V PIÈCES.

9. *Abraham préparant son Ane.*

(1) Abraham, en longue robe et avec une grande barbe, place un bât sur un âne, qui est au milieu de l'estampe, tourné vers la droite; près de l'âne est une botte de morceaux de bois : dans le fond, à droite, un oranger; à gauche, un laurier.

Hauteur : 1 p. 7 lig. Largeur : 1 p. 4 lig.
Bibliothèque du Roi.

10. *Abraham partant pour le mont Moriah.*

(11) Abraham, marchant vers la gauche, tient un long bâton à la main; Isaac est à côté de lui à droite; ils sont suivis d'un âne chargé de bois. Deux serviteurs les accompagnent; l'un est coiffé d'une espèce de grande calotte; l'autre est nu-tête et entièrement chauve : ce dernier tient un bâton, avec lequel il semble faire avancer l'âne. Deux arbres peu chargés de feuilles occupent le fond de

chaque côté; au milieu est une grande tablette suspendue avec des rubans.

Hauteur : 1 p. 10 lig. Largeur : 1 p. 8 lig.
Bibliothèque du Roi.— Cabinet Rossi.

11. *Les Serviteurs d'Abraham au bas de la Montagne.*

(III) Les serviteurs d'Abraham sont assis sur la gauche; le plus vieux a les mains appuyées sur un bâton, et paraît écouter ce que dit son compagnon; sur le devant, on voit l'âne agenouillé. Plusieurs arbres ornent le fond, qui est couvert de tailles croisées, excepté dans la partie à droite, où l'on aperçoit un chemin très-escarpé conduisant au sommet du Moriah, en haut duquel se trouve Abraham marchant vers la gauche, et précédé d'Isaac portant du bois sur son épaule. Tout autour une marge de 2 lignes; au milieu de celle du bas est la marque P, qui dénote le nom de Peregrini.

Hauteur : 1 p. 9 lig. Largeur : 1 p. 7 lig.
Bibliothèque du Roi. — Cabinet Douce. — Cab. Rossi *.

12. *Abraham sur la Montagne.*

(IV) Après avoir quitté ses serviteurs, Abraham s'avance vers un rocher escarpé que l'on voit à droite; il tient un coutelas de la main droite, et de l'autre un flambeau; il est suivi d'Isaac, qui

---

* Dans le Catalogue du Cabinet Rossi, cette pièce a été faussement nommée *le Repos d'Abraham.*

porte du bois sur son épaule. Le fond est orné de quelques arbres.

Hauteur : 1 p. 9 l. Largeur : 1 p. 7 l.
Bibliothèque du Roi.

13. *Abraham immolant son Fils.*

(v) Au milieu de l'estampe est un bûcher, sur lequel on voit Isaac, à genoux, entièrement nu et les mains liées derrière le dos : Abraham, debout, tient de la main gauche un coutelas, dont il est prêt à frapper son fils. Dans le haut, à droite, paraît un Ange qui retient la main du patriarche et l'empêche de frapper la victime : au bas, du même côté, on aperçoit la tête du bélier qui doit être offert en sacrifice.

Hauteur : 1 p. 7 lig. Largeur : 1 p. 5 lig.
Bibliothèque du Roi. Décrit par Zani, dans *Enciclopedia, etc.*, Part. II, Tom. III, pag. 10 et 11.

Le sujet et la dimension de ces pièces indiquent qu'elles doivent faire suite; et probablement elles ornaient les quatre faces et le dessus d'une petite boîte. Je n'ai vu la marque de *Peregrini* que sur la IIIe; mais je ne doute pas que les quatre autres pièces de la suite ne soient aussi de la même main; la marque probablement se trouvait dans la marge, et les épreuves que j'ai vues étaient rognées.

14. *Abraham sur la Montagne.*

Cette composition est la même que celle décrite sous le n.º 12; et bien certainement c'est une copie de la pièce gravée par Peregrini ; mais le travail est lourd, ce qui cependant n'empêche pas qu'on ne doive la regarder comme de la main d'un orfévre-nielleur de la fin du XV.e siècle.

Hauteur : 1 p. 9 lig. Largeur : 1 p. 7 lig.
Cabinet Sykes, n.º 1131.

* 15. *David vainqueur de Goliath.*

Le jeune David debout, au milieu de l'estampe, tient sa fronde de la main gauche, et de l'autre la tête de Goliath, dont le corps est étendu à terre, et sur lequel David pose son pied gauche. Vers le haut d'une colonne qui se voit dans le fond, à gauche, on lit : DAVID ; un peu plus haut, de chaque côté d'un pot à fleurs, sont les lettres N O : ces lettres sont une des marques de Nicolas Rosex.

Hauteur : 2 p. 2 lig. Largeur : 1 p. 5 lig.
Décrit dans *le Peintre-Graveur*, Tom. XIII, pag. 254, n.º 1.

16. *David vainqueur de Goliath.*

David, entièrement nu, la tête couverte d'un casque ailé, tient une fronde de la main droite ; son bras gauche est étendu, et porte la tête de Goliath, dont le corps est à terre. Dans le fond est une arcade, près de laquelle sont placés l'épée et le bouclier de Goliath ; sur le devant est une colonne tronquée : la plinthe est ornée d'un cartouche blanc, sur lequel devait être une marque, probablement celle de Nicolas Rosex, à qui je crois qu'on doit attribuer cette pièce.

Hauteur : 1 p. 9 lig. ? Largeur : 1 p. 4 lig. ?
Bibliothèque du Roi. Cette épreuve est rognée.

17. *David vainqueur de Goliath.*

David, vêtu d'une tunique et d'un manteau,

pose le pied gauche sur la tête de Goliath; il tient sa fronde de la main gauche : en haut sont deux petits ronds blancs, avec un trou au milieu. Ce nielle est d'un très-joli travail, et je le crois de la main de Peregrini.

Hauteur : 1 p. 3 lig. Largeur : 8 lig.
Cabinet Sykes, n.º 1141.

18. *Samson terrassant un Lion.*

Samson, tourné vers la droite, déchire la gueule du lion : un arbre se voit dans le fond de chaque côté. Ce nielle est très-bien exécuté.

Largeur : 1 p. 6 lig. Hauteur : 9 lig.
Cabinet Sykes, n.º 1135.

Samson terrassant un Lion. Voy. Append., A.

19. *Tobie et l'Ange.*

Tobie, conduit par un ange, est reconnaissable par le poisson qu'il tient à la main : ce groupe occupe le côté droit. Le reste de la composition n'ayant aucun rapport avec ce sujet, il est difficile de l'expliquer. On y voit Minerve assise, à gauche, tenant une lance de la main droite et un fruit de l'autre; dans le fond, sont deux palmiers. Cette pièce est entourée d'un double trait carré.

Largeur : 1 p. 10 lig. Hauteur : 1 p. 6 lig.
Cabinet Sykes, n.º 1134.

20. *Tobie et l'Ange.*

Le jeune Tobie, vu de profil, tient de la main droite un poisson, et donne l'autre main à l'ange qui est deux fois plus grand que lui; ils marchent tous deux vers la droite, et sont précédés d'un petit chien : dans le fond, à droite, est une tourelle; à gauche, un rocher surmonté de quelques épis. Ce nielle est très-finement travaillé.

Hauteur : 1 p. 9 lig. Largeur : 10 lig. et demie.

Cabinet Sykes, n.º 1133. Cette épreuve est en encre bleue, ce qui indique une très-ancienne impression.

21. *Judith.*

Elle est debout, tournée vers la droite, tenant son épée de la main droite, et de l'autre portant la tête d'Holopherne; à droite, on aperçoit une portion de rocher; dans le haut est une banderole contournée, sur laquelle on lit : IVDE TA; au-dessus sont deux petites places réservées en blanc pour y faire des trous, au moyen desquels la plaque niellée a dû être fixée sur le meuble qu'elle décorait. Ce nielle est décrit par M. Ottley[*]; quoique sans marque, il le place parmi les pièces du maître au ₽, dont il ignorait alors le nom : depuis, j'ai fait connaître qu'il se nomme Peregrini.

Hauteur : 1 p. 6 lig. Largeur : 10 lig.

Bibliothèque du Roi. — Cabinet Sykes, n.º 1137.

22. *Judith.*

L'héroïne, debout, tournée vers la gauche, tient, de la main droite, son épée la pointe élevée; de l'autre bras, qui est pendant, elle porte la tête d'Holopherne. A gauche est un rocher; la ville de Béthulie occupe le fond; à droite sont deux tours, l'une en avant de l'autre; dans le haut de cette

---

[*] *An Inquiry*, etc., pag. 570.

pièce, on voit deux petits ronds blancs avec un point au milieu. Je crois cette pièce d'un travail moins ancien que celui du n.º 21.

Hauteur : 1 p. 7 lig. Largeur : 10 lig.
Bibliothèque du Roi.— Cabinet Sykes, n.º 1139.

23. *Judith.*

Judith est debout, tournée vers la gauche, comme dans le n.º 22 ; mais on remarque quelques différences dans le reste de la composition ; les deux tours, à droite, sont sur le même plan ; le haut de la pièce est chantourné. Une clef de voûte ornée et retombante se voit au milieu ; le bord, de cette partie seulement, est terminé par un double trait. Ce nielle est d'un travail très-soigné.

Hauteur: 1 p. 7 lig. Largeur: 10 lig.
Cabinet Sykes, *n.º* 1138.

* 24. *Judith.*

Tête de profil, coiffée d'une espèce de casque et tournée à droite ; de ce même côté est une banderole, sur laquelle on lit : IVDITA.

Diamètre : 10 lig.
Cabinet Malaspina, Tom. IV, pag. 325*. Planche d'argent.

Sujets de l'Histoire d'Holopherne. Voy. n.º 404.
Daniel. Voyez *la Vierge et l'Enfant-Jésus*, n.º 63.
Jonas sorti de la Baleine. Voyez App., B.

---

* *Catalogo di una raccolta di stampe antiche, compilato dallo stesso possessore March. Malaspina di Sannazaro.* Milano, 1824, 5 vol. in-8º.

II. NOUVEAU TESTAMENT.

ENFANCE DE JÉSUS-CHRIST.

25. *La Nativité.*

La Vierge est à genoux du côté droit et tournée vers la gauche, où est l'Enfant-Jésus à demi couché; dans le fond, à droite, est saint Joseph assis et endormi, ayant un long bâton appuyé sur son épaule; de l'autre côté, on voit la tête d'un âne et celle d'un bœuf; au-dessus est un ange tenant une banderole, sur laquelle on lit : GLORIA IN ALTISSIMO.

Diamètre : 2 p.
Cabinet Trivulcio *.

26. *La Nativité.*

La Vierge et saint Joseph, à genoux, adorent l'Enfant-Jésus, qui est placé au milieu d'eux, sur un tapis étendu par terre; dans le fond, à gauche, on voit l'étable, et à droite un ange annonçant aux bergers la naissance de Jésus-Christ; tout-à-

---

* M. le marquis de Trivulcio, qui a eu l'obligeance de m'envoyer les dessins de ses nielles, ne m'a pas fait connaître quels étaient ceux dont il possède les planches d'argent, ou ceux dont il a des épreuves sur papier.

fait dans le haut, trois anges à mi-corps tiennent une banderole, sur laquelle est écrit : GLORIA IN EXCELSIS DEO; sur une autre banderole, un peu au-dessous on lit : EVANGELICO·VOBIS·GAVDIVM·MAGNVM· autour du médaillon, en-dehors, est écrit : DOMINVS· PHILIPPVS·STANCHARIVS·HOC·OPVS·FIERI·PRECEPIT· TERCIO·KALENDAS·IULII· Toutes ces inscriptions sont à rebours. Lanzi prétend que la famille dont le nom se trouve dans l'inscription qui est autour de cette pièce, doit la faire regarder comme gravée par un artiste bolonais : peut-être bien alors serait-elle de la main de François Raibolini.

Diamètre, sans l'inscription : 1 p. 9 lig.

Cabinet Durazzo. Décrit parmi les copies de nielles, dans le *Peintre-Graveur*, Tom. XIII, pag. 49, n.° 1.

27. *La Nativité.*

La Vierge est à genoux au milieu, tournée vers l'Enfant-Jésus qui occupe la droite; saint Joseph est derrière la Vierge : dans le fond est une étable couverte d'un toit très-élevé; au-dessus est une longue banderole avec l'inscription GLORIA × IN × EXCELSIS × DEO × ET × IN × TERA. Le fond, couvert de tailles croisées, n'est pas niellé, mais doré.

Diamètre : 1 p. 9 lig.

Cabinet Sykes, n.° 1245. Planche d'argent.

28. *La Nativité.*

La Vierge, vue à mi-corps, les deux mains

jointes, est enveloppée dans un grand manteau; une partie se trouve étendue vers la gauche, et dessus est assis, on ne sait trop comment, l'Enfant-Jésus, entièrement nu, et la main gauche élevée; à droite, derrière la Vierge, on voit saint Joseph les mains croisées sur la poitrine; de l'autre côté on aperçoit la tête d'un bœuf et celle d'un âne; dans le fond, des portions d'un hangar.

Diamètre : 1 p. 7 lig.
Cabinet Trivulcio.

29. *La Nativité.*

A droite, sur le devant, est la Vierge à genoux, les mains jointes, adorant l'Enfant-Jésus qui est nu et le corps rayonnant; à gauche est saint Joseph aussi à genoux; dans le fond est une étable ouverte par-devant, avec un toit au-dessus duquel paraît l'étoile miraculeuse.

Diamètre : 1 p. 5 lig. et demie.
British Museum. Planche d'argent.

* 30. *La Nativité.*

L'Enfant-Jésus, nouvellement né, est placé à terre, devant la Vierge qui est à genoux.

Diamètre : 8 lig.
Cabinet Malaspina, Tom. II, pag. 5.

La Nativité. Voyez n.º 75.

* 31. *Adoration des Bergers.*

Diamètre : 2 p. 7 lig.

Cabinet Malaspina, Tom. IV, pag. 327, n.º 1. Planche d'argent.

La Circoncision. Voyez n.º 71.

32. *Adoration des Mages.*

Sur le devant de l'estampe est la Vierge assise sur un escabeau, ayant l'Enfant-Jésus sur ses genoux : la Vierge porte, par-dessus sa robe, un très-grand manteau en étoffe brodée; devant elle, un des mages, avec une grande barbe et une robe longue, présente, à genoux, un vase à l'Enfant-Jésus, qui avance les mains pour le recevoir; aux pieds de la Vierge, sur le devant, on voit la couronne de celui des mages qui fait son offrande. A droite, à l'entrée de l'étable où sont les bestiaux, est placé saint Joseph debout, appuyé sur un bâton; sur le toit de l'étable, trois anges, à genoux, jouent de divers instrumens. A gauche, derrière celui des mages qui est à genoux, on en voit un autre aussi en robe longue, avec de la barbe et sa couronne sur la tête : il est monté sur un cheval blanc, et tient un vase de la main gauche; auprès de lui est son écuyer : il est accompagné d'un grand concours de personnes; ensuite viennent plusieurs chameaux, qui suivent le bord de la planche à gauche. Au milieu, sur le second plan, est le cheval du premier mage, tenu par un écuyer, auprès duquel est un ange debout, les bras croisés sur la poitrine. Un peu plus haut, tourné vers la gauche, est le troisième mage à cheval, sa couronne sur la tête : il est sans barbe, vêtu d'une tunique en étoffe brodée et d'un manteau court, garni par le bas d'une fourrure blanche; il tient de la main droite un vase absolument semblable à celui des deux autres; derrière lui sont deux hommes à cheval, et un troisième tenant la longe d'un chameau suivi de plusieurs autres. Dans le haut, à gauche, on voit les fortifications et les maisons de la ville de Bethléem; vers le milieu, un peu à droite, on aperçoit l'étoile qui a guidé la marche des trois mages, et dont un rayon tombe jusqu'à terre; tout-à-fait à droite est un troupeau de moutons avec un berger assis, jouant de la cornemuse. Saint Joseph, la Vierge et les anges ont sur la tête une auréole rayonnante, qui semble être un plateau solide. Le bas de cette planche est en ligne droite; les trois autres côtés sont découpés en festons d'une manière bizarre, mais régulière; et, de deux en deux dents, il y a des trous, qui ont servi à fixer cette plaque.

Lanzi, ou plutôt Lazzara, dans une note, parle de cette pièce; et en la donnant à Finiguerra, il la suppose antérieure de dix ans à l'Assomption. Non-seulement cette assertion me paraît douteuse, mais je la regarde même comme tout-à-fait erronée, ainsi que je crois l'avoir démontré dans la première partie de cet ouvrage, pag. 35 et suivantes.

Dimension de la gravure.

Hauteur : 4 p. Largeur : { en haut, 3 p. 9 lig.
{ en bas, 3 p. 7 lig. et demie.

Dimension de la planche. Hauteur : 4 p. 2 lig. Largeur : 4 p.

Bibliothèque du Roi. — *Cabinet Buckingham.* — *Cabinet Sykes*, n.° 1212. En 1824, cette épreuve a été vendue à Londres, 52 guinées (près de 1300 francs).

M. Vendramini, graveur, m'a fait voir à Paris, en 1825, une quatrième épreuve, qu'il avait achetée à Milan, et qui est celle qu'avait vue l'abbé Zani chez le sénateur Martelli de Florence. Rognée sur les deux côtés, elle est collée en plein, et entourée d'arabesques dessinées avec soin; entre ses enroulemens sont placés trente petits médaillons de six lignes de diamètre : on y voit différens animaux fort bien gravés sur un fond noir; mais la régularité du travail ne permet pas de croire que ces petites pièces soient des nielles.

33. *Adoration des Mages.*

Au milieu est la Vierge assise, tenant l'Enfant-Jésus sur ses genoux; à droite, deux des mages, dont un est à genoux : le troisième est debout, à gauche, auprès de saint Joseph. Deux petits anges voltigent dans le fond, et soutiennent les coins

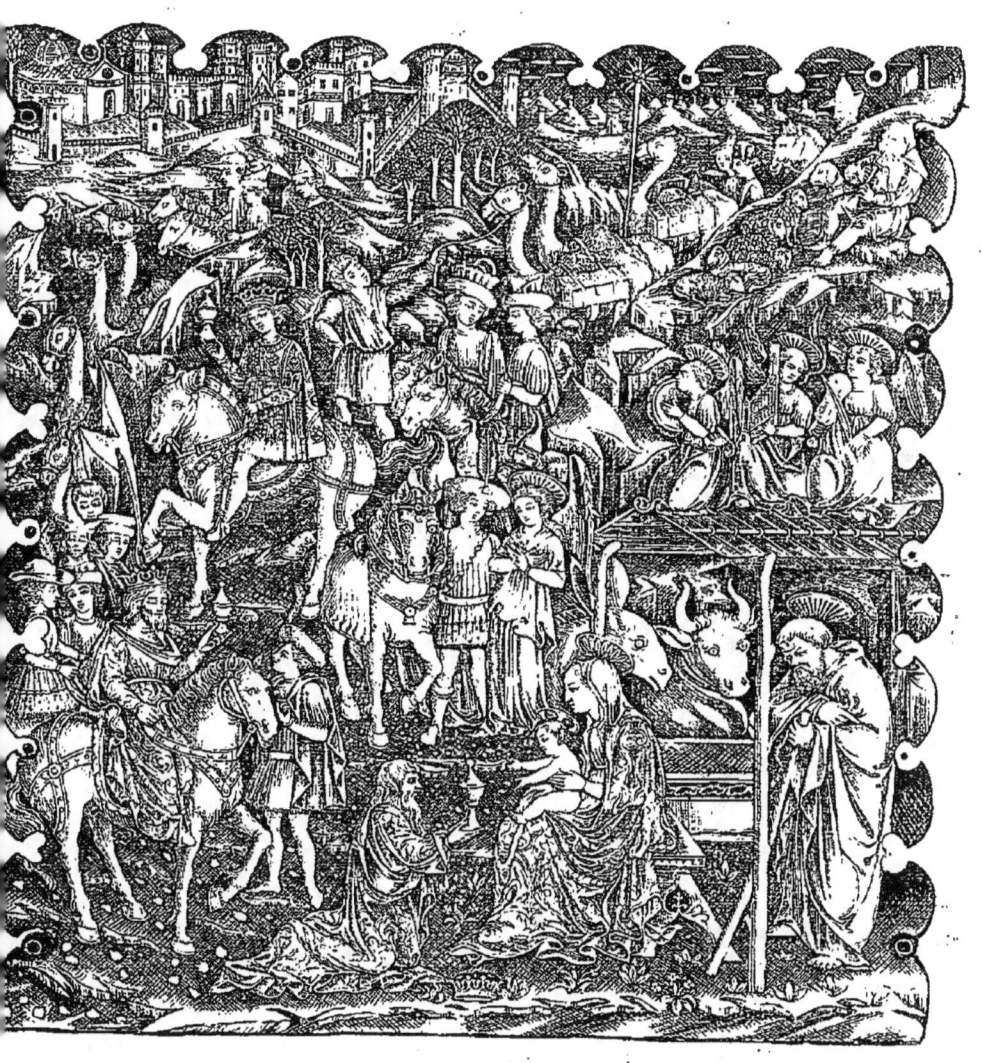

D'après l'épreuve Originale de

MASO FINIGUERRA

à la Bibliothèque du Roi.

d'une draperie qui couvre le dossier du siége de la Vierge; dans le haut, quelques ornemens de sculpture gothique. Cette pièce est cintrée.

Hauteur : 1 p. 2 lig. Largeur : 11 lig.
Cabinet Buckingham.

Adoration des Mages. Voyez n.° 74.
Présentation au Temple. Voyez n.° 73.
Fuite en Égypte. Voyez n.° 72.

SAINTES-FAMILLES.
Compositions de deux figures.

La Vierge et l'Enfant-Jésus. Voyez n.° 423.

34. *La Vierge et l'Enfant-Jésus.*

La Vierge est debout, drapée à l'antique, nu-tête et les cheveux tombans; elle tient sur son bras droit l'Enfant-Jésus, entièrement nu : une auréole se voit au-dessus de la tête de la Vierge, ainsi qu'au-dessus de celle de l'Enfant-Jésus.

Cette petite pièce est d'un très-joli travail, et la tête d'un beau caractère; mais le fond est blanc, ce qui n'empêche pas que ce soit un nielle, dont probablement le fond devait être doré.

Hauteur : 1 p. 7 lig. Largeur : { en haut, 6 lig.
{ en bas, 6 lig. et demie.
Bibliothèque du Roi.

35. *La Vierge et l'Enfant-Jésus.*

La Vierge à mi-corps, soutient, debout sur une table, l'Enfant-Jésus qui donne sa bénédiction de la main droite : il a les pieds nus; mais, ainsi que la Vierge, il est vêtu dans le costume du XV.ᵉ siècle.

Diamètre : 1 p. 10 lig.
Cabinet Sykes, n.º 1245. Planche d'argent.

36. *La Vierge et l'Enfant-Jésus.*

La Vierge à mi-corps, soutenant l'Enfant-Jésus, qui est nu et passe son bras droit autour du cou de sa mère : le fond est couvert de tailles croisées, mais n'est cependant pas niellé.

Diamètre : 1 p. 9 lig.
Cabinet Sykes, n.º 1245. Planche d'argent.

*37. *La Vierge adorant l'Enfant-Jésus.*

La Vierge à mi-corps, les mains jointes, adore l'Enfant-Jésus couché devant elle : la tête de la Vierge est entourée d'une auréole et couverte d'un voile drapé avec goût; elle a en outre sur les épaules une espèce de manteau avec de larges manches. Dans le fond, de chaque côté, on voit des guirlandes et une banderole qui tombent en serpentant.

Diamètre: 1. p. 4 lig. et demie.
Cabinet Boerner. Décrit dans la table générale des Monogrammes, par Brulliot, n.º 1248.

38. *La Vierge et l'Enfant-Jésus.*

La Vierge à mi-corps et les mains jointes, est vue de face, enveloppée dans un grand manteau largement drapé, et agrafé sur la poitrine; sa tête est de trois quarts, un peu tournée vers la droite :

sur le devant, dans toute la largeur, est une croix sur laquelle est couché l'Enfant-Jésus nu et endormi, la tête appuyée sur son bras; dans le fond, à la hauteur de la tête de la Vierge, est une guirlande qui traverse tout le médaillon, et se termine par deux petites banderoles retombant de chaque côté ; le fond est en tailles croisées assez régulières. Le dessin et le travail de ce nielle sont également remarquables.

Diamètre : 1 p. 4 lig.
Cabinet Revil.

39. *La Vierge et l'Enfant-Jésus.*

La Vierge à mi-corps, ayant les cheveux flottans : elle regarde vers la gauche, et tient à demi couché l'Enfant-Jésus, dont on ne voit que la moitié du corps. Le fond est doré.

Diamètre : 11 lig.
Cabinet Woodburn. Planche d'argent.

* 40. *La Vierge et l'Enfant-Jésus.*

La Vierge avec l'Enfant-Jésus à sa gauche.

Diamètre : 11 lig.
Cabinet Malaspina, Tom. IV, pag. 328, n.º 5. Planche d'argent.

* 41. *La Vierge et l'Enfant-Jésus.*

La Vierge avec l'Enfant-Jésus dans ses bras, à sa droite.

Diamètre : 11 lig.
Cabinet Malaspina, Tom. IV, pag. 328, n.º 6. Planche d'argent.

* 42. *La Vierge et l'Enfant-Jésus.*

Ce Médaillon est niellé des deux côtés, et représente, au revers, l'Homme de douleur. *Voyez* n.º 115.

Diamètre : 11 lig.

Cabinet Malaspina, Tom. IV, pag. 328, n.º 7. Planche d'argent.

43. *La Vierge et l'Enfant-Jésus.*

La Vierge, à mi-corps, tient l'Enfant-Jésus sur ses genoux : elle est assise sur un grand siége, un peu tournée vers la droite.

Diamètre : 10 lig.

Cabinet Sykes, n.º 1245. Planche d'argent.

44. *La Vierge et l'Enfant-Jésus.*

La Vierge, à mi-corps, tournée vers la gauche, et tenant l'Enfant-Jésus sur son bras.

Diamètre : 10 lig.

Cabinet Sykes, n.º 1245. Planche d'argent.

45. *La Vierge et l'Enfant-Jésus.*

La Vierge, à mi-corps, tournée vers la gauche, soutenant l'Enfant-Jésus debout, les pieds posés sur un appui qui traverse la pièce dans toute sa largeur : la Vierge est vêtue d'une tunique, pardessus laquelle est un manteau. Médaillon ovale.

Hauteur : 9 lig. et demie. Largeur : 5 lig. et demie.

Cabinet Revil. Planche d'argent doré.

C'est le seul nielle que j'aie vu doré en entier : ordinairement le fond seulement est doré;

cependant quelquefois il se trouve aussi des auréoles rayonnantes, ainsi que des ornemens, en or, dans la bordure des vêtemens.

La Vierge et l'Enfant-Jésus. Voyez n.º 425.

46. *La Vierge et l'Enfant-Jésus.*

La Vierge, à mi-corps, tournée vers la gauche, tient l'Enfant-Jésus assis sur ses bras. La pièce est entourée d'un double trait.

Diamètre : 9 lig.
Cabinet Sykes, n.° 1245. Planche d'argent.

47. *La Vierge et l'Enfant-Jésus.*

La Vierge, à mi-corps, ayant un voile : elle est tournée vers la gauche, et tient sur son bras l'Enfant-Jésus, qui a la jambe droite pliée.

Diamètre : 9 lig.
Cabinet Woodburn. Planche d'argent.

* 48. *La Vierge avec l'Enfant-Jésus dans ses bras.*

Diamètre : 9 lig.
Cabinet Malaspina, Tom. IV, pag. 327, n.° 2. Planche d'argent.

49. *La Vierge et l'Enfant-Jésus.*

La Vierge avec un grand manteau, tournée vers la gauche, tient l'Enfant-Jésus nu, assis sur son bras droit : elle prend dans sa main gauche le pied droit de l'Enfant-Jésus.

Diamètre : 8 lig.
Cabinet Sykes, n.° 1236. Planche d'argent.

La Vierge et l'Enfant-Jésus. Voyez n.º 141.

50. *La Vierge et l'Enfant-Jésus.*

La Vierge, vue de face, porte l'Enfant-Jésus assis sur son bras gauche, et de la main droite elle soutient une des jambes de l'Enfant. Le manteau de la Vierge est agrafé sur sa poitrine.

Diamètre : 7 lig.
Cabinet *Woodburn.*

Je crois que la planche originale en argent se trouve à Milan, dans le cabinet Malaspina. *Voyez* le Catalogue de ce Cabinet, Tom. IV, pag. 327, n.º 4.

51. *La Vierge et l'Enfant-Jésus.*

La Vierge, vue de face, porte l'Enfant-Jésus assis sur son bras droit : elle prend dans sa main gauche les pieds de l'Enfant.

Diamètre : 6 lig. et demie.
Cabinet *Woodburn.*

La Vierge et l'Enfant-Jésus. Voyez n.º 151.

52. *La Vierge et l'Enfant-Jésus.*

Buste de la Vierge, tourné vers la gauche : elle tient sur son bras droit l'Enfant-Jésus, qu'on ne voit qu'à mi-corps.

Diamètre : 5 lig. et demie.
Cabinet *Woodburn.*

SAINTES-FAMILLES.
Compositions de plusieurs figures.

53. *La Vierge entourée d'Anges et de Saintes.*

Au milieu, sur un trône surmonté d'une petite coupole soutenue par deux colonnes d'ordre corinthien, la Vierge est assise, tenant sur ses genoux l'Enfant-Jésus, qui touche à un vase qu'elle porte dans sa main droite : sur chacun des bras du trône est appuyé un ange qui tient un lis; trois anges sont assis et rangés de chaque côté du trône sur une estrade : ils jouent de divers instrumens. Derrière eux règne une espèce de balustrade, sur laquelle sont placés quatre anges accroupis; au-dessus, dans la partie cintrée, on voit six petits chérubins ailés. Sur le devant, au pied du trône, sont plusieurs saintes debout ou à genoux, ayant toutes une auréole semblable à un plateau placé sur le derrière de la tête. Les deux figures qu'on peut reconnaître le plus facilement sont à droite : celle de sainte Claire, portant ses yeux sur un plat, et celle de sainte Agnès, tenant un agneau entre ses bras. A gauche est sainte Catherine, vue par le dos, la main gauche posée sur une portion de roue. La pièce est entourée de deux simples traits remplis de hachures très-fines. La partie d'en bas et celle à droite ont quelques salissures dans la petite marge de la planche en-dehors de ces traits. Pièce cintrée.

Le travail est d'une très-grande finesse, et ressemble parfaitement à celui de la Paix de Saint-Jean, de Florence, ce qui l'a fait regarder avec raison comme un nielle de Thomas Finiguerra.

Hauteur : 4 p. 1 lig. Largeur : 2 p. 10 lig.

Cette pièce était entre les mains de M. Borduge, en 1798; elle a passé depuis dans le Cabinet de M. Revil, dans celui de M. Durand, et dans celui du duc de Saxe-Teschen, qui appartient maintenant au prince Charles. L'épreuve est belle et d'une parfaite conservation.

54. *La Vierge entourée d'Anges et de Saintes.*

Composition entièrement semblable à la précédente et dans le même sens, gravée du temps même de Maso Finiguerra, par une main très-habile, mais d'un travail un peu plus sec et moins fin.

La planche est entourée de quatre traits qui suivent le bord de la composition, et n'y laissent aucune marge; elle est en outre ornée d'un grand cartouche, gravé d'une manière assez dure. Sur le soubassement de ce cartouche est un bas-relief, représentant deux anges volant en sens opposé, et soutenant avec leurs mains un masque composé de trois têtes, une de face, et les deux autres de profil : deux piliers cannelés, d'un ordre composite, soutiennent un entablement sur lequel on voit une grosse guirlande de feuillage, où sont

Essai sur les Nielles, p. 151, N.º 53.

PAIX *gravée d'après l'Estampe*
DE MASO FINIGUERRA,
*qui se trouve dans la Collection des Estampes
de S. A. I. et R. L'*ARCHIDUC CHARLES
à Vienne.

placés cinq masques, dont ceux des deux bouts se présentent de profil. Le bord intérieur de ce cartouche est décoré par le bas d'un double ornement en zig-zag, tandis que tout le tour est composé d'ornemens en pointes de diamant. L'intervalle entre le cintre et la partie carrée, est rempli par une Annonciation; à gauche est la Vierge à genoux devant un prie-dieu et recevant l'Esprit-Saint, que l'on voit vers le milieu. A droite est l'ange Gabriel à genoux, ayant un vase de fleurs auprès de lui.

Indépendamment du cartouche, qui peut facilement faire reconnaître cette planche lorsqu'elle est entière, on voit encore quelques différences plus difficiles à saisir, et qui se trouvent dans le sujet même; les plus sensibles sont que dans ce nielle la main de sainte Claire cache en partie l'auréole de la sainte qui est à genoux devant elle, tandis que dans le précédent, on voit cette auréole en entier, et le rond approche seulement du plat tenu par sainte Claire. Dans celui-ci, le vase de fleurs que porte la sainte qui est à genoux à droite, est en partie caché par le bas de la robe de la Vierge, tandis que dans l'autre la robe tombe moins bas, et laisse ces fleurs entièrement à découvert.

Pour faciliter les moyens de reconnaître cette pièce, quel que soit l'état où on la trouve, j'ai cru devoir donner les diverses mesures qu'elle peut avoir.

>Dimensions de la composition. Au-dedans du trait;
>Hauteur : 4 p. Largeur : 2 p. 8 lig.
>
>Avec la bordure en pointe de diamant et le trait qui l'entoure;
>Hauteur : 4 p. 9 lig. Largeur : 3 p. 5 lig.
>
>Avec le cartouche;
>Hauteur : 7 p. 1 lig. Largeur : { aux deux pilastres : 4 p. 6 lig.
>   { au soubassement : 5 p. 1 lig.
>
>*Bibliothèque du Roi.* — *Cabinet Sykes*, n.º 1211. Cette épreuve n'est pas entière; elle a appartenu à M. Ottley, qui l'a décrite et en a donné une copie dans *An Inquiry*, etc., Tom. I, pag. 304. En 1824, elle fut vendue, à Londres, 300 guinées (7500 francs).

55. *La Vierge entourée d'Anges et de Saintes.*

La Vierge, tenant l'Enfant-Jésus sur ses genoux, est assise sur un grand trône, aux côtés duquel sont placés deux grands anges debout : au-dessous se voient plusieurs saintes, parmi lesquelles on remarque, à gauche, sainte Claire, et au milieu du devant, sainte Magdeleine à genoux, le dos tourné au spectateur. Ce nielle, d'un très-beau travail, est attribué à Maso Finiguerra. Pièce cintrée.

>Hauteur : 3 p. 6 lig. Largeur : 2 p. 3 lig.
>
>*Cabinet Sykes*, n.º 1244. Planche d'argent, entourée d'un riche cartouche en vermeil. A la vente de ce Cabinet, cette pièce a été vendue 315 guinées (près de 8000 francs). La copie qui se trouve ici, a été faite aux frais de M. Samuel Woodburn.

* 56. *La Vierge, accompagnée de saint Sébastien et de saint Roch.*

Au milieu est la Vierge assise sur un grand trône, tenant l'Enfant-Jésus dans ses bras ; à ses côtés sont deux saints debout : à gauche, saint Roch, et à droite, saint Sébastien. Pièce cintrée par le haut, et d'un très-bon goût de dessin.

Hauteur : 3 p. 4 lig. Largeur : 2 p. 3 lig.
Cabinet Malaspina, Tom. IV, pag. 326. Planche d'argent.

Cette planche en argent, niellée, est encore montée, ainsi qu'il est d'usage pour les Paix : elle n'est pas parfaitement conservée; mais on la croit d'un orfévre de Florence, où elle a été achetée. Il en existe une ancienne copie en émail, de la même grandeur, et qui se trouve aussi dans le cabinet Malaspina.

La Vierge, accompagnée de saint Sébastien et de saint Paul. Voyez Appendix D.

57. *La Vierge et l'Enfant-Jésus, accompagnés de deux Saints.*

La Vierge assise sur un grand trône, tenant l'Enfant-Jésus debout sur ses genoux : à gauche est saint Jean l'évangéliste, et à droite, saint Jean-Baptiste. Le haut de la planche est contourné.

Hauteur : 3 p. Largeur : 2 p. 6 lig.
Cabinet Stanislas Poniatowski. Planche d'argent

Une copie, dessinée au trait, se trouvait dans le cabinet Sykes, n.° 1210.

58. *La Vierge et l'Enfant-Jésus, accompagnés de saint Paul et de saint François d'Assise.*

Sur un trône, dont le dossier monte jusqu'au haut de l'estampe, la Vierge est assise, tenant l'Enfant-Jésus sur ses genoux; à droite est saint Paul, les deux mains appuyées sur son épée; à gauche, saint François, que l'on reconnaît à ses stigmates : il tient une petite croix de la main droite. Au milieu, sur le devant, est le petit saint Jean, à genoux, tenant aussi une croix; dans le haut, de chaque côté du trône, on voit une tête de chérubin avec six ailes. Au milieu de la marge du bas est la marque ₽, qui est celle de Peregrini.

Hauteur : 2 p. 5 lig. Largeur : 1 p. 8 lig.
Bibliothèque du Roi. — Cabinet Buckingham.

* 59. *La Vierge et l'Enfant-Jésus, accompagnés de deux Anges.*

Au milieu des deux anges se voit la Vierge, tenant dans ses bras l'Enfant-Jésus.

Diamètre: 2 p. 8 lig.
Cabinet Malaspina, Tom. II, pag. 6.

La Vierge et l'Enfant-Jésus avec deux Anges. Voyez Appendix C.

60. *La Vierge et l'Enfant-Jésus, accompagnés de deux Religieux.*

Au milieu est la Vierge assise regardant à droite,

et tenant, à demi couché sur ses genoux, l'Enfant-Jésus, qui se tourne du côté gauche pour donner la bénédiction à une jeune femme, vue de profil et à genoux près de lui : de chaque côté de la Vierge sont deux religieux, tenant tous deux la palme du martyre. Celui à droite est probablement saint Dominique tenant, de la main droite, un livre fermé; l'autre figure est celle de saint Pierre, son compagnon, avec un coutelas à demi enfoncé dans le crâne. La Vierge, l'Enfant-Jésus et les deux saints ont des auréoles, tandis que la jeune femme n'en a pas; ce qui doit faire croire que ce n'est point une sainte, mais une personne demandant la rémission de ses fautes, et présentée à l'Enfant-Jésus par l'un des deux religieux : cette présomption peut faciliter l'explication de l'inscription abrégée placée sur le devant de la composition, et qui est ainsi conçue : B̂Ê· SF̂· ÂG· ÊT· D̂X· M̂L·; ce qui peut signifier : *Benedictio salutiferi agni est deletrix mali.* Voyez une inscription presque semblable, n.º 61. Le fond est blanc.

Diamètre : 2 p. 5 lig.

Cabinet Trivulcio. Planche d'argent.

61. *La Vierge et l'Enfant-Jésus, accompagnés de deux Religieux.*

La même composition, un peu plus petite, et avec les changemens suivans :

La Vierge regarde à gauche, et l'Enfant-Jésus, assis, a la main gauche appuyée sur le bras gauche de la Vierge; de l'autre main, il donne la bénédiction à la jeune femme qui est à genoux; saint Dominique tient sa branche de lis de la main droite et son livre de l'autre. Le fond est blanc, et l'inscription offre quelque légère différence. Elle est écrite en deux lignes, et sans signes abréviatifs :

+ BE + SF + AG +
+ EST + DX + MLI +

Voy. l'explication qui se trouve au n.º précédent.

Diamètre : 1 p. 2 lig.

Cabinet *Trivulcio*. Planche d'argent.

*62. *La Vierge et l'Enfant-Jésus, accompagnés d'un Religieux.*

La Vierge assise ayant l'Enfant-Jésus sur ses genoux : à gauche est un religieux recevant d'elle les règles de son ordre.

Diamètre : 1 p. 9 lig.

Cabinet *Malaspina*, Tom. IV, pag. 327, n.º 3. Planche d'argent.

63. *La Vierge et l'Enfant-Jésus, avec Daniel et sainte Marguerite.*

La Vierge, assise sur un trône, tient l'Enfant-Jésus debout sur ses genoux; à gauche est un homme debout, tenant de la main droite une banderole, sur laquelle est écrit : DANIEL; à droite est sainte Marguerite, une couronne sur la tête et une palme à la main, foulant un dragon sous ses pieds. Dans le fond se voient quatre petits trous placés aux quatre points cardinaux.

Diamètre : 1 p. 9 lig.

Cabinet Sykes, n.º 1245. Planche d'argent.

*64. La Vierge et l'Enfant-Jésus.

La Vierge, assise sur une espèce de trône, tient l'Enfant-Jésus dans ses bras; devant elle est un homme à genoux en prière; autour du médaillon, on lit : S·M· VENI· IN· ADIVTORIVM· *Sainte-Marie, venez à mon secours*. Cette prière doit faire croire que l'homme à genoux est celui qui a fait faire le médaillon.

Diamètre : 1 p. 4 lig.

Cabinet Malaspina, Tom. II, pag. 6.

65. *La Vierge et l'Enfant-Jésus, accompagnés de saint George.*

La Vierge est assise à gauche, tenant sur ses genoux l'Enfant-Jésus, qui est vu de profil; sa main est élevée pour donner la bénédiction à saint George, que l'on voit à cheval devant lui. Dans le fond, à gauche, on aperçoit une montagne et quelques arbres. Le fond est blanc.

Diamètre : 1 p. 3 lig.

Cabinet Trivulcio. Planche d'argent.

66. *La Vierge et l'Enfant-Jésus, accompagnés de deux Religieux.*

La Vierge debout, est vue à mi-corps, portant l'Enfant-Jésus assis sur sa main droite, tandis que de l'autre main elle tient un des pieds de l'Enfant-Jésus; à droite est saint Dominique avec une branche de lis; à gauche est un autre religieux portant une tête de mort d'une main et un livre de l'autre. L'Enfant-Jésus et les deux religieux ont des auréoles rayonnantes, tandis que celle de la Vierge est un simple cercle, se détachant en blanc sur le fond noir.

Diamètre: 1 p. 1 lig.
Cabinet Trivulcio. Planche d'argent.

67. *La Vierge et l'Enfant-Jésus, accompagnés de deux Saints.*

La Vierge, assise sur un trône, tient entre ses bras l'Enfant-Jésus; à ses côtés sont, debout, à gauche, un évêque, et à droite, un cardinal ayant un livre sous son bras. Sur le devant, on voit deux marches qui servent d'estrade au trône; dans le haut se trouvent deux petits trous, pour fixer la planche. Pièce ovale.

Hauteur: 1 p. 10 lig. Largeur: 1 p. 4 lig.
Cabinet Durazzo. Décrit, parmi les copies de nielles, dans *le Peintre-Graveur*, Tom. XIII, pag. 52, n.º 7.

LA VIE DE JÉSUS-CHRIST. — XII PIÈCES.

Suite de douze sujets dans des médaillons ronds, placés trois par trois sur quatre rangs, dans une même planche; entre les deux rangées du bas, on voit les lettres L I.

Les sujets sont décrits en commençant de droite à gauche, afin de les donner dans l'ordre chronologique. Quoique cette suite soit gravée sur une même planche, j'ai donné un numéro à chaque sujet, afin qu'il fût plus facile de les désigner, si on en rencontrait quelques-uns séparés.

Diamètre des ronds : 7 lig. — Dimension de la planche entière. Hauteur : 2 p. 6 lig. Largeur : 1 p. 10 lig. et demie.
Bibliothèque du Roi.

68. *L'Annonciation.*

(I) Deux figures : la Vierge est à droite.

69. *La Visitation.*

(II) Deux figures : la Vierge à droite.

70. *La Nativité.*

(III) Cinq figures : la Vierge et saint Joseph sont à genoux; l'Enfant est au milieu d'eux.

71. *La Circoncision.*

(IV) Six figures : l'Enfant-Jésus est posé sur un guéridon au milieu de la composition.

72. *La Fuite en Égypte.*

(V) Trois figures : la Vierge, tenant l'Enfant-

Jésus, est assise sur l'âne, que saint Joseph tient par la bride, marchant vers la gauche.

73. *La Présentation au Temple.*

(VI) Cinq figures : l'une d'elles, à gauche, tient une cage avec deux tourterelles.

74. *L'Adoration des Mages.*

(VII) Six figures : deux des Mages sont à genoux sur le devant.

75. *Jésus-Christ au milieu des Docteurs.*

(VIII) Neuf figures : Jésus-Christ est dans le milieu, assis sur un grand trône.

76. *Le Baptême de Jésus-Christ dans le Jourdain.*

(IX) Quatre figures : à droite est un ange; dans le haut se voit Dieu le père.

77. *Jésus-Christ à table à Emmaüs.*

(X) Six figures : une barrière sépare les apôtres et le Sauveur des trois autres personnes qui sont derrière eux.

78. *L'Homme de douleur.*

(XI) Figure à mi-corps dans le tombeau.

79. *Le Christ en croix, accompagné de la Vierge et de saint Jean.*

(XII) Trois figures : la Vierge est à droite.

LA PASSION DE JÉSUS-CHRIST. — XIV PIÈCES.

Hauteur : 2 p. à 2 p. 1 lig. Largeur : 1 p. 6 lig.
Cabinet Sykes, n.° 1231 à 1235. Empreintes en soufre.

Ces pièces, qui vont être décrites dans l'ordre

historique, sont classées en cinq tableaux, composés des n.os I, II, VIII, IX ✳ III ✳ IV, V, X, XI ✳ VI, VII, XIII, XIV ✳ XII. Elles sont encadrées dans une monture en bois assez grossièrement faite et vermoulue; elles ont servi de décoration dans un autel, ou plutôt une châsse, qui existait au couvent des Camaldules, à Florence*. A la vente du Cabinet Sykes, en 1824, ces empreintes ont été vendues en cinq lots, montant ensemble à 554 guinées (près de 14,000 francs).

80. *Le Lavement des pieds.*

(I) Jésus-Christ, au milieu des apôtres, se baisse pour porter le bassin dans lequel il va laver les pieds de ses apôtres.

81. *La Céne.*

(II) Les apôtres, vus par le dos, sont assis sur deux bancs de bois, qui se réunissent en angle, au milieu sur le devant.

82. *Jésus-Christ en prière au Jardin des oliviers.*

(III) Jésus-Christ à genoux, est tourné vers la gauche; saint Jean est sur le devant, du même côté.

83. *Jésus-Christ arrêté au Jardin des oliviers.*

(IV) Jésus-Christ est tourné vers la droite; saint Pierre et Malchus sont sur le devant, du même côté.

---

* *Storia pittorica.* Lanzi, Édit. de 1809, Tom. I, pag. 90.

84. *Jésus-Christ devant Pilate.*

(v) Pilate est assis au milieu sous une grande voute; Jésus-Christ est debout, à gauche. Cette pièce a subi quelques restaurations.

85. *La Flagellation.*

(vi) Jésus-Christ est attaché à la colonne au milieu de la pièce; le fond est orné de deux niches avec des cannelures; dans le haut est un plafond orné de caissons.

Je crois avoir vu une épreuve de ce *nielle* sur papier, ou au-moins la même composition avec peu de différence; mais il m'a été impossible d'en retrouver la note, et je n'ai pu me souvenir où existe cette pièce.

86. *Portement de Croix.*

(vii) Jésus-Christ marche vers la droite, portant sa croix comme un bâton sur son épaule; il est suivi de la Vierge.

87. *Jésus-Christ en Croix.*

(viii) La Vierge est debout sur le devant, à gauche; deux anges se voient aux deux côtés de la croix, à laquelle est attachée l'inscription I.N.R.I. dans le sens ordinaire.

88. *Jésus-Christ descendu de la Croix.*

(ix) A gauche est la Vierge soutenant la tête de Jésus-Christ; sur le devant est placée la Magdeleine, vue par le dos.

89. *Jésus-Christ aux Limbes.*

(x) Les âmes des justes s'empressent de sortir du purgatoire, dont les portes sont renversées, et sous lesquelles sont pris deux démons.

90. *Les saintes Femmes visitant le Tombeau.*

(xi) A gauche est un soldat endormi; un ange assis indique avec la main la figure du Christ glorieux, dont on aperçoit seulement les pieds dans le haut.

91. *L'Ascension.*

(xii) Deux anges accompagnent Jésus-Christ dans les airs; les apôtres sont à genoux, au milieu du devant; deux d'entre eux ont sur la tête une auréole ou ornement plat, semblable à celui qu'on voit sur la tête de plusieurs saints et saintes, dans les Paix gravées par Finiguerra.

92. *La Pentecôte.*

(xiii) Cette composition est divisée en deux par un plancher; dans la partie d'en haut, on voit la Vierge accompagnée des apôtres, recevant le Saint-Esprit; dans celle d'en bas sont plusieurs personnes qui paraissent s'occuper du miracle qui s'opère au-dessus d'eux.

93. *Le Jugement dernier.*

(xiv) Au milieu d'une grande auréole ovale, on voit Jésus-Christ assis, ayant près de lui deux anges sonnant de la trompette; deux autres anges sont au-dessous de lui.

Jésus-Christ au milieu des Docteurs. Voyez n.º 75.

94. *Baptême de Jésus-Christ.*

Au milieu de l'estampe est Jésus-Christ debout, les mains jointes sur sa poitrine, et les pieds au milieu du Jourdain, qui n'est qu'un simple ruisseau très-étroit, sur le bord duquel se trouve saint Jean, aussi debout, à droite. Sur le devant, à gauche, on voit saint Étienne, à genoux, en habit de diacre; de l'autre côté, saint François en habit de religieux; tous deux ayant une auréole sur la tête: sur le devant sont deux religieux à genoux; au second plan, à gauche, sont deux anges. Le fond représente un pays montueux d'une vaste étendue: dans le haut, on remarque Dieu le père et le Saint-Esprit dans une gloire. Ce nielle peut être attribué à Maso Finiguerra.

Hauteur : 3 p. 2 lig. Largeur : 2 p. 7 lig.

Cabinet Durazzo. Décrit dans *le Peintre-Graveur*, Tom. XIII, pag. 50, n.º 2.

Baptême de Jésus-Christ. Voyez n.º 76.

La Cêne. Voyez n.º 81.

Jésus-Christ au Jardin des oliviers. Voyez n.ᵒˢ 82, 83, et App. E.

Jésus-Christ devant Pilate. Voyez n.º 84.

Flagellation de Jésus-Christ. Voyez n.º 85.
Portement de Croix. Voyez n.º 86.

95. *Jésus-Christ en Croix.*

Le Christ crucifié est entouré d'anges : auprès de la croix sont plusieurs saints, parmi lesquels on remarque saint Jean-Baptiste. La Magdeleine embrasse le pied de la croix ; sur le devant, la Vierge évanouie est accompagnée des saintes femmes. Pièce cintrée.

Hauteur : 4 p. 10 lig. Largeur 2 p. 10 lig.
Cabinet Stanislas Poniatowski. Planche d'argent.

Une copie dessinée au trait, se trouvait dans le cabinet Sykes, n.º 1210.

96. *Jésus-Christ en Croix.*

Plusieurs anges entourent la croix de Jésus-Christ et celle du bon larron ; le diable s'empare de l'âme du mauvais larron, qui est à droite. Sur le devant, à gauche, on voit trois soldats à genoux, tirant au sort la robe du Sauveur. Pièce cintrée. On dit ce nielle gravé par Mathieu Dei.

Hauteur : 4 p. 7 lig. Largeur : 2 p. 11 lig.
Galerie de Florence. Planche d'argent.

Une copie gravée au simple trait, était dans le cabinet Sykes, n.º 1210.

97. *Jésus-Christ en Croix.*

Jésus-Christ en croix avec les deux larrons : plusieurs soldats à cheval sont autour ; sur le devant, à gauche, on voit la Vierge évanouie. Pièce cintrée, probablement une Paix.

Hauteur : 4 p. 3 lig. Largeur : 4 p. 10 lig.
Cabinet Stanislas Poniatowsky. Planche d'argent.

Une copie, dessinée au trait, se trouvait dans le cabinet Sykes, n.° 1210.

98. *Jésus-Christ en Croix.*

Jésus-Christ et les deux larrons, en croix, entourés de soldats, dont plusieurs sont à cheval: l'un d'eux, à droite, tient une enseigne sur laquelle se voient les lettres S. P.; un autre soldat, du même côté, monte à une échelle, et s'apprête à briser les jambes d'un des larrons. Sur le devant, à droite, un groupe de trois hommes causant ensemble; à gauche, la Vierge évanouie est secourue par trois saintes femmes et saint Jean. De chaque côté de la croix de Jésus-Christ, on voit deux anges; sur le haut de la croix est l'inscription INRI; tout en haut, le soleil et la lune entourés de rayons; dans le fond, on voit la ville de Jérusalem avec une muraille crénelée. Cette pièce est cintrée.

Hauteur : 3 p. 1 lig. : Largeur 2 p. 4 lig.
Cabinet Trivulcio. Planche d'argent, entourée d'une bordure ciselée de 4 lignes de largeur.

99. *Jésus-Christ en Croix.*

Le haut est cintré avec un petit ornement, et les deux angles sont décorés de deux petits médaillons avec des têtes de profil. Le travail, en général, est dur, et le dessin peu correct ; la gravure des deux têtes est si profonde que, sur cette épreuve, les tailles ont une assez forte saillie.

Hauteur : 3 p. 3 lig. Largeur : 2 p. 4 lig.
Cabinet Sykes, n.° 1143.

Quoique cette épreuve soit en encre bleue, je la crois moderne : le papier en est fort épais ; sa conservation, sa blancheur, sa qualité, me font douter de son ancienneté, et je la crois tirée depuis peu d'années de la couverture de quelque évangélistaire, qui, dit-on, est à Florence, et a été gravée par Mathieu Dei.

* 100. *Jésus-Christ en Croix.*

Au milieu est Jésus-Christ en croix : à droite est la Vierge, et à gauche saint Jean * ; du même côté, en arrière, un ermite à genoux. Dans les airs, on voit planer deux anges. Cette pièce est cintrée par le haut, et paraît être une Paix.

Hauteur : 3 p. Largeur 2 p.
Cabinet Malaspina, Tom. II, pag. 6.

* 101. *Jésus-Christ en Croix.*

Jésus-Christ sur la croix est accompagné de

---

* Cette description est conforme à la note manuscrite qu'a bien voulu m'envoyer M. le marquis de Malaspina. Dans le catalogue de son cabinet, qui a été publié depuis, il est dit au contraire, *à gauche la Vierge, et à droite saint Jean.* J'ignore laquelle des deux versions est exacte.

deux anges qui se lamentent, et qu'on voit en l'air à ses côtés; au pied de la croix sont, à gauche, la Vierge debout, et vers le fond, saint François d'Assise à genoux; à droite est saint Jean debout, et saint Jérôme à genoux, accompagné de son lion. Le fond présente une ville située au bord de la mer, d'où s'élèvent deux îles surmontées chacune d'un grand rocher escarpé. Les lettres INRI sont écrites à rebours. Pièce cintrée.

L'abbé Zani* dit que cette Paix en argent niellé est gravée par François Francia, et qu'elle était autrefois à l'église Saint-Jacques; elle est entourée de divers ornemens ciselés, et porte les armoiries de la famille qui l'a fait faire.

Hauteur : 2 p. 9 lig. Largeur : 1 p. 10 lig.

Institut de Bologne. Planche d'argent.
Cabinet Durazzo. Décrit parmi les copies de nielles, dans le *Peintre-Graveur*, Tom. XIII, pag. 50, n.º 4.

Jésus-Christ en Croix. Voyez n.º 87 et 421.

102. *Jésus-Christ en Croix.*

Jésus-Christ en croix entre les deux larrons, ayant à gauche saint Jean et à droite la Vierge: sur le cartouche attaché à la croix, on voit les

---

* *Materiali, etc.*, page 129.

lettres I·N·R·I : en sens inverse. Cette pièce est en losange avec un double trait carré.

<small>Dimension de la gravure. — Hauteur : 1 p. 6 lig. Largeur : 1 p. 4 lig.
Dimension de la planche. — Hauteur : 1 p. 8 lig. Largeur : 1 p. 5 lig.
Chaque côté du losange, 1 pouce.

Cabinet Sykes, n.° 1142. Cette épreuve a été vendue à Londres, en 1824, 10 guinées (250 francs).</small>

103. *Jésus-Christ en Croix.*

Au milieu est Jésus-Christ en croix, accompagné du disciple bien-aimé à gauche, et de la Vierge à droite ; en haut de la croix est l'inscription .INRI. Le fond offre la ville de Jérusalem ; le ciel est noir, à l'exception de quelques nuages qui se détachent en clair. Ce médaillon est entouré d'un double ovale en dehors de la gravure.

Cette pièce, de la même grandeur que le n.° 178, peut bien lui avoir servi de pendant.

<small>Diamètre : 1 p. 1 lig.

Cabinet Durazzo. Décrit parmi les copies de nielles, dans *le Peintre-Graveur*, Tom. XIII, pag. 50, n.° 3.</small>

104. *Descente de Croix.*

Au milieu est la croix sur laquelle sont appuyées deux échelles ; le bras gauche de Jésus-Christ en est détaché et soutenu par Nicodème ; saint Pierre, placé derrière la croix, tient un marteau avec lequel il veut faire sauter le clou qui retient encore le bras droit du Christ ; en avant est saint Jean, prêt à soutenir le corps lorsqu'il sera détaché ; au bas, à gauche, sont les saintes femmes, parmi lesquelles on distingue la Magdeleine tenant embrassé le pied de la croix. A droite se voient plusieurs hommes, dont un, au milieu, est à genoux, les mains jointes et la tête élevée vers la croix; dans le fond est la ville de Jérusalem : quatre anges sont placés dans les airs, autour de la croix qui est surmontée d'une espèce de palmier, sur lequel est une petite tablette avec l'inscription ·I·N·R·I· Pièce cintrée. On la croit gravée par Antoine Pollajuolo.

Hauteur : 4 p. Largeur : 3 p.
Cabinet Seroux d'Agincourt *. Planche d'argent.

Une copie dessinée au trait faisait partie du *Cabinet Sykes*, n.º 1210.

105. *Le Christ mort.*

Le corps de Jésus-Christ est étendu sur les genoux de la Vierge : dans le fond on aperçoit trois croix, dont une plus grande, au milieu, porte l'inscription INRI. Au bas est une boule divisée par compartimens; auprès sont les lettres B E. Le fond, couvert de tailles croisées, n'est pas niellé, mais doré. Cette pièce est d'un très-beau travail.

Diamètre : 2 p. 2 lig.
Cabinet Sykes, n.º 1245. Planche d'argent.

106. *Jésus-Christ mis au Tombeau.*

Nicodême soutient le haut du corps de Jésus-

---

* *Histoire de l'Art par les Monumens.* Tom. II, pag. 152, et Tom. VI, pl. CLXIX, n.º 10.

Christ, dont les pieds sont déjà dans le tombeau ; de chaque côté est un ange, lui soutenant le bras : celui à gauche tient la couronne d'épines dans son autre main. Cette pièce est chantournée par le haut.

Largeur : 2 p. 3 lig. Hauteur : 1 p. 1 lig.
Cabinet *Durazzo*. Décrit parmi les copies de nielles, dans *le Peintre-Graveur*, Tom. XIII, pag. 51, n.º 5.

*107. *Le Sauveur.*

Demi-figure, sur un fond de marqueterie en émail blanc.

Hauteur : 11 lig. Largeur : 10 lig.
Cabinet *Malaspina*, Tom. IV, pag. 329. Planche d'argent.

*108. *Tête de Christ.*

La tête est tournée à gauche, dans un octogone.

Hauteur : 10 lig. Largeur : 6 lig.
Cabinet *Malaspina*, Tom. IV, pag. 329. Planche d'argent.

109. *L'Homme de douleur.*

Le corps de Jésus-Christ, debout dans le tombeau, est soutenu par la Vierge et par saint Jean : au-dessus on voit la croix avec la lance et l'éponge au bout d'un roseau ; sur le tombeau est un ornement arabesque, au milieu duquel est un cercle, avec une inscription coupée en cinq lignes :

P VI TAPO PVLI PASSVS SVM

La première lettre pourrait être la marque de Peregrini. Mais on doit plutôt croire qu'elle désigne ici la préposition *pro*. Pièce cintrée. Derrière est gravée l'année 1509. Cette date paraît avoir été mise sur la planche, postérieurement à la gravure.

Hauteur : 2 p. 6 lig. Largeur : 1 p. 6 lig.
Cabinet Sykes, n.º 1245. Planche d'argent.

110. *L'Homme de douleur.*

Jésus-Christ, à mi-corps, est soutenu dans son tombeau par la Vierge et la Magdeleine : autour, on voit trois têtes de chérubins ; sur le tombeau est l'inscription :

HVMAN ◯ I - GENE
RIS - RE ◯ DEMTOR.

Le fond est couvert de tailles croisées ; cependant il n'est pas niellé.

Diamètre : 1 p. 10 lig.
Cabinet Sykes, n.º 1245. Planche d'argent.

111. *Homme de douleur.*

Jésus-Christ à mi-corps dans un tombeau, sur lequel est écrit ·MORS· MEA· VITA· TVA ; autour sont divers objets de la Passion, parmi lesquels on remarque, au milieu, la croix ; à droite, l'échelle, le coq, et la main de Judas-Iscarioth, tenant les trente deniers d'argent ; à gauche, la tête de Judas-Iscarioth donnant un baiser à celle de Jésus-Christ ; la lance, le roseau, les deux mains de Pilate, et une cuvette avec un vase versant de l'eau.

Ce médaillon, rond, a une double bordure ; la première est formée de rinceaux, la seconde contient une inscription ainsi conçue : ✠ CORPORIS· AFFLICTV· VERBIS· ET· VLNERE· QVINO : FRANCISCO· FAVEAS· SVRGAT· ET· IPSA· DOMVS·

Diamètre avec les bordures : 2 p. 4 lig.
Diamètre du sujet : 1 p. 7 lig.

Cabinet Durazzo. Décrit, parmi les copies de nielles, dans le *Peintre-Graveur,* Tom. XIII, pag. 52, note 6.

112. *L'Homme de douleur.*

Jésus-Christ, à mi-corps, debout dans un tombeau, est vu de face, les bras ouverts ; il est accompagné de deux anges, à mi-corps, que l'on voit derrière lui : celui à droite a les deux mains jointes, l'autre les tient croisées sur sa poitrine. Autour est une inscription qui commence vers le milieu à gauche :

✠O DOMINE· JESV· XPE· ADORO· TE· ĪSEPVL CRO· POĪTV3 MĪRᴬ & AROMATIB· CNDITV3

Autour de l'inscription est une bordure en blanc.

Diamètre avec la bordure : 1 p. 10 lig.
Diamètre avec l'inscription : 1 p. 7 lig.
Diamètre du sujet : 1 p. 4 lig.

Cabinet Trivulcio.

* 113. *L'Homme de douleur.*

La Vierge, accompagnée de deux anges, soutient le corps de Jésus-Christ.

Diamètre : 1 p. 3 lig.

Cabinet Malaspina, Tom. II, pag. 6.

114. *L'Homme de douleur.*

Jésus-Christ, à mi-corps dans un tombeau, a les bras croisés et une espèce de couronne autour de la tête. Le fond est noir; de chaque côté sont des rochers.

Diamètre : 1 p.

Cabinet Trivulcio.

* 115. *L'Homme de douleur.*

Le revers de ce médaillon est niellé, et représente la Vierge et l'Enfant-Jésus. *Voyez* n.º 42.

Diamètre : 11 lig.

Cabinet Malaspina, Tom. IV, p. 328, n.º 7. Planche d'argent.

* 116. *L'Homme de douleur.*

Figure à mi-corps dans un médaillon.

Diamètre : 11 lig.

Cabinet Malaspina, Tom. IV, p. 328, n.º 9. Planche d'argent.

117. *L'Homme de douleur.*

Jésus-Christ à mi-corps, les mains croisées, la tête penchée du côté gauche : on voit dans le fond la traverse de la croix.

Diamètre : 10 lig.

Cabinet Sykes, n.º 1245. Planche d'argent.

* 118. *L'homme de douleur.*

Figure à mi-corps dans un médaillon.

Diamètre : 9 lig.

Cabinet Malaspina, Tom. IV, p. 328, n.º 8. Planche d'argent.

119. *L'Homme de douleur.*

Le corps de Jésus-Christ tourné à droite, les mains croisées devant lui, et la tête regardant à gauche.

Diamètre : 8 lig.
Cabinet *Sykes*, n.° 1237. Planche d'argent.

120. *L'Homme de douleur.*

Le Christ à mi-corps, tourné vers la droite, tenant un clou de la main gauche.

Diamètre : 7 lig.
Cabinet *Woodburn*.

L'Homme de douleur. Voyez n.ᵒˢ 78 et 152.

* 121. *Résurrection de Jésus-Christ.*

Au milieu de cette composition de cinq figures est celle du Rédempteur triomphant, et donnant sa bénédiction de la main droite. Les quatre autres figures sont des soldats couchés aux angles du tombeau. Cette pièce est de François Raibolini.

Hauteur : 3 p. 4 lig. Largeur : 2 p. 2 lig.
Institut de Bologne. Décrit dans *Materiali*, etc., pag. 129. Planche d'argent.

Cette pièce se voyait anciennement à l'église de la Miséricorde : elle est entourée d'ornemens ciselés, et porte des armoiries, qui sont sans doute celles de la personne qui l'a fait faire.

122. *Résurrection de Jésus-Christ.*

Au milieu de l'estampe est un tombeau ouvert, au-devant duquel sont trois soldats endormis;

derrière, on aperçoit un grand concours de guerriers, dont plusieurs sont à cheval, et dirigent leur marche vers la ville de Jérusalem, qui occupe le milieu du fond; à gauche est une montagne couverte d'arbres, et à droite, le calvaire avec les trois croix. Dans le haut est la figure du Christ glorieux, tenant une bannière de la main gauche, et de l'autre donnant sa bénédiction : ses pieds sont supportés par deux têtes de chérubins rayonnantes. De chaque côté de Jésus-Christ, on voit un ange à genoux en adoration; des groupes de chérubins remplissent les deux angles; le milieu de la pièce est cintré, et s'élève un peu au-dessus du trait carré, ainsi que la bannière du Christ.

Dans la marge du bas est écrit:

DE ⇢ OPVS ⇢ PEREGRINI ⇠ CE^s.

Mesure au trait carré: Hauteur, 2 p. 10 lig. Largeur, 2 p.
Mesure de la planche: Haut., 3 p. 1 lig. Larg., 2 p. 2 lig. et demie.

Ier ÉTAT. La planche non terminée; ce qui se voit surtout dans le fond, autour de la figure du Christ, où l'on aperçoit plusieurs parties blanches.

Cabinet Sykes, n.° 1115. Cette épreuve a été vendue environ 500 fr. à Londres, en 1824.

IIe ÉTAT. Le fond entièrement noir, et couvert de tailles croisées.

Bibliothèque du Roi.

L'épreuve de la Bibliothèque du Roi est brillante

et d'une parfaite conservation : c'est au moyen de l'inscription qui est au bas que j'ai pu expliquer les marques de Peregrini, orfèvre habile, qu'il est bien étonnant de voir si peu connu, puisque ses travaux sont nombreux, qu'ils ne le cèdent que très-peu à ceux de Maso Finiguerra, et que plusieurs portent l'une de ces marques ₽ ou O. ₽ D. C.

Voyez l'explication donnée à ce sujet dans la première partie de cet Essai, pages 69 et suivantes.

123. *Résurrection de Jésus-Christ.*

Sur le devant est un tombeau ouvert, qui occupe toute la largeur de la pièce. Le Christ glorieux est debout sur un des bords du tombeau; il tient sa bannière de la main gauche, et donne sa bénédiction de l'autre. A droite est une sainte, ayant un livre dans une main et la palme du martyre dans l'autre; à gauche est un saint, tenant un coutelas de la main droite et de l'autre un livre. Le fond est blanc. Médaillon ovale.

Hauteur : 1 p. 5 lig. Largeur : 1 p. 1 lig.

Cabinet Trivulcio. Planche d'argent

* 124. *Résurrection de Jésus-Christ.*

Ce nielle est sur un fond doré.

Diamètre : 10 lig.

Cabinet Malaspina, Tom. IV, pag. 328, n.° 11. Planche d'argent

* 125. *Résurrection de Jésus-Christ.*

Diamètre : 9 lig.

Cabinet Malaspina, Tom. IV, pag. 328, n.º 10. Planche d'argent.

Les saintes Femmes visitant le Tombeau. Voyez n.º 90.

Jésus-Christ glorieux. Voyez App. F.

Jésus-Christ à table à Emmaüs. Voyez n.º 77.

L'Ascension. Voyez n.º 91.

La Pentecôte. Voyez n.º 92.

Le Jugement dernier. Voyez n.º 93.

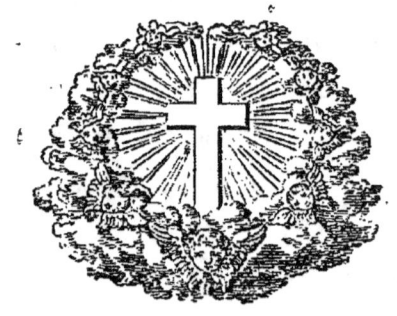

VIE DE LA VIERGE.

126. *L'Annonciation.*

La Vierge est à genoux, à gauche; de l'autre côté un ange tenant de la main droite une grande branche de lis. Le fond est doré; dans le haut de la planche on voit un trou irrégulier.

Ce nielle est d'un travail très-grossier, et de la même nature que le saint Jérôme, n.º 180, auquel il fait pendant.

Diamètre : 1 p. 10 lig.
Cabinet Sykes, n.º 1245. Planche d'argent.

127. *L'Annonciation.*

Deux petits médaillons à côté l'un de l'autre, offrant deux figures à mi-corps et de profil : celui à gauche représente l'ange Gabriel tenant une branche de lis de la main gauche, et donnant sa bénédiction de la main droite. Dans l'autre médaillon est la Vierge, les mains jointes : devant elle est un pupitre, sur lequel se voit un livre ouvert; au-dessus, on aperçoit le Saint-Esprit entouré d'une auréole rayonnante. Entre les deux médaillons on voit la marque ℙ, qui est celle de Peregrini.

Dimension de la planche. Largeur : 1 p. 8 lig. Hauteur : 10 lig.
Diamètre du médaillon : 8 lig.
Cabinet Sykes, n.º 1114.

L'Annonciation. Voyez n.º 68, et App. G.

La Visitation. Voyez n. 69.

* 128. *La Vierge en prières.*

La Vierge est à genoux ; elle a les mains croisées sur la poitrine, et lit dans un livre placé devant elle. Cette pièce a la forme d'un cœur.

<small>La plus grande dimension est 1 p. 3 lig.
Cabinet Malaspina. Tom. II, pag. 6.</small>

La Vierge prenant une Confrérie sous sa protection. Voyez n.ᵒˢ 163 et 210.

La Vierge à mi-corps. Voyez n.ᵒˢ 147, 416, et App. H.

Vierge de douleurs. Voyez App. L.

129. *L'Assomption de la Vierge.*

Jésus-Christ, assis sur un très-grand trône, et coiffé d'un bonnet semblable à celui des doges, pose à deux mains une couronne sur la tête de la Vierge, qui est assise sur le même trône, et inclinée vers lui, les bras croisés sur la poitrine. En bas, au milieu, saint Augustin et saint Ambroise sont à genoux ; à droite, on voit debout un grand nombre de saintes, parmi lesquelles on distingue sainte Catherine et sainte Agnès ; à gauche sont tous les saints aussi debout ; à leur tête on remarque saint Jean-Baptiste. Aux deux côtés du trône, plusieurs anges sonnent de la trompette ; et dans le haut, d'autres soutiennent une banderole sur laquelle on lit : ASSUMPTA EST MARIA INCELUM AVE EXERCITUS ANGELORUM. Cette inscription se lit à rebours, ainsi que les noms AGOSTI et AMBRVS qui sont écrits sur le haut du vêtement de ces deux saints*.

<small>Hauteur : 4 p. 9 l. Largeur : 3 p. 2 l.
Galerie de Florence. Planche d'argent. — *Cabinet Durazzo, Cabinet Buckingham.* Empreintes en soufre. — *Bibliothèque du Roi.* Épreuve sur papier.</small>

Cette épreuve sur papier est la seule qu'on connaisse. Elle fut certainement tirée par Maso Finiguerra, en 1452, puisque c'est dans cette année qu'il reçut le paiement de la Paix qu'il avait été chargé *de graver et de nieller* pour l'église de Saint-Jean de Florence, où la planche originale se trouvait encore il y a peu d'années : elle se voit maintenant au Musée de la même ville.

Une empreinte en soufre se trouve chez le comte Durazzo, à Gênes; il paraît qu'elle fut tirée avant que la planche fût terminée, ainsi qu'on peut s'en convaincre en examinant cette empreinte, ou même la copie qui en a été faite par ordre du comte Durazzo, et dans laquelle les fonds ne sont couverts de tailles croisées que dans la partie du haut seulement, tandis que dans l'autre empreinte en soufre, on retrouve, au contraire, la totalité du travail qui est sur la planche originale en argent.

<small>* Voyez *Storia pittorica dell' Italia*, Tom. I, § 3. — *Dittici del Gori*, Tom. III, pag. 315. — Zani, *Materiali*, etc., pag. 49 et 134.</small>

Cette seconde empreinte est maintenant à Stowe, chez le duc de Buckingham. Elle a appartenu au comte Seratti, gouverneur de Livourne, et j'ai fait connaître, dans la première partie de cet ouvrage *, tous les dangers qu'elle a courus. Ayant été fragmentée au milieu dans toute la hauteur, et dans quelques parties en largeur, le tout a été parfaitement réuni, et n'a eu besoin que d'une très-légère restauration, vers le milieu, au-dessous des genoux de la Vierge, et un peu au-dessus de sa tête. Cette empreinte est très-belle et très-colorée; le travail en est pur; l'inscription s'y lit dans le sens ordinaire; il n'y a ni point ni espace pour séparer les mots IN CELUM, qui sont joints.

Il existe une copie de cette Paix, dans le sens de l'épreuve gravée à l'eau-forte, en 1802, par M. S. Pauquet; elle se trouve dans l'ouvrage intitulé : *Materiali per servire alla storia dell' origine e de' progressi dell' incisione in rame e in legno, etc.*, da Pietro Zani. Parma, 1802, in-8°.

Une autre copie, en sens inverse de l'épreuve, a été lithographiée, en 1820, par M. Muret; elle doit faire partie de l'ouvrage que se proposait de publier M. Denon, sur l'histoire de l'art.

Une copie de la gravure de M. Pauquet a été faite à Vienne : elle se trouve dans *le Peintre-Graveur*, par Bartsch, en tête du Tome XIII.

---

* Pag. 23 et suivantes.

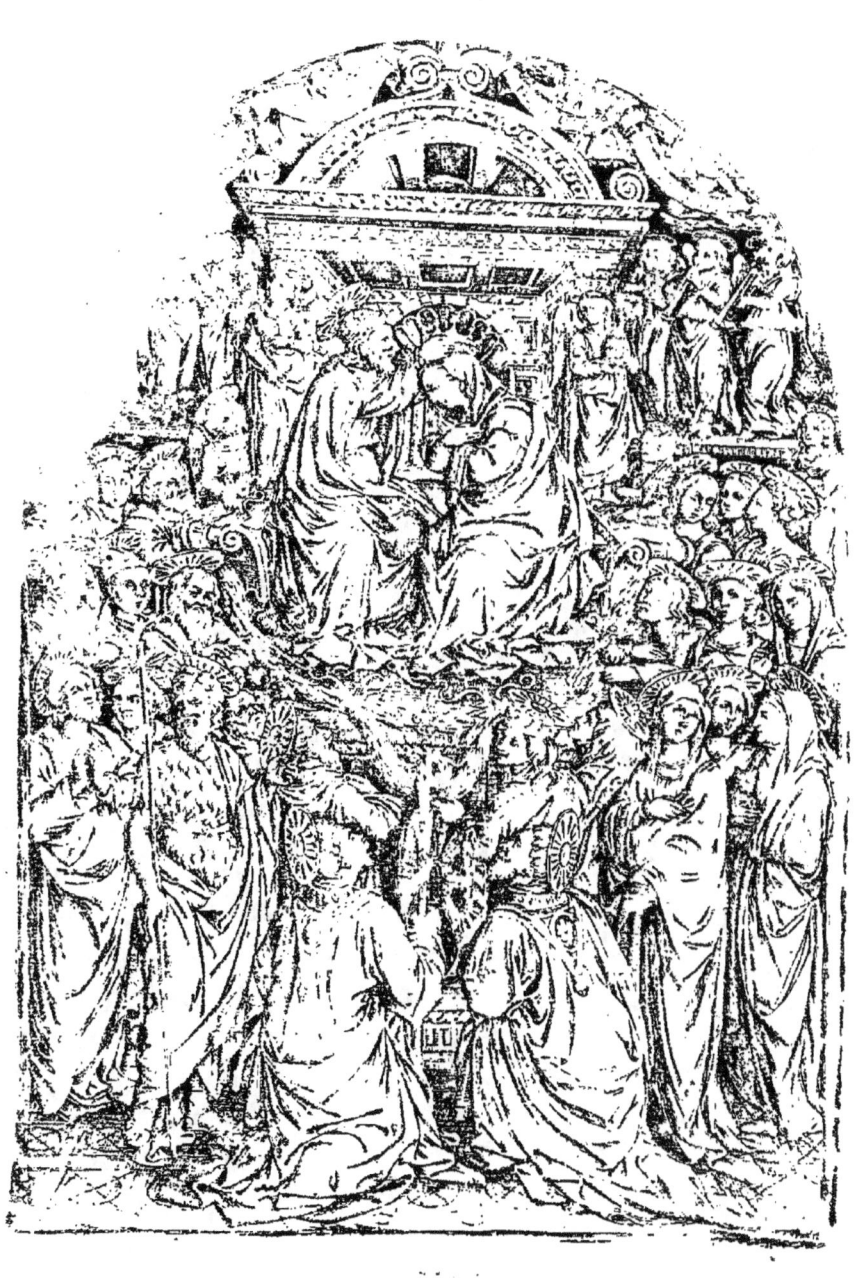

D'après l'épreuve originale de la Paix gravée en 1452 par

MASO FINIGUERRA.

Une copie gravée à l'eau-forte, dans le sens de l'empreinte en soufre, et par-conséquent dans le sens opposé à l'empreinte sur papier, a été faite aux frais du comte Durazzo, par Antoine Roggerone : elle n'est pas dans le commerce. Dans cette copie, on lit sur le haut du vêtement de saint Ambroise, les lettres AN-RVS. Le graveur n'a pas vu que ce qu'il a pris pour un trait d'union, est la barre du milieu de la lettre B du mot ANBRVS.

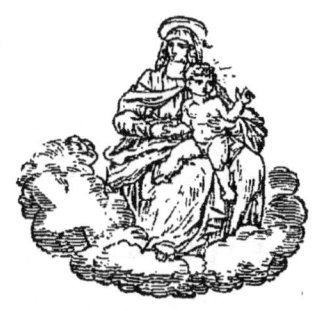

SAINTS.

LES APÔTRES; SUITE INCOMPLÈTE DE VII PIÈCES.

130. *Saint Jacques le Majeur.*

(I) Le saint est vu de face, à mi-corps, ayant sur la tête un chapeau de pélerin : de la main droite il s'appuie sur son bourdon.

Diamètre : 9 lig.
Cabinet *Woodburn.* Planche d'argent.

131. *Saint Jacques le Mineur.*

(II) Le saint, à mi-corps, tient son fouloir de la main gauche : il est tourné vers la gauche, et du même côté, on voit une espèce de soleil rayonnant.

Diamètre : 9 lig.
Cabinet *Sykes,* n.º 1245. Planche d'argent.

* 132. *Saint Philippe.*

(III) Le saint tient un crucifix de la main droite, et la palme du martyre dans l'autre.

Diamètre : 8 lig.
Cabinet *Malaspina,* Tom. IV, pag. 328, n.º 22. Planche d'argent.

* 133. *Un Apôtre.*

(IV) M. de Malaspina, en désignant cette figure comme celle d'un apôtre, ajoute qu'il semble que ce soit saint Marc, qui est un des quatre évangélistes, et non pas un apôtre. J'ai cru devoir la placer ici, à cause de sa dimension, qui paraît la faire dépendre de cette suite, jusqu'à-présent incomplète.

Diamètre : 9 lig.
Cabinet *Malaspina.* Tom. IV, pag. 328, n.º 12. Planche d'argent.

* 134. *Un Apôtre.*

(v) Demi-figure, sans caractères distinctifs.

Diamètre : 8 lig.
Cabinet *Malaspina*, Tom. IV, pag. 328, n.º 13. Planche d'argent.

* 135. *Saint Paul.*

(vi) Il a une main posée sur sa poitrine, et de l'autre il paraît tenir la poignée d'une épée. Le fond est doré.

Diamètre : 10 lig.
Cabinet *Malaspina*, Tom. IV, pag. 329, n.º 23. Planche d'argent.

* 136. *Un Apôtre.*

(vii) Demi-figure avec la Palme du martyre.

Diamètre : 9 lig.
Cabinet *Malaspina*, Tom. IV, pag. 328, n.º 15. Planche d'argent.

Saint Pierre. Voyez n.ᵒˢ 416, 417, et App. I.

137. *Saint Jacques le Majeur.*

Le saint est vu jusqu'aux genoux : il a un chapeau sur la tête, et tient un bonnet de la main droite; dans le fond, à gauche, sont les lettres OA, et à droite la lettre P.

Cette pièce est mal gravée, et n'est pas niellée; ce qui me fait douter qu'elle soit de Peregrini, et cela, avec d'autant plus de raison, que la queue du P n'est point barrée, suivant l'usage de ce maître. Dans tous les cas, si cette pièce était de lui, elle serait un de ses premiers travaux.

Diamètre : 8 lig.
Cabinet *Woodburn*. Planche d'argent.

Saint Jacques. Voyez n.os 142 et 158.

138. *Saint Jean l'Évangéliste.*

L'apôtre bien-aimé de Jésus-Christ est nu à mi-corps, tourné vers la droite : il tient un livre de la main gauche et une plume de l'autre.

Diamètre : 6 lig. et demie.
Cabinet *Woodburn*.

Saint Jean l'Évangéliste. Voyez n.os 156 et 422.

139. *Conversion de saint Paul.*

Sur le devant de l'estampe, plusieurs soldats de la suite de saint Paul sont renversés d'épouvante; d'autres prennent la fuite : l'un d'eux à cheval, marchant vers la gauche, tient une lance garnie d'un fanon, sur lequel sont tracées à rebours les lettres S P Q R : la dernière lettre est à peine visible; à droite est le cheval sur lequel était monté saint Paul. Au second plan est saint Paul couvert d'une cuirasse, et la tête ornée d'une auréole dans la forme d'un plateau solide, ainsi que toutes celles qui se trouvent sur les nielles de cette époque. Il est renversé, et cherche à se garantir de la lumière céleste; auprès de lui, un homme frappé d'épouvante paraît fuir du côté gauche, tandis que deux autres hommes à cheval se sauvent du côté droit. Le fond est orné de quelques arbres, au travers desquels on aperçoit la ville de Damas : au devant de la ville, cinq personnes assises en rond, et une sixième, debout, paraissent écouter attentivement saint Paul qui, au milieu d'elles, est reconnaissable par son épée et l'auréole placée sur sa tête. Enfin, dans le haut se trouve la figure de Dieu le père, entourée d'étoiles, au milieu desquelles on distingue quatre têtes de chérubins; une lumière assez vive les environne, et une flamme très-forte descend vers la terre.

Hauteur : 4 p. 6 lig. Largeur : 3 p.

Musée de Florence. Planche d'argent. — *Bibliothèque du Roi.* — *Cabinet Sykes, n.º 1209.* — *Cabinet Buckingham.* — *Cabinet Thomas Lloyd.*

Cette pièce est cintrée, ce qui démontre qu'elle était destinée pour une Paix; mais n'étant pas terminée, elle n'a point été niellée, et les épreuves ne peuvent en être regardées comme précieuses.

Celle de la Bibliothèque du Roi porte la date de 1460, d'une écriture ancienne, et qui m'a paru être celle de Mariette. Cependant on croit cette pièce gravée en 1480, par un orfèvre nommé

Mathieu, et qui était fils de *Jean Dei,* auquel on a donné à tort le nom de *Dati,* et qu'on nomme aussi quelquefois *Mathieu de Jean-de-Dieu* *

Les épreuves de cette pièce, que j'ai vues en Angleterre, sont certainement modernes, ce qui est facile à reconnaître, les unes ayant de la marge et le papier très-blanc, et les autres, sans marge, ayant été bistrées et collées en plein, comme cela arrive souvent aux anciennes estampes; toutes sont d'ailleurs sur un papier très-épais et à gros grains, parfaitement semblable au papier italien moderne. L'épreuve de la Bibliothèque du Roi est sur un papier mince; cependant elle ne me paraît pas non plus imprimée dans le XV.e siècle; mais je la crois envoyée par Gaburri à Mariette, vers 1730?

Une copie se trouvait dans le Cabinet Sykes, sous le n.º 1208.

140. *Saint Paul.*

Buste de saint Paul nu-tête, la main gauche posée sur le pommeau de son épée.

Diamètre : 5 lig. et demie.

Cabinet Woodburn.

Saint Paul. Voyez n.º 418.

Saint Paul et saint Sébastien avec la Vierge. Voyez App. D.

SUITE DE VI MÉDAILLONS, FIGURES A MI-CORPS.

Ces pièces, de pareille dimension et d'un travail

---

* Voyez à la fin de la première Partie, note IV, pag. 100.

semblable, ont sans doute servi à décorer le même reliquaire.

Diamètre: 8 lig.
Cabinet Sykes, n.º. 1245. Planches d'argent.

141. *La Vierge et l'Enfant-Jésus.*

(I) La Vierge soutenant l'Enfant-Jésus debout: tous deux sont à mi-corps. Dans le fond, à droite, est un arbre.

142. *Saint Jacques.*

(II) Un saint à mi-corps tourné vers la gauche et tenant un bourdon de la main droite : il a un chapeau rond sur la tête.

143. *Saint Jérôme.*

(III) Ce saint père est vu à mi-corps, tourné vers la gauche : de ce côté est une croix plantée sur une espèce de rocher.

144. *Saint Augustin?*

(IV) Le saint évêque à mi-corps, la mitre en tête, tient sa crosse de la main droite et un livre de l'autre.

145. *Saint Chrysostôme ?*

(V) Ce saint pontife à mi-corps, comme saint Augustin, est aussi crossé et mitré : il tient un livre sous son bras gauche. Dans le fond, à droite, on voit un arbre.

146. *Saint Antoine de Padoue ?*

(vi) Un saint religieux à mi-corps, vu de face, ayant un livre dans la main droite, et tenant élevé l'index de la main gauche. Dans le fond, à droite, est un arbre.

SUITE DE IV MÉDAILLONS, FIGURES A MI-CORPS.

Ces quatre médaillons ont sans doute fait partie du même reliquaire.

Diamètre : 7 lig.
Cabinet Sykes, n.° 1245. Planches d'argent.

147. *La Vierge.*

(i) Elle porte l'Enfant-Jésus debout du côté gauche.

148. *Saint Jean-Baptiste.*

(ii) Il tient de la main droite un livre sur lequel est posé l'agneau mystique.

149. *Saint Sébastien.*

(iii) Il est percé de trois flèches.

150. *Saint Jérôme.*

(iv) Le saint, vu de face, a la poitrine découverte, et on y aperçoit la trace des cailloux avec lesquels il se frappait pour faire pénitence.

SUITE DE XII PETITS MÉDAILLONS.

Ces nielles ont sans doute fait partie de quelque

reliquaire ou de quelques couvertures de livres, ainsi qu'on peut en juger par le travail, la dimension et la manière dont les bustes sont placés : quatre regardant à gauche, quatre autres regardant à droite, et quatre étant de face.

Diamètre: 6 lig.

Cabinet *Sykes*, *n.°* 1245.

151. (I) *La Vierge et l'Enfant-Jésus*, regardant à droite.

152. (II) *L'Homme de douleur*, vu de face.

153. (III) *La Croix de Jésus-Christ* avec la trace des clous, accompagnée de deux autres Croix sans traces de clous.

154. (IV) *Sainte Femme*, tournée vers la gauche.

155. (V) *Sainte Femme*, tournée vers la droite.

156. (VI) *Saint Jean l'Évangéliste*, tourné vers la droite.

157. (VII) *Saint Jean-Baptiste*, tourné vers la gauche.

158. (VIII) *Saint Jacques*, tourné vers la droite.

159. (IX) *Saint Laurent*, avec un gril, et tourné vers la gauche.

160. (X) *Saint Sébastien*, percé de flèches, et tourné vers la gauche.

161. (XI) *Un Saint, crossé et mitré*, vu de face.

162. (XII) *Un Saint* sans aucun caractère distinctif, et vu de face.

SUITE DE III MÉDAILLONS.

Diamètre : 7 lig.

163. *La Vierge prenant une Confrérie sous sa protection.*

(I) Au milieu est la Vierge debout, la tête de trois quarts, regardant à gauche. Elle a les bras étendus, et couvre de son manteau une confrérie qui est à genoux à ses pieds : tous, excepté un, sont vêtus de la robe de pénitent avec le capuchon. Dans le haut, de chaque côté, on voit un ange.

Cabinet H. Wellesley. Planche d'argent.

164. *Saint Laurent et une Sainte martyre.*

(II) A droite est saint Laurent debout, vu jusqu'aux genoux, ayant un livre sous le bras gauche et la main droite appuyée sur un gril; de l'autre côté est une sainte aussi debout, tenant de la main gauche la palme du martyre, et portant de l'autre main une petite cassette.

Cabinet H. Wellesley. Planche d'argent. — *Bibliothèque du Roi.* Épreuve moderne.

165. *Saint Sébastien et saint Roch.*

(III) Figures à mi-corps.

Cabinet H. Wellesley. Planche d'argent.

Ces trois médaillons ornaient le pied d'un calice,

sur lequel se trouvait, dit-on, l'année 1437; peut-être aurait-on dû lire 1487, ou, si la date est exacte, il en résulterait que ce serait celle de la fondation de la confrérie qui, dans le premier de ces médaillons, s'est placée sous la protection de la Vierge; car le travail de ces nielles ne présente pas un caractère d'ancienneté qui puisse les faire regarder comme antérieurs à Finiguerra. Au reste, s'il était démontré que cette date fût celle du nielle, comme les épreuves qu'on en connaît n'ont été faites que dans l'année 1825, cela ne changerait point encore l'époque où il convient de fixer la découverte de l'impression des gravures sur métal.

L'émail d'une de ces planches ayant éclaté, M. H. Wellesley en fit tirer quelques épreuves, et il voulut bien m'en adresser une sur-le-champ. J'ai été d'autant plus flatté de ce souvenir obligeant de sa part, que ce jeune amateur est aussi recommandable par la bonté de son caractère que par ses connaissances, et que son amitié m'est très-précieuse. Cette pièce m'a démontré qu'on peut tirer épreuve d'une planche anciennement niellée; mais il est vrai que, dans ce cas, il est facile de reconnaître des épreuves postérieures à l'éclatement du nielle, non-seulement par l'intensité du noir et par la nature du papier, mais encore par l'imperfection de l'épreuve; elle paraît alors usée dans plusieurs places, parce que quelques fragmens d'émail étant encore restés dans les tailles les plus délicates, il y a des détails à peine indiqués, tandis que dans d'autres endroits où la taille a été entièrement vidée, l'épreuve est assez vigoureuse.

FIGURES DÉTACHÉES.

166. *Saint Michel.*

Le saint archange est accompagné de deux autres anges debout ainsi que lui.

Diamètre : 1 p. 7 lig.
Cabinet Stanislas Poniatowsky. Planche d'argent.

Une copie, dessinée au trait, se trouvait dans le *Cabinet Sykes*, n.º 1210.

167. *Saint Michel et deux autres Anges.*

Tous trois debout : saint Michel est à gauche, tenant une épée d'une main, et de l'autre le globe du monde surmonté d'une croix ; à droite, Gabriel tenant une branche de lis de la main gauche : l'ange qui est dans le milieu a les bras croisés devant lui, et ne présente aucun caractère distinctif. Dans le fond on aperçoit une ville.

Ce médaillon est niellé des deux côtés ; l'autre face représente saint Bernard assis devant un bureau. *Voyez n.º* 183.

Diamètre : 1 p. 7 lig.
Cabinet Sykes, n.º 1241. Planche d'argent.

168. *Saint Michel.*

Saint Michel debout, vu de face, en pied, les

ailes étendues : il tient des balances de la main gauche, et de l'autre une épée.

Diamètre : 7 lig.
Cabinet *Woodburn*.

Un Ange. Voyez n.ᵒˢ 414, 416, 419 et 420.

169. *Saint Joseph.*

Saint Joseph, vêtu en religieux et nu-tête, est vu à mi-corps : il tient un bâton de la main droite, et un livre sous son bras gauche.

Diamètre : 9 lig.
Cabinet *Woodburn*. Planche d'argent.

170. *Saint Jean-Baptiste.*

Il est debout, tenant de la main droite une longue croix ornée d'un médaillon où est représenté l'agneau de Dieu; de l'autre main il montre une banderole, sur laquelle on lit : ECE AGNUS en caractères renversés. A droite et à gauche sont deux petites buttes ornées d'arbres; dans le haut du ciel, quelques nuages qui se détachent en blanc.

Je crois que ce nielle doit être attribué à Peregrini.

Hauteur : 2 p. 5 lig. Largeur : 1 p. 2 lig.
Cabinet *Durazzo*. Décrit parmi les copies de nielles, dans le *Peintre-Graveur*, Tom. XIII, pag. 53, n.º 8.

171. *Saint Jean-Baptiste.*

Le précurseur de Jésus-Christ est debout, vu de face, ayant un bourdon appuyé sur son épaule et le bras droit élevé vers le ciel : à droite sont deux palmiers. Dans le haut, à gauche, on aperçoit la figure de Dieu le père, tenant d'une main le globe du monde, et donnant sa bénédiction de la main gauche.

Hauteur : 2 p. 3 lig. Largeur : 1 p. 3 lig.
Bibliothèque du Roi.

* 172. *Saint Jean-Baptiste.* Demi-figure.

Diamètre : 9 lig.
Cabinet *Malaspina*, Tom. IV, pag. 328, n.° 14. Planche d'argent.

173. *Saint Jean-Baptiste.*

Le précurseur de Jésus-Christ tenant sa croix est vu à mi-corps, tourné à droite. Ce nielle est d'un assez mauvais travail.

Diamètre : 8 lig.
Cabinet *Sykes*, n.° 1237. Planche d'argent.

Saint Jean-Baptiste à mi-corps. Voyez n.ᵒˢ 148 et 157, et App. J.

174. *Saint Laurent.*

Le saint Diacre, couvert d'une dalmatique, est debout, tourné vers la gauche, tenant de la main droite un gril et une palme; de l'autre main il porte un livre fermé : le carreau est exécuté soigneusement en mosaïque*, et monte jusqu'au quart de la hauteur de l'estampe. Quelques parties de la figure sortent du trait carré.

Le fond de cette pièce étant entièrement blanc,

---

* C'est cette mosaïque qui a servi de fond pour la vignette qui se trouve en tête de la première partie de cet ouvrage.

on doit en conclure que, dans la planche originale, il ne devait pas être niellé, mais seulement doré, ainsi que cela se voit quelquefois.

<small>Hauteur : 2 p. 11 lig. Largeur : 1 p. 3 lig.
Bibliothèque du Roi.</small>

Saint Laurent. Voyez n.os 159 et 164.

* 175. *Martyre de saint Laurent.*

Même composition que celle gravée par Marc-Antoine, d'après Baccio Bandinelli. Dans l'angle à droite, en bas, on voit la lettre P; ce qui pourrait faire penser que ce nielle est de la main de Pollajuolo, plutôt que de celle de Peregrini, puisque toutes les fois que cet habile orfévre-nielleur a placé l'initiale de son nom, il a toujours mis une barre transversale dans la queue de cette lettre.

<small>Largeur : 3 p. 6 lig. Hauteur : 2 p. 6 lig.
Cabinet Malaspina, Tom. II, pag. 17.</small>

176. *Saint Sébastien.*

Le saint martyr vu de face, les bras liés au-dessus de la tête, est attaché à un tronc d'arbre qui occupe le milieu de l'estampe : à droite est un autre arbre, qui paraît être un laurier; à gauche, au-dessus d'un rocher escarpé, est un arbre taillé en if avec trois séparations. Ce nielle est certainement gravé par Peregrini.

<small>Hauteur : 2 p. 1 lig. Largeur : 1 p. 3 lig. et demie.

Bibliothèque du Roi. Cette épreuve, en encre un peu bleuâtre, vient de la collection Silvestre.</small>

Saint Sébastien et saint Paul avec la Vierge. Voyez App. D.

Saint Sébastien à mi-corps. Voyez n.ºs 149, 160 et 165.

177. Ce numéro a été reporté au n.° 202 *bis*.

178. *Saint George.*

Saint George à cheval, et armé de toutes pièces, est tourné à gauche vers le dragon, dans la gueule duquel il a enfoncé sa lance. Dans le lointain, du même côté, est la reine de Lydie à genoux; à droite, on voit une ville avec des tours. Ce médaillon est entouré d'un double cercle.

Cette pièce est de la même grandeur que le n.° 103, et pourrait bien lui faire pendant.

Diamètre : 1 p. 1 lig.

Cabinet Durazzo. Décrit parmi les copies de nielles, dans le *Peintre-Graveur*, Tom. XIII, pag. 53, n.° 9.

Saint George à cheval. Voyez *la Vierge et l'Enfant-Jésus*, n.° 65.

Saint Antoine avec sainte Catherine. Voyez n.° 203.

179. *Saint Jérôme.*

Le saint est à genoux, tourné vers la droite, tenant une pierre de la main gauche : en face de lui, sur la droite, sont placés un livre et un crucifix; derrière lui, un lion; dans le fond, à droite, un rocher; et à gauche, des arbres. En bas est une marge de deux lignes, au milieu de laquelle est la marque ℗, qui désigne le nom de Peregrini, et celui de sa ville natale.

> Hauteur : 2 p. 3 lig. Largeur : 1 p. 10 lig.
> *Cabinet Sykes*, n.º 1145. — *Cabinet Fr. Douce.*

180. *Saint Jérôme.*

Le saint est à genoux contre un arbre qui occupe la gauche du médaillon : dans le haut, on voit un trou irrégulier.

Ce nielle, dont le fond est doré, est d'un travail très-grossier, et de la même nature que celui de l'Annonciation, n.º 126, auquel il fait pendant.

> Diamètre : 1 p. 10 lig.
> *Cabinet Sykes*, n.º 1245. Planche d'argent.

Saint Jérôme à mi-corps. Voyez n.ᵒˢ 143 et 150.

181. *Saint Augustin.*

Le saint évêque à mi-corps, la mitre en tête et tourné vers la droite, tient un livre de la main gauche, et sa croix de la main droite.

> Diamètre : 7 lig.
> *Cabinet Woodburn.*

Saint Augustin à mi-corps. Voyez n.º 144.
Saint Chrysostôme à mi-corps. Voyez n.º 145.
Saint Athanase. Voyez App. M.

* 182. *Saint Martin.*

Le saint est à cheval ; médaillon rond.

> Diamètre : 9 lig.
> *Cabinet Malaspina*, Tom. IV, pag. 328, n.º 16. Planche d'argent.

Saint Martin. Voyez App. N.

Saint Dominique. Voyez la Vierge et l'Enfant-Jésus, n.ᵒˢ 60, 61 et 66.

Saint Pierre le Dominicain. Voyez la Vierge et l'Enfant-Jésus, n.ᵒˢ 60 et 61.

183. *Saint Bernard.*

Un saint religieux assis à droite devant un bureau où est placé un livre sur lequel il écrit : ce saint est vu de profil, levant les yeux vers la gauche. Du même côté, on voit la figure de la Vierge à mi-corps, tenant une banderole, et soutenue en l'air sur les ailes de plusieurs chérubins. Derrière le siége du saint on voit une figure dont il est difficile de deviner l'attribution.

Ce médaillon est niellé de deux côtés; l'autre face représente trois anges debout. *Voyez* n.ᵒ 167.

Diamètre : 1 p. 7 lig.

Cabinet Sykes, n.ᵒ 1241. Planche d'argent.

184. *Saint François-d'Assise.*

Le saint religieux est à genoux, vu de face, les mains étendues, et attendant les stigmates qu'il va recevoir d'un Christ en croix, resplendissant de lumière, et que l'on voit dans les airs à droite de l'estampe. Au-dessous de ce même côté est un franciscain à genoux, près de la porte d'une chapelle, regardant avec étonnement le phénomène lumineux qui paraît dans le ciel. Dans le fond, quelques bâtimens indiquent une ville; à gauche, dans l'éloignement, on aperçoit trois cavaliers.

Diamètre du médaillon : 1 p. 11 lig.
Dimension de la planche. Hauteur : 2 p. 1 lig. Largeur : 1 p. 11 lig.

Bibliothèque du Roi. Cette épreuve, en encre bleuâtre, vient de la collection Silvestre.

* 185. *Saint François recevant les Stigmates*.

La dimension de ce sujet fait penser qu'il est autre que le n.º précédent; mais ne l'ayant pas vu, je ne puis faire connaître en quoi diffèrent ces deux pièces.

Diamètre : 1 p. 7 lig.

Cabinet Malaspina, Tom. IV, pag. 328, n.º 19. Planche d'argent.

186. *Saint François-d'Assise*.

Saint François stigmatisé, vu à mi-corps, tourné vers la droite : il tient une croix de la main droite, et un livre de l'autre.

Diamètre : 10 lig.

Cabinet Sykes, n.º 1245. Planche d'argent.

Saint François-d'Assise. Voyez n.º 416.

* 187. *Saint Antoine de Padoue*.

Le fond de cette figure est doré.

Diamètre : 1 p. 2 lig.

Cabinet Malaspina, Tom. IV, pag. 328, n.º 20. Planche d'argent.

Saint Antoine de Padoue. Voyez n.º 146.

Un Saint. Voyez n.º 162.

188. *Saint Roch.*

Le saint est debout, vêtu d'une tunique très-courte, par-dessus laquelle il porte un ample manteau qui est retroussé sur ses deux bras, et laisse ses deux cuisses à découvert; sa main gauche paraît indiquer sur l'une d'elles la plaie pestiférée dont il mourut : il soutient un bourdon du bras gauche, et a la main droite élevée. Dans le fond, à droite, sont deux palmiers, et à gauche, Dieu le père donnant sa bénédiction à saint Roch. Ce nielle me paraît être gravé par Peregrini.

Hauteur : 2 p. 3 lig. Largeur : 1 p. 3 lig.
Bibliothèque du Roi.

Saint Roch avec sainte Catherine. Voyez n.° 203.

* 189. *Saint Roch.*

Demi-figure dans un médaillon.

Diamètre : 1 p.

Cabinet Malaspina, Tom. IV, pag. 328, n.° 17. Planche d'argent.

190. *Saint Roch.*

Saint Roch à mi-corps, tourné vers la gauche, tenant un bourdon de la main droite.

Diamètre : 10 lig.

Cabinet Sykes, n.° 1245. Planche d'argent.

Saint Roch et Saint Sébastien. Voyez n.° 165.

191. *Un Saint et deux Saintes.*

Un saint martyr accompagné de deux saintes; tous trois sont vus jusqu'aux genoux, et ils ont chacun une palme à la main. Dans le haut est un soleil, dont on ne voit qu'une portion, et dont les rayons descendent jusque sur les martyrs. Ce nielle est d'un beau travail.

<small>Diamètre 1 p. 10 lig.</small>

<small>*Cabinet Sykes*, n.° 1240. Planche d'argent. Ce nielle a été vendu à Londres, en 1824, 22 guinées (550 fr.).</small>

192. *Un Saint religieux.*

Ce saint écrit sous l'inspiration de la Vierge, dont on aperçoit le buste dans le haut à gauche, entouré de plusieurs têtes de chérubins.

<small>Diamètre : 1 p. 7 lig.</small>

<small>*Cabinet Stanislas Poniatowsky.* Planche d'argent.</small>

Une copie dessinée au trait se trouvait dans le cabinet Sykes, n.° 1210.

193. *Trois Religieux.*

Au milieu d'un bois sont assis trois religieux, dont celui qui est à gauche paraît écrire sur un papier qui est placé sur ses genoux.

<small>Largeur : 1 p. 3 lig. Hauteur : 1 p. 1 lig.</small>

<small>*Cabinet Woodburn.* Empreinte en soufre.</small>

Une copie de ce nielle a été gravée aux frais de M. Woodburn. Elle se trouve sur la même planche que la Nativité, n.° 29.

* 194. *Un Saint martyr.*

Il tient une palme, et est en demi-figure.

<small>Diamètre : 11 lig.</small>

<small>*Cabinet Malaspina*, Tom. IV, pag. 328, n.° 21. Planche d'argent.</small>

SUITE DE IV MÉDAILLONS.
Diamètre : 8 lig.

195. *Un Saint Cardinal.*

(I) Il est vu de face : sa tête est couverte d'un chapeau ; il porte sur sa main gauche une maison ou église ; ce qui peut également s'appliquer à tous les fondateurs d'ordre ou de couvent.

Cabinet Sykes, n.º 1236. Planche d'argent.

Un sujet semblable se trouve sous le n.º 202 *bis*.

196. *Un Religieux.*

(II) Il a un poignard enfoncé dans la poitrine, près de l'épaule gauche ; et un coutelas lui fend le crâne. Un livre est sous son bras gauche.

Cabinet Sykes, n.º 1236. Planche d'argent.

197. *Un Religieux.*

(III) Il est vu de face, à mi-corps, tenant une croix de la main droite, et un livre sous le bras gauche. Ce nielle est d'un travail très-médiocre.

Cabinet Sykes, n.º 1236. Planche d'argent.

198. *Un Évêque.*

(IV) Le pontife, tourné un peu à gauche, est chappé, mitré, et tient sa croix de la main droite. Le fond est doré.

Cabinet Sykes, n.º 1236. Planche d'argent.

199. *Un Saint Martyr.*

Il est vu à mi-corps, la tête presque de profil et tournée vers la droite. Vêtu d'une grande robe ouverte, sous laquelle est une tunique, il tient une palme de la main gauche. Sa tête est nue, ornée de longs cheveux, et entourée d'une auréole.

Diamètre : 8 lig.

Bibliothèque du Roi. Ce nielle vient de chez M. Lloyd; il est de la même dimension que les n.ᵒˢ 200, 205 et 209.

200. *Un Saint Religieux.*

Il est vu à mi-corps, la tête de profil tournée vers la droite : il tient sur sa poitrine un livre ouvert, et porte une petite croix de la main gauche; sa tête est couverte d'une grande calotte, au-dessus de laquelle est une auréole.

Diamètre : 8 lig.

Bibliothèque du Roi. Ce nielle a appartenu à M. Lloyd. Il est de la même dimension que les n.ᵒˢ 199, 205 et 209.

201. *Un Évêque.*

Le saint pontife est vu de face, ayant une mitre sur la tête et une auréole autour : il donne sa bénédiction de la main gauche, et tient de l'autre un objet qu'il est difficile de spécifier. Le fond est blanc, et le bord de la planche coupe en partie le haut de la mitre.

Diamètre : 8 lig.

Cabinet Trivulcio. Planche d'argent.

202. *Un Évêque.*

Il est vu de face, la mitre sur la tête, et couvert

d'une robe de moine; il tient sa crosse de la main droite, et porte un livre ouvert de l'autre main.

Diamètre : 7 lig.

Cabinet Sykes, n.º 1237. Planche d'argent.

Un saint Évêque. Voyez n.ºˢ 161, 424, et App. P.

202 *bis. Un Religieux.*

Il est nu-tête, tourné vers la gauche, portant une maison sur sa main droite, et tenant un livre de la main gauche.

Diamètre : 7 lig.

Cabinet Sykes, n.º 1237. Planche d'argent.

Un sujet semblable a été décrit sous le n.º 195.

203. *Saint Antoine, saint Roch et sainte Catherine.*

Au milieu est sainte Catherine, debout, tenant une palme de la main droite, et posant l'autre main sur la roue, instrument de son martyr : à droite est saint Roch, tenant un long bâton de la main gauche, et de l'autre montrant sa plaie : à ses pieds est un petit chien. Du côté gauche, on voit saint Antoine appuyant sur son épaule un bâton noueux, auquel est attaché une sonnette; derrière le saint anachorète, on aperçoit la tête d'un animal, qui sans doute est celle de son cochon. Le fond est blanc.

Diamètre : 2 p.

Cabinet Trivulcio. Planche d'argent.

V. SAINTES.

* 204. *Sainte Catherine martyre.*

Hauteur : 1 p. 11 lig. ? Largeur : 1 p. 6 lig. ?
Cabinet Malaspina. Tom. II, pag. 6, et Tom. IV, pag. 329.

205. *Sainte Catherine.*

La sainte est à mi-corps, vue de face, tournée vers la gauche, la tête penchée du même côté : elle tient une palme de la main droite ; sa main gauche est cachée par la roue, instrument de son martyre.

Ce nielle est de la même dimension que les n.ºs 199, 200, et 209.

Diamètre : 8 lig.
Cabinet Thomas Lloyd.

Sainte Marie-Magdeleine. Voyez 416.

* 206. *Sainte Hélène.*

Hauteur : 1 p. 11 lig. Largeur : 1 p. 6 lig.
Cabinet Malaspina. Tom. II, pag. 6, et Tom. IV, pag. 329.

* 207. *Sainte Hélène, demi-Figure.*

Diamètre : 11 lig.
Cabinet Malaspina. Tom. IV, pag. 328, n.º 18. Planche d'argent.

208. *Sainte Marguerite.*

Une femme, vêtue à la romaine, assise sur un grand dragon ailé, tenant une corne d'abondance de la main droite, et de l'autre un gâteau, pour apaiser le dragon. Dans le fond, qui est très-noir, on remarque quatre arbres. Le haut n'est pas en ligne droite, mais présente au milieu une partie un peu plus élevée et en pointe. La pièce est entourée d'un double trait carré. Au milieu de la marge d'en bas est la marque ₽, qui désigne le nom de Peregrini.

Hauteur, y compris la marge, 2 p. Largeur : 1 p. 6 lig.

Cabinet Sykes, n.º 1124. — *Cabinet Buckingham.* Bartsch a décrit cette pièce dans *le Peintre-Graveur*, Tom. XIII, pag. 207, n.º 3; il la donne comme une figure allégorique de *la Providence.*

Sainte Marguerite. Voyez la Vierge et l'Enfant-Jésus, n.º 63.

209. *Sainte Claire.*

La sainte, à mi-corps, vue de face, tournée vers la droite, a la tête penchée de ce côté : elle tient une palme de la main droite, et de l'autre, elle porte un plat sur lequel sont ses deux yeux.

Diamètre : 8 lig.

Cabinet Lloyd.

Ce nielle est de la même dimension que les n.ᵒˢ 199, 200 et 205.

210. *Sainte Ursule ou la Vierge.*

La sainte, les bras étendus, couvre de son

manteau deux religieux à genoux près d'elle : de chaque côté, on voit un petit arbre; et dans le haut une tête de chérubin.

Diamètre : 1 p. 2 lig.
Cabinet *Woodburn*. Planche d'argent.

Le même sujet a été décrit sous le n.º 163.

211. *Une Sainte martyre.*

Une figure, debout, vêtue d'une robe longue et d'un manteau : ses cheveux sont flottans; elle tient une palme de la main gauche; à ses pieds, à droite, est une scie.

L'instrument du supplice pourrait faire regarder ce sujet comme étant un saint Simon; cependant, la tête sans barbe, la nudité de la poitrine et les cheveux longs, doivent faire penser que cette figure est celle d'une femme.

Diamètre : 1 p. 9 lig.
Cabinet *Sykes*, n.º 1245. Planche d'argent.

Une Sainte martyre. Voyez n.º 164.
Martyre d'une Sainte. Voyez n.º 271.

* 212. *Une des Vierges folles.*

Hauteur : 1 p. 6 lig. Largeur : 1 p.
Cabinet *Durand*.

Saintes Femmes. Voyez n.ºs 154, 155.

SUJETS PIEUX.

Les trois Croix. Voyez n.º 153.
Les trois Clous de la Croix. Voyez n.º 384.
Le Jéhova. Voyez n.º 426.

VI. MYTHOLOGIE.

213. *Triomphe de Neptune.*

Le char de Neptune, dirigé vers la droite, est attelé de deux chevaux marins, conduits par deux tritons. Du même côté on voit un palmier, au tronc duquel est suspendue une tablette avec une marque très-légèrement tracée, qui paraît être M F. Le travail d'ailleurs dénote assez la main de Marc-Antoine, ainsi que l'a annoncé M. Ottley, dans son Catalogue de Marc-Sykes.

Largeur : 3 p. 9 lig. Hauteur : 2 p. 4 lig.
Bibliothèque du Roi.—*Cabinet Sykes*, n.° 1164. En 1824, cette épreuve a été vendue, à Londres, 10 guinées (250 fr.).

* 214. *Triomphe de Neptune.*

Le dieu de la mer, tenant son trident de la main gauche, est dans un char, dirigé vers la gauche, et traîné par deux chevaux marins, conduits chacun par un triton qui nage à côté d'eux ; au milieu de la marge d'en bas sont gravées les lettres · O · P · D · C ·, qui sont les initiales des mots *Opera Peregrini Da Cesena*.

Largeur : 2 p. 4 lig. ? Hauteur : 1 p. 2 lig., y compris la marge.
Cabinet Malaspina, Tom. II, pag. 7. Bartsch en a aussi donné la description dans *le Peintre-Graveur*, Tom. XIII, p. 208, n.° 5.

215. *Minerve.*

La déesse debout, presque de face, a la main droite élevée; elle tient de la main gauche sa lance et son bouclier, orné de la tête de Méduse. Au-dessus de la déesse sont des arabesques partant du milieu de la planche, et divisées en deux branches courbées de chaque côté. Quoique cette pièce ne porte pas de marque, je la crois de Peregrini.

Hauteur : 1 p. 4 lig. et demie. Largeur : 8 lig. et demie.
Cabinet Sykes, n.º 1170.

216. *Rome.*

La déesse, tournée vers la gauche, est assise sur un siége entouré de boucliers; elle s'appuie de la main gauche sur sa lance, et tient un globe dans la main droite. Dans le haut, une double guirlande de feuillage, tombant en festons, est accompagnée de petites banderoles.

Hauteur : 1 p. 4 lig. et demie. Largeur 9 lig. et demie.
Bibliothèque du Roi. — *Cabinet Sykes*, n.º 1178.

Minerve assise. Voyez n.º 19.

217. *Mercure debout.*

Quoique regardant à droite, Mercure paraît se diriger vers la gauche : il a son caducée dans la main droite, et tient un voile de la gauche. Dans le haut sont deux trous entourés d'arabesques.

Hauteur : 1 p. 3 lig. Largeur : 7 lig.
Cabinet Sykes, n.º 1171.

218. *Mercure et Bacchus enfant.*

Bacchus, enfant, est présenté par Mercure a Ino, sœur de sa mère : elle est à demi-couchée du côté gauche, et donne à téter à ses deux enfans, Léarque et Mélicerte. L'aigle de Jupiter paraît derrière Ino, et indique la protection que ce dieu accorde à l'enfant, dont il veut cacher l'existence à Junon.

<small>Hauteur : au milieu, 1 p. 9 lig. Largeur : 1 p. 8 lig.
Bibliothèque du Roi. — *Cabinet Sykes*, n.° 1172. — *Cabinet Woodburn.* Cette dernière épreuve est superbe.</small>

219. *Bacchanale.*

A gauche est Bacchus barbu, vêtu d'une longue robe, et tenant une coupe de la main gauche ; toutes les autres figures sont nues : un des faunes, à genoux, présente sa coupe pour qu'elle soit remplie. Du même côté, dans le fond, une bacchante tient la sienne élevée ; à droite, deux faunes ont aussi chacun une coupe pleine. Enfin, le dernier puise à deux mains dans une cuve de pierre que l'on voit au milieu du sujet, et qui est décorée de guirlandes. Le haut de cette pièce est orné d'une voûte à triple cintre, au milieu de laquelle est suspendu un globe. Sur les reins de la voûte des deux autres arcades, sont placés deux génies ailés à demi-couchés, tenant un flambeau d'une main, et de l'autre touchant des portions de cercles qui sont aux deux angles. Je crois ce nielle gravé par Peregrini.

Hauteur : 1 p. 9 lig. Largeur : 1 p. 5 lig.
Cabinet Sykes, n.º 1156. Cette épreuve est en encre bleue.

Une copie se trouve dans l'ouvrage de M. Ottley*.

220. *Triomphe de Mars.*

Le dieu de la guerre, couvert d'une cuirasse et d'un casque, est assis sur un char de triomphe, dirigé vers la gauche. Mars a le bras gauche appuyé sur un bouclier ; Vénus est assise sur ses genoux. L'Amour, debout sur un globe, se voit sur le devant du char attelé de deux lions, conduits chacun par un homme nu, montrant le char du Soleil, qui traverse le ciel en sens inverse du char de Mars. En avant se voient deux hommes, dont l'un tient un long bâton terminé par un croissant ; derrière le char, Mercure marche accompagné d'un autre homme : les chaînes qu'on leur voit dans les mains indiquent que l'Amour tient Mars enchaîné près de Vénus. Ce nielle est un des plus jolis pour la composition et le travail. La lettre P désigne le nom de Peregrini ; elle est tracée sur le globe qui supporte l'Amour.

Largeur : 1 p. 5 lig. Hauteur : 2 p. 2 lig. et demie.

Bartsch a donné la description de cette pièce, sans la connaître pour un nielle : elle se trouve dans

---

* *An Inquiry*, etc., Tom. II, pag. 572.

le Peintre-Graveur, Tom. XIII, pag. 207, n.º 4; mais je ne puis savoir si l'épreuve qu'il a vue est du premier ou du second état de la planche.

*I.*ᵉʳ *ÉTAT.* Le caractère des têtes a quelque mollesse, et il y a de l'indécision dans tout le travail. On a peine à distinguer la figure qui est sur le bouclier de Mars, ainsi que la bordure dont il est entouré; l'ornement dont le char est décoré, est aussi peu distinct; l'ombre du globe sur lequel est placé l'Amour est à peine indiquée, et la lettre est mal formée. En bas, à droite, en avant du pied gauche de Mercure, on voit deux brins d'une graminée semblable à celle qui est au pied du conducteur des lions; le terrain, au-dessous du char, est couvert de hachures, qui rendent le sujet un peu confus.

Bibliothèque du Roi.

*II.*ᵉ *ÉTAT.* Sur le bouclier de Mars, on voit bien distinctement une figure debout; les ornemens du char sont nettement tracés. Le globe sur lequel se tient l'Amour, est ombré avec soin, et la marque ℙ est très-visible. Le double brin d'herbe, au pied de Mercure, est effacé, et le terrain, sous le char, bien nettoyé, ce qui l'empêche de se confondre avec le fond, qui est très-noir.

Bibliothèque du Roi. — *Cabinet Sykes,* n.º 1125. En 1824, cette épreuve a été vendue, à Londres, 31 guinées (près de 800 francs).

221. *Sacrifice à Mars.*

A droite, sur le devant, est un autel orné d'un bas-relief ; auprès, sur un piédestal, on voit la statue du dieu des combats, debout, tenant un casque de la main droite : la victoire lui présente trois guerriers portant des enseignes et un trophée ; au milieu d'eux est un homme qui paraît conduire un taureau ; sur le devant, auprès de l'autel, est un chien flairant la terre. Je crois qu'on doit attribuer la gravure de cette pièce à Peregrini.

<small>Hauteur : 2 p. 3 lig. et demie. Largeur : 2 p. 3 lig.</small>

Ce nielle a été décrit par Bartsch, parmi les gravures des anciens maîtres italiens, dans *le Peintre-Graveur*, Tom. XIII, pag. 139, n.º 69 ; mais rien ne peut déterminer si l'épreuve qu'il a vue est du premier ou du second état de la planche.

Ier État. Dans plusieurs parties du fond, on ne voit qu'un simple rang de tailles ; les contours des figures seulement sont bien arrêtés ; le reste du travail est mou et indécis.

<small>*Bibliothèque du Roi.*</small>

IIe État. Le fond est couvert partout de tailles croisées et d'un noir bien égal, le travail des figures entièrement terminé et d'un joli effet.

<small>*Bibliothèque du Roi.* Cette épreuve est en encre bleue. — *Cabinet Sykes*, n.º 1193. En 1824, elle a été vendue, à Londres, 17 guinées (425 fr.). — *Cabinet Revil.* Cette épreuve vient du Cabinet Rossi.</small>

Mars debout. Voyez Dioméde, n.ᵒˢ 260 et 261.

222. *Une Muse.*

(1) Elle est vêtue à l'antique, assise, tournée vers la droite, et jouant d'une longue flûte à bec; à ses pieds est un luth; près d'elle un tambour-de-basque, et derrière, une basse avec un archet. Je crois ce nielle gravé par Peregrini. Pièce ronde.

Diamètre : 1 p. 2 lig. et demie.
Bibliothèque du Roi.

Le fond de cette pièce ne paraît pas entièrement terminé, ce qui me fait penser que c'est une épreuve d'un premier état; mais je n'en ai jamais vu d'autre.

223. *Une Muse.*

(11) Aussi vêtue à l'antique; elle est assise, tournée vers la gauche et jouant de la lyre : devant elle on voit une flûte, une harpe, et d'autres instrumens groupés aux pieds de quelques arbres. Je crois ce nielle gravé par Peregrini. Pièce ronde.

Diamètre : 1 p. 2 lig.

I.ᵉʳ ÉTAT. Le travail est indécis dans différentes parties, et le fond, en plusieurs endroits, n'est pas terminé.

Bibliothèque du Roi.

II.ᵉ ÉTAT. Le travail est plus régulier dans toutes ses parties, et le fond entièrement couvert de tailles croisées.

Bibliothèque du Roi. Cette épreuve, en encre bleue, vient de la collection Silvestre.

224. *L'Amour sur un Vase.*

L'Amour, debout sur un vase orné de deux anses, porte son arc dans la main droite, et de sa main gauche élevée, il tient une flèche. Du même côté, on aperçoit un bout de son carquois suspendu derrière lui; au-dessus est une banderole, dans laquelle est écrit en caractères renversés : A B O N A · FI N Le haut de cette pièce est cintré en contre-bas.

Hauteur : 2 p. 2 lig. Largeur : 5 lig.
Cabinet Sykes, n.º 1187.

225. *Statue de l'Amour.*

L'Amour, debout sur un piédestal rond, tient son arc de la main gauche, et de l'autre une flèche dont le fer est en bas. Au fond, on voit trois petits arbres; celui à gauche est sans feuilles; en haut sont deux petites rosaces en blanc, où devaient sans doute être faits des trous pour fixer la planche.

Hauteur : 1 p. 11 lig. Largeur : 10 lig.
Cabinet Sykes, n.º 1186.

226. *L'Amour debout sur un Vase où sont assis plusieurs Enfans.*

Sur le pied d'un grand vase d'orfévrerie est assis un enfant, tenant une torche de la main droite et une boule dans l'autre. Le ventre du vase est garni de quatre autres enfans assis. Les deux du milieu tiennent deux brandons allumés, et les deux autres des torches en forme de corne. Tout en haut du vase est un Amour ailé se tenant sur un seul pied, son arc à la main. Dans le haut, on voit deux ronds blancs dont les bords sont un peu festonnés. Je crois qu'on doit attribuer ce nielle à Peregrini.

Hauteur : 1 p. 5 lig. Largeur : 1 p.
Bibliothèque du Roi.

227. *Deux Amours près d'un tombeau.*

Deux Amours debout, appuyés sur une urne funéraire, de forme ronde et cannelée : ce groupe est posé sur une base ronde, qui se détache en blanc sur le fond. Toutes les ombres de ces figures sont en tailles croisées. Le travail est d'un bon goût, très-régulier, mais moins serré qu'il ne l'est ordinairement sur les nielles. Je crois que cette pièce est de la main de Marc-Antoine; cependant ce n'est pas l'opinion de M. Ottley.

Hauteur : 1 p. 1 lig. Largeur 1 p. 1 lig.
Cabinet Sykes, n.° 1185. En 1824, cette épreuve a été vendue, à Londres, 9 guinées (près de 240 francs).

228. *L'Amour sonnant de la trompette.*

L'Amour marche vers la gauche en sonnant de la trompette qu'il tient de la main droite : dans le fond, de ce côté, on voit deux trous entourés d'un petit rond blanc.

Largeur : 1 p. 1 lig. et demie. Hauteur : 9 lig.
Cabinet Sykes, n.° 1183.

* 229. *L'Amour sur un Aigle.*

L'Amour, tourné vers la droite, est à califourchon

sur un aigle bridé : il le pousse en le frappant avec un petit bâton qu'il tient de la main droite. Pièce ronde.

> Diamètre : 2 p. 4 lig.
> Bartsch a décrit ce nielle, parmi les gravures des anciens maîtres italiens, dans *le Peintre-Graveur*, Tom. XIII, pag. 99, n.º 2.

*230. *L'Amour tenant des pavots.*

L'Amour, marchant vers la droite, tient une tête de pavot de la main droite, et deux autres de la main gauche. Une quatrième est jetée à terre entre ses pieds. Pièce ronde.

> Diamètre : 1 p. 11 lig.
> Bartsch a décrit ce nielle, parmi les gravures des anciens maîtres italiens, dans *le Peintre-Graveur*, Tom. XIII, pag. 99, n.º 1.

231. *L'Amour sur un aigle.*

L'Amour est assis sur l'aigle de Jupiter, tourné vers la gauche, et tenant dans sa main droite la boule du monde. Cette allégorie dénote que l'Amour exerce son empire sur le maître des dieux aussi bien que sur les hommes.

Ce nielle est un des plus petits où se trouve une figure entière, sa dimension n'excédant pas celle des médaillons où se voient seulement des bustes. Il fait pendant au n.º 286.

> Diamètre : 8 lig. et demie.
> *Cabinet Sykes, n.º* 1188.

L'Amour les mains liées. Voyez App. Q.

L'Amour couché sur un Dauphin. Voy. App. R.

232. *Psyché*.

On voit Psyché assise sur un banc de gazon, au pied d'un arbre auquel elle est attachée; derrière elle est une figure nue avec des ailes qui ressemblent à celles de l'Amour plutôt qu'à celles de Zéphir. Dans le fond, sur la mer, on aperçoit le monstre qui vient pour dévorer Psyché. Au milieu, en bas, se voit une marque ressemblant à la lettre P. L'épreuve de ce nielle est en encre bleue, ce qui dénote sa grande ancienneté : le travail en est très-joli; et je crois qu'on peut regarder cette pièce comme de la main de Peregrini.

Hauteur : 1 p. 3 lig. Largeur : 10 lig.

Cabinet Sykes, n.º 1117.

233. *Jugement de Pâris*.

Le berger, assis à droite, a un chien à ses pieds; de la main gauche, il offre la pomme à Vénus, qui est à gauche accompagnée des deux autres déesses. Le fond représente un pays montueux. Le bord inférieur de cette estampe est terminé par une ligne serpentant à trois reprises; dans le haut, il n'y a pas de trait carré. Cette pièce a été fixée au moyen de trois trous, deux du côté gauche et un dans le haut.

Hauteur : 2 p. 2 lig. environ. Largeur : 1 p. 7 lig.

Cabinet Durazzo. Décrit, parmi les copies de nielles, dans *le Peintre-Graveur*, Tom. XIII, pag. 55, n.º 14.

234. *Les trois Déesses et la Discorde.*

Cette composition singulière, et souvent répétée par les vieux-maîtres, a été regardée, tantôt comme les trois Grâces, tantôt comme des sorcières au sabat, ou enfin comme quatre femmes réunies, et invoquant la Providence pour se garantir des tentations du démon. Ce nielle présente des caractères qui ne peuvent laisser de doute sur l'intention de l'auteur, qui a supprimé quelques-uns des accessoires de la composition d'Albert Durer, pour les remplacer par d'autres plus significatifs. Au milieu d'une salle avec deux portes, dont celle à droite est cintrée, sont quatre femmes nues; deux, vues par le dos, occupent la gauche de l'estampe; les deux autres sont vues par devant, et placées à droite, l'une derrière l'autre. La première, à gauche, tient une corne d'abondance, et paraît être Vénus. Celle du milieu tient une plume de paon, qui désigne Junon; la troisième, qui porte un miroir, est Minerve. Dans cette supposition, la quatrième femme doit être la Discorde, venant de jeter la pomme en disant : PULCRIORI : mot que l'on voit tracé sur le globe qui est au-dessus de la tête des déesses. La dernière lettre n'est cependant pas visible.

Hauteur : 2 p. 2 lig. Largeur : 1 p. 8 lig.
Bibliothèque du Roi. — *Cabinet Woodburn.*

Heinecken[1] et Zani[2] ont connu ce nielle, qu'ils regardent comme une copie du même sujet, gravé par Nicolas Rosex, avec la date de 1500; je serais tenté de le croire plus ancien, et je pense qu'on peut le faire remonter à l'année 1495, adoptant pour cela l'opinion de M. Ottley, qui pense que la pièce d'Albert Durer est de 1494, et non pas de 1497. En effet, le dernier chiffre ᚷ étant mal imprimé, il a pu être facilement pris pour un ᚾ. Bartsch[3] parle aussi de cette pièce attribuée à Nicolas Rosex, mais je pense qu'il ne l'a pas vue : car après l'avoir donnée, dans le Catalogue d'Albert Durer, comme une copie faite par le graveur italien, d'après le peintre allemand, il n'en reparle pas à l'article du graveur. Il prétend aussi que l'une des déesses tient une pique et l'autre une fourche; tandis que dans le nielle on distingue facilement une plume de paon et une corne d'abondance. N'ayant pas vu la gravure de Nicolas Rosex, je ne puis savoir s'il s'est trompé dans la définition de ces attributs, ainsi que dans l'inscription qu'il dit être, DETUR PULCHRIORI; tandis que les traces, qu'on aperçoit sur le haut du globe, ne suffisent pas pour faire reconnaître le premier de ces deux mots.

---

[1] *Idée générale*, pag. 224, note *f*.
[2] *Materiali*, etc., pag. 7.
[3] *Le Peintre-Graveur*, Tom. VII, pag. 98, n.° 75.

235. *Léda.*

Léda, assise au pied d'un arbre garni de pampre, à la droite de l'estampe, est caressée par Jupiter, sous la forme d'un cygne, qu'elle tient fortement embrassé. Dans le fond, on aperçoit une ville, quelques montagnes, et le bord de la mer. Je crois ce nielle gravé par Peregrini.

Hauteur : 2 p. 1 lig. Largeur : 1 p. 4 lig. et demie.
Bibliothèque du Roi.

236. *Triomphe de Galathée.*

La nymphe, tournée vers la gauche, se tient debout sur une grande conque attelée de deux dauphins. Elle est accompagnée de tritons et de néréides, qui nagent autour d'elle, et de plusieurs amours qui voltigent en l'air. Le fond est couvert de tailles croisées.

Hauteur : 3 p. 3 lig. Largeur : 2 p. 4 lig.
Cabinet Sykes, n.° 1163. — *Cabinet Woodburn.*

Le triomphe de Galathée, peint au Vatican par Raphaël, a été gravé par Marc-Antoine, et ce nielle est sans doute une copie faite d'après son estampe, puisqu'il porte la tablette de ce graveur. Mais le fond, couvert de tailles croisées, doit faire regarder cette pièce comme l'épreuve d'un nielle, probablement l'un des plus modernes, l'usage des bijoux de cette nature ayant entièrement cessé dès le commencement du XVI.e siècle, comme nous l'apprend Cellini*. De même que l'on voit aujourd'hui faire en émail des copies de tableaux célèbres, quelque amateur de ce temps, voulant sans doute posséder cette belle composition de Raphaël, aura cru en rendre le souvenir plus durable, en la faisant tracer sur une lame d'argent couverte d'un émail inaltérable. Il s'est bien trompé. La planche d'argent n'existe probablement plus; on peut croire qu'elle a été fondue pour recouvrer la faible valeur du métal; tandis que, malgré la fragilité du papier, on trouve encore beaucoup d'épreuves de la gravure de Marc-Antoine.

Nymphe accompagnée d'un Triton et d'un Amour. Voyez App. S.

237. *Nymphe liée à un arbre.*

Une nymphe nue, liée à un arbre par un satyre et un faune : le satyre est à droite. Au milieu du bas est une marque que je crois être celle de Peregrini.

Hauteur : 1 p. 6 lig. Largeur : 10 lig.

Cabinet Sykes, n.° 1177.

238. *Triton caressant une Nymphe.*

Un des suivans de Neptune, nageant vers la droite, paraît caresser une nymphe, et la presser de céder à ses désirs. Le travail de ce nielle est fin et joli; il ressemble beaucoup à celui de Peregrini.

Largeur : 1 p. 7 lig. Hauteur : 11 lig.

Cabinet Sykes, n.° 1161.

---

* *Trattato dell' Oreficeria*, etc., cap. XXI. pag. 24.

239. *Dieu marin et Néréide.*

Un dieu marin est assis sur un cheval à queue de poisson, et se dirige vers la gauche. Une néréide, à califourchon sur ses genoux, se tient de la main droite à son cou, et de l'autre à la crinière du cheval. Autour est une bordure de perles.

Diamètre : 2 p. Sans la bordure : 1 p. 9 lig.
Cabinet Durazzo. Décrit, parmi les copies de nielles, dans *le Peintre-Graveur*, Tom. XIII, pag. 55, n.° 13.

* 240. *Triton avec un sabre.*

Un homme à cheval sur un dauphin, tourné à droite, et tenant un sabre de la main droite.

Hauteur : 1 p. 8 lig. Largeur : 1 p.
Cabinet Malaspina. Tom. II, pag. 9.

241. *Amymone enlevée par un Triton.*

Sur la queue d'un triton, vu de profil et tourné vers la droite, est assise une nymphe qui paraît au désespoir, la tête renversée en arrière, et la main droite appuyée sur l'épaule de son ravisseur. Le caractère de la figure du triton est tout-à-fait bizarre. Sa tête a pour ornement les ailes et la queue d'un dragon. Je crois ce nielle gravé par Marc-Antoine, d'après le dessin d'un maître allemand.

Diamètre : 1 p. 5 lig.
Bibliothèque du Roi.

242. *Une Femme avec trois Hommes et un Satyre.*

Au milieu de ce morceau, une femme, presque

nue, est assise entre deux hommes, dont l'un porte au bout d'une lance une tête de bœuf, accompagnée de celles d'un sanglier et d'un lion; l'autre homme tient de la main gauche une espèce de bouclier carré, sur l'angle duquel on voit voltiger un petit amour; de la main droite, il tient une torchère, à laquelle un autre homme allume un flambeau. Vers le fond, à droite, paraît un satyre qui arrive portant sa femme à califourchon sur ses épaules : autour est un double trait. Je pense que ce nielle est de la main de Peregrini.

Diamètre : 2 p. 2 lig.

Cabinet Sykes, n.° 1153. — *Cabinet Woodburn*. Bartsch a décrit ce nielle, parmi les gravures des anciens maîtres italiens, dans *le Peintre-Graveur*, Tom. XIII, pag. 101, n.° 6.

243. *Une Femme avec trois Hommes et un Satyre*.

Même composition et dans le même sens ; aussi avec un double trait tout autour, mais d'un travail moins fin et d'un dessin moins correct. M. Ottley pense que ce nielle est de François Francia.

Diamètre : 2 p. 2 lig.

I.er ÉTAT. Le fond, dans plusieurs parties, n'est couvert que de simples tailles diagonales.

Cabinet Brisard.

II.ᵉ État. Le fond entièrement couvert de tailles croisées.

Cabinet Sykes, n.° 1152. En 1824, cette épreuve a été vendue, à Londres, 14 guinées (350 francs).

244. *Une Femme avec trois Hommes et un Satyre.*

Même sujet, en sens opposé, et bien inférieur pour le dessin et la gravure. Le fond n'est coloré que pour former le contour de chacune des figures; il se trouve des parties où les tailles ne sont pas croisées, mais simplement en diagonale, descendant de gauche à droite. La gravure est aussi entourée d'un double trait.

Il est à remarquer que les deux épreuves que j'ai vues de ce nielle ne sont terminées ni l'une ni l'autre.

Diamètre : 2 p. 4 lig.

Cabinet Sykes, n.° 1154. — Cabinet Woodburn.

* 245. *Hercule et Cacus.*

Le héros saisit Cacus par les cheveux, et lutte avec lui.

Largeur : 2 p. Hauteur : 1 p. 4 lig.

Cabinet Malaspina. Tom. II, pag. 7.

246. *Hercule étouffant Antée.*

Hercule, vu par le dos, tient dans ses bras Antée qu'il a soulevé de terre : à droite et à gauche sont deux petits arbres; dans le haut, de chaque côté, on voit deux nuages. Je crois cette pièce gravée par Peregrini.

Hauteur : 1 p. 5 lig. Largeur : 10 lig.

Cabinet *Sykes*, n.º 1165. Cette épreuve est en encre bleue.
— Cabinet *Malaspina*, Tom. II, pag. 7.

247. *Hercule tuant l'Hydre.*

Vu de profil, Hercule lève sa massue de la main droite pour écraser l'hydre; de la main gauche, il prend l'une des trois têtes du monstre, tandis que les deux autres têtes saisissent Hercule, l'une au genou et l'autre au bras. Dans le fond, à droite, on aperçoit deux arbres. Ce nielle est certainement gravé par Peregrini.

Hauteur : 1. p. 9 lig. Largeur : 1 p. 2 lig.

Bibliothèque du Roi. — Cabinet *Sykes*, n.º 1167. Cette épreuve est en encre bleue, ce qui dénote toujours une grande ancienneté.

248. *Hercule tuant l'Hydre.*

Le demi-dieu est vêtu d'un manteau dont les deux coins sont noués à son cou; par derrière, il tombe presque jusqu'aux jarrets. Le héros tient un flambeau de la main gauche, et de la droite l'une des têtes de l'hydre; la queue du monstre est entortillée autour d'une des jambes d'Hercule. Dans le fond, à droite, on voit un temple surmonté d'une coupole; derrière est un arbre.

Largeur : 1 p. 4 lig. et demie? Hauteur : 1 p. 1 lig.?

Cabinet *Sykes*, n.º 1169. L'épreuve que j'ai vue est, je crois, un peu roguée.

249. *Hercule combattant l'Hydre.*

A gauche est Hercule, tenant sa massue élevée de la main droite, et l'hydre de la main gauche : en bas, au milieu, est la marque P, qui dénote le nom de Peregrini.

Dimension au trait carré. Largeur : 1 p. 2 lig. Hauteur : 1 p. (a).
Avec la marge : 1 p. 3 lig. Hauteur : 1 p. 1 lig. et demie.

I.er État. Il présente un travail peu assuré, et la lettre P est difficile à reconnaître.

Cabinet *Sykes*, n.º 1116. — Cabinet *Durazzo*. Décrit, parmi les copies de nielles, dans *le Peintre-Graveur*, Tom. XIII, pag. 54, n.º 12.

II.e État. L'épreuve est très-colorée et brillante. Je ne peux rien dire de la marque, le papier ayant été gratté à cette place.

Cabinet *Sykes*, n.º 1168.

* 250. *Hercule vainqueur de Cerbère.*

Cette composition est de la même grandeur que l'Hercule combattant l'hydre, qui vient d'être décrit sous le n.º 249.

Largeur : 1 p. 3 lig. Hauteur : 1 p.
Cabinet *Malaspina*, Tom. II, pag. 7.

251. *Hercule domptant le Taureau.*

Hercule, entièrement nu, est vu de profil : il tient par les deux cornes le taureau de Marathon, qu'il a renversé à terre, et par-dessus lequel il passe

---

(a) Bartsch donne en hauteur, 1 p. 10 lig. C'est sans doute une faute d'impression.

la jambe droite. Dans le fond, à droite, est un arbre contre lequel est appuyée la massue d'Hercule.

Diamètre : 1 p. 3 lig.
Bibliothèque du Roi.

252. *Hercule domptant le Lion de Némée.*

A droite est Hercule, le pied droit élevé, ouvrant avec ses deux mains la gueule du lion qu'il déchire avec force : au-dessus est une banderole, sur laquelle est écrit, à rebours, le mot ERCVLE. Dans le haut se trouvent deux petits trous entourés d'un rond blanc.

Hauteur : 1 p. 3 lig. Largeur : 10 lig.
Cabinet Sykes, n.° 1166.

253. *Hercule et Déjanire.*

Debout, vis-à-vis l'un de l'autre, les deux amans se tiennent embrassés; au-dessus de leurs têtes est une grande banderole sur laquelle on lit, à gauche, HERCVLE; et à droite, DIEANIRA. Au milieu de la marge du bas se trouve la lettre P, qui est la marque de Peregrini.

Hauteur : 1 p. 10 lig. Largeur : 1 p. 2 lig.
Bibliothèque du Roi. Cette épreuve vient du Cabinet Rossi. — *Cabinet Durazzo.* Décrit, parmi les copies de nielles, dans le *Peintre-Graveur*, Tom. XIII, pag. 54, n.° 11. — *Cabinet Malaspina*, Tom. II, pag. 7.

254. *Hercule vaincu.*

Hercule, entièrement nu, est assis, les mains liées derrière le dos, au pied d'un arbre où est suspendu son carquois; sa peau de lion est près de lui à droite. Dans le fond, à gauche, un laurier; en haut, deux trous entourés en blanc. Ce nielle est d'un très-joli travail.

<small>Hauteur : 1 p. 3 lig. Largeur : 7 lig.
Cabinet Sykes, n.º 1176.</small>

255. *Orphée*.

Orphée, jouant de la guitare, est assis au milieu de l'estampe contre un arbre desséché, sur lequel viennent se percher plusieurs oiseaux; à ses pieds sont couchés quelques animaux, entre autres un lion qui n'est vu qu'en partie, une biche et un lapin. En bas est une marge d'une ligne et demie, où sont les lettres O · P · D · C·, qui s'expliquent par les mots *Opera Peregrini da Cesena*.

<small>Hauteur : 1 p. 9 lig. et demie? Largeur : 1 p. 1 lig.
Cabinet Sykes, n.ᵒˢ 1126 et 1127. Cette pièce est décrite dans le *Peintre-Graveur*, Tom. XIII, pag. 208, n.º 6.</small>

Des deux épreuves que j'ai vues dans le cabinet Sykes, l'une est en encre bleue et assez fine; si l'autre présente quelques différences, c'est seulement dans l'impression, car je n'ai pu en trouver dans le travail de la gravure. L'épreuve m'a paru lourde.

256. *Orphée*.

Composition en sens opposé à celle qui vient d'être décrite : dans le haut, deux trous entourés d'une quinte-feuille.

<small>Hauteur : 1 p. 10 lig. Largeur : 11 lig.
Cabinet Sykes, n.º 1173.</small>

257. *Arion sauvé par un Dauphin.*

Le poète, couronné de laurier et la tête barbue, est porté par un dauphin : il tient un violon et un archet de la main gauche, tandis que l'autre main est élevée; sa marche se dirige vers la droite. Dans le fond, du même côté, on aperçoit le vaisseau d'où il s'est précipité; et à gauche, quelques tours de la ville de Corinthe. Ce nielle est probablement gravé par Peregrini.

Hauteur : 1 p. 6 lig. Largeur : 10 lig. et demie.

Bibliothèque du Roi. — *Cabinet Malaspina*, Tom. II, pag. 9.

258. *Arion abordant au Pirée.*

Sans barbe, et la tête ceinte d'un simple bandeau, Arion est assis sur un dauphin : il tient un violon de la main gauche, et un archet de la droite; sa marche est dirigée vers la gauche de l'estampe. Dans le fond sont plusieurs montagnes, sur lesquelles on voit, à droite, quelques arbres, et à gauche une église, dont la tour est ornée d'une croix qui se perd au milieu des nuages. Ce nielle est probablement gravé par Peregrini.

Hauteur : 1 p. 1 lig. et demie. Largeur : 11 lig.

Bibliothèque du Roi. — *Cabinet Sykes*, n.° 1175. En 1824, cette épreuve fut vendue, à Londres, 10 guinées (250 fr.).

L'épreuve que j'ai vue dans le cabinet Sykes m'a paru semblable à celle de la Bibliothèque du Roi, et je la crois de la même planche; cependant il existe une différence entre elles dans la tour de l'église, au fond, à gauche. Dans celle de la Bibliothèque, la tour est surmontée d'une croix; dans l'autre, elle se termine par une espèce de petit belvédère.

259. *Pyrame et Thisbé.*

Pyrame, couché sur le dos, est percé d'une épée, sur laquelle il se serait jeté à la renverse. Thisbé, à droite, va se précipiter sur la pointe de la même arme. On voit, à droite, une tour avec quelques nuages; à gauche, un arbre; et dans le fond, un tombeau. Ce nielle est d'un joli travail.

<small>Hauteur : 1 p. 8 lig. Largeur : 8 lig. et demie.</small>

<small>*Cabinet Sykes*, n.º 1174. En 1824, cette épreuve fut vendue, à Londres, près de 10 guinées (240 francs).</small>

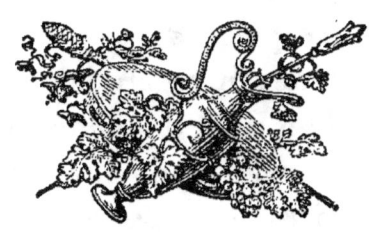

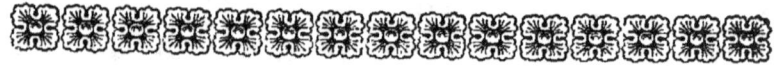

VII. HISTOIRE PROFANE.

260. *Diomède enlevant le Palladium.*

Le guerrier est vu de face, le casque en tête, et s'appuyant sur son bouclier de la main droite, tandis que de l'autre il tient le palladium. La figure est entièrement nue; un voile léger voltige sur ses bras, et une cuirasse est placée à terre, du côté droit. Dans la marge du bas sont les lettres · O · P · D · C · Ces quatre lettres sont les initiales des mots *Opera Peregrini da Cesena.*

La seconde lettre de cette marque étant barrée comme l'est toujours la marque P, et le travail de ce nielle étant parfaitement semblable à celui des autres pièces marquées P, c'est en la voyant que j'ai pensé qu'on devait regarder ces deux marques comme étant toutes deux du même orfévre-nielleur, dont enfin je trouvai le nom entier sur la Résurrection de Jésus-Christ, n.° 122. *Voyez* la dissertation à ce sujet, dans la première partie de cet Ouvrage, pages 69 et suivantes.

Hauteur : 1 p. 6 lig. Largeur : 10 lig. et demie. La marge a un peu plus d'une ligne.

Bibliothèque du Roi. — *Cabinet Malaspina*, Tom. II, pag. 8.

Essai sur les Nielles, p. 236, n.º 260.

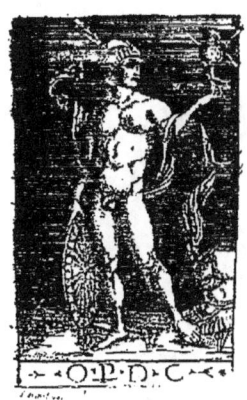

D'après l'épreuve Originale de

PEREGRINI

à la Bibliothèque du Roi.

Lith. de Villain

* 261. *Diomède enlevant le Palladium.*

Figure semblable à la précédente, mais d'une dimension un peu plus grande, et avec un paysage dans le fond. Dans le haut est un cartouche, où se trouvent les lettres O. P. A. D. C. à rebours; ce qui doit encore être une marque de Peregrini, malgré la lettre A qui s'y trouve, et dont la signification pourrait être *Opera Peregrini Artefice da Cesena.* Peut-être aussi pourrait-on penser que la lettre A désigne le copiste, qui aurait placé sa marque au milieu de celle de Peregrini. Malgré la singularité que cela présente, on peut former cette présomption, en voyant un nielle de Peregrini copié par un artiste qui a employé la lettre A. *Voyez* n.º 267.

Hauteur : 2 p. 10 lig. Largeur : 1 p. 8 lig.
Cabinet Malaspina. Tom. II, pag. 8.

262. *Artaxerce recevant la tête de Cyrus.*

A droite, sur un trône, est assis Artaxerce; derrière est un guerrier debout, les deux mains appuyées sur son épée; devant lui, un homme à genoux présente dans un bassin la tête du jeune Cyrus; trois autres personnes sont debout, à gauche. Sur l'estrade du trône où est assis Artaxerce, on lit le mot CIRRO. Le haut de la pièce est chantourné; les coins sont en blanc.

Largeur : 2 p. 5 lig. Hauteur : 1 p. 6 lig.
Cabinet Sykes, n.º 1149. En 1824, cette épreuve a été vendue, à Londres, 10 guinées (250 fr.).

263. *Mucius Scevola.*

Sur un trône, qui occupe la droite, est assis Porsenna, tourné de profil. Mucius Scevola, tenant son épée, met la main au-dessus d'un brasier qui est près du trône, sur le devant; à la suite du héros romain, on voit plusieurs guerriers à cheval, d'autres tiennent diverses enseignes. Sur la marche du trône est la lettre P, qui est la marque de Peregrini.

Dimension de la gravure. Largeur : 2 p. 11 lig. Hauteur : 2 p.
Dimension de la planche. Largeur : 3 p. Hauteur : 2 p. 1 lig.
Cabinet Sykes, n.º 1120. En 1824, cette épreuve fut vendue, à Londres, 14 guinées (350 francs). — *Cabinet Durazzo.* Décrit, parmi les copies de nielles, dans *le Peintre-Graveur*, Tom. XIII, pag. 53, n.º 10. — *Cabinet Buckingham.* Cette épreuve vient du Cabinet Durand. — *Cabinet Malaspina*, Tom. II, pag. 7.

Triomphe de César. Voyez n.º 401.

Marche d'une Armée romaine. Voyez n.º 401.

* 264. *Germanicus haranguant son Armée.*

Largeur : 3 p. Hauteur : 2 p.
Cabinet Durand.

265. *Allocution.*

Un général romain, accompagné d'un autre guerrier, est debout, à droite, sur une estrade; il paraît haranguer trois soldats : l'un d'eux tient une torchère; les deux autres portent des trophées au bout de leurs lances. Pièce ovale.

Hauteur : 1 p. 3 lig. Largeur : 1 p. 1 lig.
Cabinet Durazzo. Décrit, parmi les copies de nielles, dans *le Peintre-Graveur*, Tom. XIII, pag. 59, n.º 24.

266. *Apothéose.*

A la droite de ce morceau, un homme nu, ayant un casque sur la tête, est debout près d'un autel antique, où est placé un aigle, emblême de l'âme de l'empereur dont on fait l'apothéose. A gauche, une jeune femme habillée à l'antique, tient de la main gauche un vase, dont elle se sert pour faire une libation sur l'aigle. Le haut est divisé en trois portions de cintre : dans les deux angles sont deux têtes de chérubins; au milieu de la marge d'en bas est la lettre ₽, qui est la marque de Peregrini.

Hauteur : 1 p. 7 lig. Largeur : 11 lig.
Avec la marge : 1 p. 8 lig. et demie.

Cabinet Sykes, n.º 1128. Bartsch a décrit ce nielle, parmi les pièces du maître au ₽, dans *le Peintre-Graveur*, Tom. XIII, pag. 209.

267. Copie en sens inverse, et qui ne doit pas être prise pour un nielle : la gravure en est dure, et paraît de la fin du XVI.e siècle; elle est plus grande que l'original : le haut en est carré, et dans la marge du bas est la lettre A.

Cette copie a été citée par M. Brulliot, dans la Table générale des monogrammes, page 7, n.º 8. Elle se trouve également dans le Catalogue du marquis de Malaspina, Tome II, page 8, où elle est confondue parmi les épreuves de nielles. Elle était aussi dans le Catalogue du chevalier Marc-Sykes, sous le n.º 1129.

Hauteur : 2 p. 7 lig. Larg. : 1 p. 10 lig.

268. *Sacrifice devant un Temple.*

Sur le devant, au milieu, un homme à genoux tient arrêté un taureau, en le saisissant de la main gauche par une de ses cornes, et le tenant de la droite par le mufle; un autre homme debout, de l'autre côté de la victime, s'apprête à la frapper. A droite, on voit du feu sur un trépied; auprès est un homme debout, vu de profil; à gauche, une femme aussi debout tient une coupe à la main. Le fond représente le portail d'un temple avec six colonnes cannelées, d'ordre corinthien.

La gravure de cette pièce est fine, et dans la manière de Jean-Antoine de Brescia. Le fond n'est composé que d'un seul rang de tailles en diagonale, descendant de gauche à droite. Le médaillon n'est pas entouré d'un double trait, mais il a une marge de près d'une ligne.

Diamètre de la gravure : 1 p. 10 lig. Diamètre de la planche : 2 p. *Cabinet Sykes*, n.º 1155.

DEUX SACRIFICES.

Ces deux médaillons, de la même grandeur et avec la même bordure, sont gravés sur la même planche.

Largeur : 4 p. 8 lig. Hauteur : 2 p. 1 lig.

269. *Sacrifice d'une Truie.*

(1) Sur le devant, au milieu, deux hommes nus à genoux tiennent une truie, que l'un d'eux va

PARTIE DESCRIPTIVE. 241

égorger; dans le fond, un grand nombre de personnes, dont une, à droite, sonne de la trompette.

Diamètre : { sans bordure : 1 p. 8 lig. et demie.
avec la bordure : 1 p. 11 lig.

Cabinet Sykes, n.º 1151. — *Cabinet Buckingham.*

270. *Sacrifice de Parfums.*

(11) Un guerrier debout, tourné vers la gauche, près d'un autel, sur lequel un sacrificateur jette de la main gauche des parfums, renfermés dans une cassette qu'il tient de la main droite. On voit, à droite, plusieurs guerriers; à gauche, derrière l'autel, des femmes et un vieillard, près du sacrificateur.

Diamètre : { sans bordure : 1 p. 8 lig. et demie.
avec la bordure : 1 p. 11 lig.

Cabinet Sykes, n.º 1151. — *Cabinet Buckingham.*

271. *Condamnation à mort.*

Un proconsul romain, sur un siége surmonté d'un aigle, ordonne l'exécution d'une sainte à genoux devant lui, et à laquelle on va trancher la tête. A droite sont deux soldats : l'un d'eux tient un étendard sur lequel on lit DECRETO. Le fond représente un péristyle à colonnes, et voûté avec une clef retombante au milieu.

Hauteur : 2 p. Largeur : 1 p. 5 lig.

Cabinet Sykes, n.º 1146. En 1824, cette épreuve a été vendue, à Londres, 11 guinées (environ 280 francs).

272. *Guerrier portant un Trophée.*

Un homme, vu de profil et marchant vers la

16

droite, tient une lance de la main droite, et de l'autre il porte sur son épaule une haste, dont le bout est surmonté d'un trophée d'armes : à droite et à gauche on voit deux colonnes tronquées ; sur le piédestal de celle à gauche, on lit : DIVO MARTI. Le fond est noir.

<small>Hauteur : 1 p. 4 lig. Largeur : 1 p. 1 lig.</small>

<small>Bartsch a décrit ce nielle, parmi les gravures des anciens maîtres italiens, dans *le Peintre-Graveur*, Tom. XIII, pag. 291, n.° 66.</small>

273. *Guerrier romain.*

Un guerrier vu de face, ayant la tête de profil tournée vers la droite : il est couvert d'une cuirasse ; son bras est armé d'un bouclier ; il a sur la tête un casque surmonté de très-grandes plumes. Le fond est orné de quelques arabesques. Je crois ce nielle gravé dans le commencement du XVIe siècle. Forme ovale.

<small>Hauteur : 2 p. 4 lig. Largeur : 1 p.
Bibliothèque du Roi.</small>

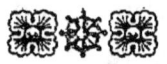

VIII. SUJETS DIVERS.

274. *Un Enseigne.*

Un guerrier du XV.ᵉ siècle, la main gauche placée sur la poignée de son épée, et tenant de la main droite un drapeau déployé : sa toque est garnie de plumes qui retombent sur son épaule. Le fond est noir, mais les terrasses ne paraissent pas terminées. A gauche est un tronc d'arbre sur lequel est un cartouche carré où se trouve la lettre P, qui désigne le nom de Peregrini. M. Ottley pense que cette pièce est d'après le dessin d'un maître allemand.

Hauteur : 1 p. 10 lig. Largeur : 1 p. 4 lig.
Cabinet Sykes, n.° 1116.

275. *Champions se battant entre deux armées.*

Quatre hommes se battent au milieu de plusieurs guerriers : deux des champions sont déjà renversés, et les deux autres lèvent leur sabre pour les exterminer. A gauche sont trois soldats seulement; tandis qu'à droite, un grand nombre de guerriers paraît s'apprêter à quitter le lieu du combat. Je crois ce nielle du commencement du XVI.ᵉ siècle.

Largeur : 3 p. Hauteur : 1 p.
Bibliothèque du Roi.

276. *Trois Guerriers à cheval.*

Trois hommes à cheval se battant : ils tiennent chacun un bouclier de la main droite; l'un d'eux est armé d'une épée, les deux autres ont des lances. Ces deux derniers sont à gauche; derrière eux est un arbre sans feuilles. La terrasse est en blanc, avec quelques touffes de graminées. Ce nielle est un des plus beaux pour le travail; l'impression en est un peu bleue.

Largeur : 3 p. 10 lig. Hauteur : 1 p. 9 lig. et demie.
Cabinet Sykes, n.º 1194. En 1824, cette épreuve a été vendue, à Londres, 32 guinées (800 francs).

277. *Trois Guerriers.*

Trois hommes, dans le costume du XVI.ᵉ siècle, vus de face et debout : leurs bonnets sont ornés de très-grandes plumes; le guerrier à gauche est un fifre; au milieu est un tambour; un porte-drapeau occupe la droite. Ce nielle pourrait bien être gravé d'après le dessin d'un maître allemand.

Largeur : 2 p. 1 lig. Hauteur : 2 p.
Bibliothèque du Roi.

278. *Deux Chevaliers combattant.*

Deux cavaliers, couverts de cuirasses, la visière baissée, et tenant une grande épée de la main gauche, courent l'un contre l'autre; celui de droite tient son épée la pointe basse; tandis que l'autre a le bras élevé pour frapper son adversaire : deux banderoles se voient au-dessus de leur tête.

PARTIE DESCRIPTIVE.   245

Dans le fond, à gauche, est un arbre d'une forme assez agréable. Je crois ce nielle gravé par Peregrini.

Largeur : 2 p. 3 lig. Hauteur : 1 p. 8 lig.
Bibliothèque du Roi. Cette épreuve est en encre bleuâtre.

* 279. *Combat de Cavalerie.*

Diamètre : 2 p. 3 lig.
Cabinet Durand.

* 280. *Un Homme à cheval.*

Un homme à cheval, vêtu à la manière orientale, et courant au grand galop vers la droite.

Diamètre : 1 p.

Cabinet Malaspina, Tom. II, pag. 9.

281. *Deux Hommes se battant.*

Deux hommes nus paraissent se battre avec des espèces de branches d'arbres. Celui à gauche est vu par le dos, et tient un bouclier du bras droit; l'autre est sur un cheval qui se cabre. Dans le haut sont deux ronds en blanc, entourés d'arabesques en feuilles d'acanthe. Je crois qu'on doit attribuer ce nielle à Peregrini.

Hauteur : 1 p. 7 lig. Largeur : 1 p.
Bibliothèque du Roi. — Cabinet Sykes, n.º 1191.

282. *Deux Chasseurs.*

Deux hommes, dans le costume du XV.ᵉ siècle, vus de profil, et dirigeant leur marche vers la gauche : celui de devant tient deux flèches à la main. Cette composition est renfermée dans un trait carré fort épais. Au-dessus est une tête de chérubin, vue de face; au-dessous, un barbouillage, dans lequel j'ai cru apercevoir un masque barbu renversé.

Dimension de la composition. Hauteur : 1 p. Largeur : 9 lig.
Dimension au trait carré. Haut. : 1 p. 3 lig. et demie. Larg. : 8 lig.
Dimension de la planche entière. Hauteur : 2 p. et une demi-ligne. Largeur : 9 lig.

Bibliothèque du Roi.

Je crois ces trois morceaux gravés sur la même planche, mais destinés à être divisés pour orner une gaine, dont la pointe ne m'est pas connue. *Voyez* n.ᵒˢ 405, 406 et 407.

283. *Homme renversé par un Lion.*

Un lion, vu de profil et tourné vers la droite, vient de renverser un homme qu'il va dévorer : à gauche, on voit deux petites rosaces en blanc, avec un trou au milieu. Le bord de la planche s'élargit un peu par le haut, à droite.

Largeur : 1 p. 11 lig. Hauteur : { à gauche, 11 lig.
{ à droite, 11 lig. et demie.

Cabinet Durazzo. Décrit, parmi les copies de nielles, dans le *Peintre-Graveur*, Tom. XIII, pag. 60, n.° 26.

284. *Trois Hommes relevant un Cheval.*

Un cheval tombé est entouré par trois hommes qui cherchent à le relever : l'un d'eux est vu par le dos; celui à droite est presque de profil; le troisième, derrière le cheval, est vu de face. Cette pièce est contournée d'une manière bizarre, mais régulière.

>Dimension de la gravure. Largeur : 1 p. 6 lig. et demie. Hauteur : 1 p. 6 lig.
>
>Dimension de la planche. Largeur : 1 p. 7 lig. et demie. Hauteur : 1 p. 7 lig.

Il y a deux états différens.

I.er ÉTAT. La planche n'est point percée.
>Bibliothèque du Roi.

II.e ÉTAT. La planche a un trou dans l'angle, à gauche.
>Cabinet Sykes, n.º 1181.

285. *Homme à table.*

Un homme assis, tourné vers la gauche, et vêtu à la manière du XV.e siècle, est près d'une table, sur laquelle on voit trois pots : il en tient deux autres dans ses mains, et paraît verser de l'un dans l'autre; deux chiens sont près de lui à ses côtés. Les deux angles du haut sont échancrés, et réservés en blanc, avec deux très-petits ronds blancs.

>Largeur : 1 p. 7 lig. Hauteur : 1 p. 3 lig.
>Cabinet Sykes, n.º 1180.

286. *Femme tenant une Lyre.*

Une femme assise tournée vers la droite, et jouant de la lyre : elle a une draperie sur les genoux.

Cette pièce fait le pendant du n.º 231.

>Diamètre : 8 lig. et demie.
>Cabinet Sykes, n.º 1192.

287. *Trois Femmes dansant.*

Trois femmes se donnant la main, et dansant ensemble : deux d'entre elles tiennent chacune trois branches de laurier. Leur marche est dirigée vers la gauche. Le haut de la pièce forme un double cintre, avec une clef retombante au milieu. Dans la marge d'en bas on voit la lettre P, qui est la marque de Peregrini.

<small>Dimension de la gravure. Hauteur : 1 p. 8 lig. Largeur : 1 p. 6 lig.
Dimension de la planche. Hauteur : 1 p. 11 lig. Largeur : 1 p. 7 lig.
Bibliothèque du Roi. Cette épreuve est d'une encre un peu bleuâtre.</small>

288. *Concert.*

Trois musiciens vus à mi-corps, et chantant : celui du milieu tient un grand livre ouvert, et celui de droite est coiffé d'un bonnet avec des bords relevés d'une manière singulière.

<small>Largeur : 1 p. 4 lig. Hauteur : 11 lig.
Cabinet Sykes, n.º 1181.</small>

289. *Collation champêtre.*

Au-devant d'une maison entourée d'arbres, plusieurs personnes assises paraissent prendre quelques amusemens. Trois groupes forment cette composition : celui à gauche est composé d'un jeune homme, près duquel est assise une femme qui se laisse embrasser par lui, tandis qu'elle tient un verre à la main; au milieu, une femme jouant de la guitare, est caressée par un homme, dont la tête est couverte d'un chapeau à grand bord. A droite, un homme tenant un verre, paraît enseigner à jouer de la flûte à une jeune femme assise près de lui; dans le fond, un musicien joue du violon. Le devant est occupé par une table couverte d'un tapis, sur laquelle on voit un verre, une tasse et un plat, avec un couteau dedans. Par terre, auprès de la table, sont deux bouteilles rondes : sur l'une d'elles est la trace d'un trou, qui a dû servir à fixer la plaque d'argent. Au milieu, sur le devant, est un tapis, sur lequel se trouvent aussi une tasse, un verre et un plat, avec un couteau dedans. Auprès est un petit chien.

Diamètre . 1 p. 7 lig.
Bibliothèque du Roi.

Trois Religieux assis au milieu d'un bois. Voyez n.° 193.

* 290. *Deux Enfans.*

Deux enfans à cheval sur des monstres, et cherchant à se frapper avec des bâtons.

Largeur : 1 p. 9 lig. Hauteur : 8 lig.
Cabinet Malaspina, Tom. II, pag. 12.

* 291. *Trois Enfans.*

Trois enfans se donnant la main, et dansant ensemble. Au bas est la marque ₧, qui désigne le nom de Peregrini.

Largeur : 1 p. 5 lig. Hauteur : 10 lig.
Cabinet Malaspina, Tom. II, pag. 9.

* 292. *Un Génie et deux Enfans.*
Pièce cintrée.

Hauteur : 1 p. 6 lig. Largeur : 1 p. 3 lig.
Cabinet Durand.

293. *Enfans jouant.*

Plusieurs enfans jouant ensemble : l'un d'eux, à droite, est posé sur une guirlande de feuillage portée par deux autres enfans; à gauche, un groupe est occupé à jeter du raisin dans une cuve ou un pressoir. M. Ottley pense que cette composition est d'après Raphaël.

Quoique cette pièce ait un fond en tailles croisées, je ne pense pas qu'elle soit un nielle. Le travail en est plus régulier et moins fin, ce qui me fait croire qu'elle est du XVIe siècle.

Largeur : 5 p. 8 lig. Hauteur : 1 p.
Cabinet Sykes, n.º 1159.

294. *Enfans jouant avec un chien.*

Deux enfans nus, jouant avec un chien couché au milieu d'eux et tourné vers la gauche : dans le fond, à droite, quelques épis; à gauche, un cep de vigne.

Largeur : 1 p. 7 lig. Hauteur : 1 p. 1 lig.
Cabinet Sykes, n.º 1179.

295. *Le même Sujet en sens inverse.*

Le cep de vigne est remplacé par une plante de

fantaisie. C'est une copie ancienne, et d'un travail lourd et dur.

Largeur : 1 p. 8 lig. Hauteur : 1 p. 1 lig. et demie.

296. *Combat d'Animaux.*

Plusieurs animaux réunis, au milieu desquels est un lion dévorant un veau : à gauche, un chien arrêtant un sanglier; à droite, un lièvre fuyant un chien, et près d'être pris par un léopard. La pièce est entourée d'un double trait carré.

Largeur : 2 p. 10 lig. Hauteur : 6 lig.

Cabinet Sykes, n.° 1202. En 1824, cette épreuve a été vendue, à Londres, 12 guinées (300 francs).

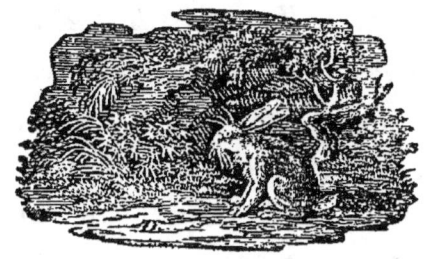

IX. ALLÉGORIES.

COMPOSITIONS DE PLUSIEURS FIGURES.

* 297. *Allégorie sur le Mariage.*

Une femme, probablement Vénus, accompagnée de l'Amour, reçoit les hommages d'une jeune fille à genoux, suivie d'un jeune homme. Autour est une bordure assez large, formée par de très-belles arabesques. Cette pièce fait sans doute allusion à quelque mariage.

Hauteur : 2 p. 7 lig. Largeur 2 p.
Cabinet Malaspina, Tom. II, pag. 9.

* 298. *Allégorie sur l'Amour.*

Du centre d'un bassin s'élève un ornement pyramidal, au milieu duquel sont deux amours tirant des flèches. Sur le bord du bassin on voit des enfans ayant les pieds dans l'eau ; auprès se trouvent deux groupes : celui à droite est composé de deux hommes luttant, et celui à gauche de deux femmes luttant aussi ensemble. Ce nielle, d'un joli travail, vient de Florence, et il est attribué à Finiguerra.

Hauteur : 2 p. 6 lig. Largeur : 2 p.
Cabinet Malaspina, Tom. II, pag. 10.

299. *Allégorie où se voit une vieille Femme.*

Une vieille femme entièrement nue, vue de profil, assise de côté sur un brancard porté par deux hommes marchant vers la gauche : cette femme a les cheveux épars, et tient élevé en avant d'elle un grand plat sur lequel est un cigne. Un homme ouvre la marche, ayant à la main une couronne de feuillage, qu'il tient en l'air de la main gauche; de l'autre main il tient un long bâton surmonté d'un croissant et d'une boule; sur le devant est un petit amour, armé de son arc. Dans le fond se trouvent d'autres personnages, dont l'un tient aussi une couronne et un autre un bâton, semblable à celui dont il vient d'être parlé. Le haut de cette pièce est décoré d'une double arcade en guirlandes de feuillage. La forme de cette pièce est un trapèze, dont le haut et le bas ont une légère courbure.

Hauteur : 2 p. 3 lig. Largeur : { par en haut : 1 p. 4 lig. et demie. par en bas : 1 p. 1 lig. et demie.

Cabinet Brisard. Cette pièce, ainsi que les n.ºs 239 et 343, se trouvaient, en 1824, chez M. Pierri-Bénard, marchand d'Estampes à Paris.

300. *Allégorie sur la guerre.*

Trois hommes nus, debout, le casque en tête : celui du milieu tient une couronne de feuillage de la main droite, et de l'autre une torche renversée. Celui à gauche est vu par le dos : il porte la main gauche à la couronne dont il vient d'être parlé; son autre main est placée près d'une torche embrasée;

il a sur son épaule un voile, dont l'un des bouts retombe, tandis que l'autre voltige et sort du trait carré. Le troisième personnage, à droite, a la main gauche placée sur sa hanche; et de la droite, il tient en l'air une torche allumée, qui, ainsi que les deux autres, a la forme d'une corne d'abondance : un voile, posé sur son bras gauche, tombe le long de sa jambe. Dans le fond, à droite, est un arbre. Dans la marge est la marque P., qui désigne le nom de Peregrini.

Hauteur : 2 p. 3 lig. Largeur au trait carré : 1 p. 9 lig.

Bibliothèque du Roi. Ce nielle est décrit par Bartsch, parmi les gravures des anciens maîtres italiens, dans *le Peintre-Graveur*, Tom. XIII, pag. 210, n.º 10.

301. *Allégorie sur l'Union.*

Au milieu est représenté un roi assis sur un trône : il porte une couronne et est vu de face, la tête un peu tournée à droite; de chaque main il tient une des portions de la baguette qu'il vient de briser. A gauche sont, debout, un jeune homme vu par derrière, et deux soldats casqués : l'un d'eux tient un étendard. A droite sont deux vieillards en robes longues et un bonnet sur la tête : ils paraissent causer ensemble; près d'eux est un soldat portant un étendard pareil à celui qu'on voit de l'autre côté. Sur le devant se trouve un paquet de baguettes, et deux autres qui sont rompues. Un globe est suspendu au plafond, au-dessus de la tête du roi. Le fond est entièrement noir. Sur l'estrade du trône on lit, en deux lignes : VN · FO · DI · FR; ce qui peut signifier : UN FONDAMENTO DI FRATERNITÀ.

Hauteur : 2 p. 2 lig. Largeur : 1 p. 2 lig.

Cabinet Fr. Douce. Cette épreuve, dont la marge est coupée, est en encre verdâtre : elle a été décrite par M. Ottley *, qui l'a placée parmi les pièces du maître au P.

302. *Allégorie sur la Renommée.*

Un homme à genoux, en prières, est vu de profil, tourné vers la droite : près de lui est un livre ouvert. Un ange vêtu et un homme nu soutiennent une grande couronne de feuillages entremêlés de fruits : au milieu, une femme est vue à mi-corps sonnant de deux trompettes; à gauche, une autre femme tient au-dessus de sa tête un livre ouvert. Le haut de la pièce est cintré, et dans les angles sont deux petites arabesques. Je crois ce nielle gravé par Peregrini.

Hauteur : 2 p. Largeur : 1 p. 6 lig.

Bibliothèque du Roi. — *Cabinet Sykes*, n.º 1147.

303. *Allégorie sur la Navigation.*

Trois femmes debout, tournées vers la gauche; elles se tiennent sur des boucliers soutenus par des dauphins au milieu de la mer : la nymphe du milieu est nue, les deux autres vêtues à l'antique; à elles trois elles tiennent deux voiles qui sont gonflées par le vent. En bas, à gauche, sur la mer, on voit une tête de Borée soufflant. Le haut de la pièce est contourné, et un double trait entoure toute

---

* *An Inquiry*, etc., pag. 571.

la planche. Au bas est la marque →→ O · P · D · C ←← initiales des mots *Opera Peregrini da Cesena*.

<small>Dimension de la planche : Hauteur : 2 p. Largeur : 1 p. 2 lig.
Dimension de la gravure : Hauteur : 1 p. 9 lig. Largeur : 1 p. 2 lig.

Cabinet Sykes, n.° 1119.</small>

304. *Allégorie sur la Navigation.*

Dans le sens opposé : au bas est écrit à rebours : AL · NOME · DI · DIO ·

<small>Hauteur : 1 p. 9 lig. ? Largeur : 1 p. 3 lig. et demie.

Cabinet Sykes, n.° 1179. Cette épreuve est rognée par le haut et par le bas.</small>

La même composition se trouve aussi sur un manche de couteau, décrit sous le n.° 355.

305. *Allégorie sur l'Amour.*

Une femme nue, debout contre un tronc d'arbre, auquel elle attache, avec une corde, un jeune homme pareillement nu et assis ; à droite flotte une banderole, où est écrit à rebours : VA · MORI · Dans le haut, deux petits trous noirs, entourés d'un rond blanc. Les bords de la planche, à droite et en bas, sont sales.

<small>Hauteur : 1 p. 8 lig. Largeur : 10 lig.

Cabinet Durazzo. Décrit, parmi les copies de nielles, dans le *Peintre-Graveur*, Tom. XIII, pag. 60, n.° 27.</small>

306. *Allégorie sur l'Abondance.*

Deux femmes soutenant au-dessus de leur tête un vase rempli de fruits : celle à droite est nue, et tient en l'air une corne d'abondance ; l'autre, drapée à l'antique, tient aussi une corne d'abondance, mais elle est renversée. Entre elles deux on voit un enfant tenant également une corne remplie de fleurs et de fruits. Près de lui est un petit chien, avec lequel il paraît jouer : dans le fond, en haut, une guirlande de feuillage. Au bas est une marge d'une ligne, avec la marque ·O· P ·D· C· qui est celle de Peregrini.

Hauteur: 1 p. 6 lig. Largeur : 1 p.

Bibliothèque du Roi. — Cabinet Durand. — Cabinet Malaspina, Tom. II, pag. 10.

L'Abondance. Voyez n.º 327.

307. *Allégorie sur l'Amour de Dieu.*

Deux cerfs, l'un debout, l'autre couché au bord d'une fontaine, près de laquelle est un arbre orné d'une banderole, avec une inscription en caractères hébraïques renversés, sans ponctuation, et avec plusieurs abréviations à la fin de la première ligne et au commencement de la seconde. Sur l'épreuve, l'inscription doit se lire de gauche à droite, tandis que sur le nielle original, on la lisait dans le sens ordinaire des écritures orientales.

כְּאַיָּל תַּעֲרֹג עַל־אֲ׳ מָיִם

כֵּן נַפְשִׁי תַעֲרֹג אֵלֶיךָ

אֱלֹהִים:

Comme le cerf brame après l'eau du torrent, de

même mon âme soupire après vous, ô mon Dieu!

Ps. XLI, XLII, Vers. 2.

Hauteur : 1 p. 7 lig. Largeur : 10 lig.

Cabinet Sykes, n.º 1148. En 1824, cette épreuve a été vendue, à Londres, 14 guinées (350 francs).

* 308. *Allégorie où se voient deux Cerfs.*

Au milieu d'un jardin, peut-être celui des Hespérides, est un bassin, où deux cerfs viennent se désaltérer : à gauche est une femme debout, tenant une épée de la main droite, et de l'autre s'apprêtant à cueillir des fruits ; à droite, on voit Vénus suivie de l'Amour. Au-dessous des pieds de la déesse se trouve la lettre L, qui est probablement la marque de l'orfévre-nielleur.

Largeur : 2 p. Hauteur : 1 p. 7 lig.

Cabinet Malaspina, Tom. II, pag. 8.

309. *Allégorie sur la fuite du temps.*

Sur le devant, à gauche, est un homme nu, assis, le bras droit appuyé sur un sablier, au-devant duquel se trouve placée une tête de mort ; à droite est assise une jeune femme jouant de la lyre. Une basse et un archet sont appuyés sur le tronc d'un arbre, à droite ; du même côté on voit suspendue à la branche d'un arbre dont le tronc est du côté gauche, une tablette, sur laquelle on lit, en caractères renversés : ORTA CADVNT. Cette tablette est placée en hauteur ; de ce même côté sont deux rosaces en blanc.

Largeur : 1 p. 9 lig. Hauteur : 9 lig.

Cabinet Sykes, n.º 1190. Cette épreuve est en encre bleue. En 1824, elle a été vendue, à Londres, 11 guinées (près de 300 f.).

310. *Allégorie sur le crime.*

Un homme assis, tourné vers la gauche, a les jambes passées dans des ceps, pièces de bois échancrées, et dans lesquelles on plaçait les jambes de certains prisonniers. Près de lui, à droite, est une femme vêtue à l'antique, les bras liés avec des cordes. Au-dessus de leurs têtes est une banderole, sur laquelle on lit, en caractères renversés : NON FAR COCHE TV PVOI : ce qu'on doit expliquer par, *Ne fais pas tout ce que tu peux*. Le haut est découpé en festons. Dans les parties blanches, on voit deux petits trous.

Largeur : 1 p. 4 lig. Hauteur : 1 p.

Cabinet Sykes, n.º 1182.

* 311. *Allégorie sur une Alliance.*

Deux amours à cheval sur des dauphins, se donnent la main, et tiennent chacun une branche de palmier. Cette pièce semble faire allusion à quelque alliance par suite d'un traité de paix.

Largeur : 1 p. Hauteur : 8 lig.

Cabinet Malaspina, Tom. II, pag. 9.

312. *Roue allégorique.*

Vers la droite d'en haut, une main qui sort des nues, donne, au moyen d'une corde, le mouvement à une roue où sont attachés deux ânes, et un fou auquel on voit une queue. Sur trois banderoles on lit, à droite : REGNATEM; à gauche : REGNABO, et en haut : REGNA. Ces mots sont écrits à rebours.

Diamètre : 1 p. 2 lig.

Cabinet Durazzo. Décrit, parmi les copies de nielles, dans *le Peintre-Graveur*, Tom. XIII, pag. 58, n.º 22.

FIGURES ALLÉGORIQUES.

313. *L'Espérance.*

Une femme, vue de profil et tournée vers la droite, se tient debout les deux mains croisées devant elle. Au-dessus de sa tête flotte une banderole, sur laquelle est écrit à rebours : SOL·IN DIO SPERO. Le haut de cette pièce est cintré en contre-bas.

Hauteur : 2 p. 3 lig. Largeur : 7 lig.

Cabinet Durazzo. Décrit, parmi les copies de nielles, dans le *Peintre-Graveur*, Tom. XIII, pag. 61, n.º 28.

La Vérité. Voyez n.º 427.

La Fortune. Voyez n.º 428.

* 314. *Femme avec une épée et une pomme.*

Jeune femme, vêtue à l'antique, marchant vers la droite. De la main gauche elle tient une pomme, et de l'autre une épée qu'elle lève comme pour en porter un coup. On remarque un petit arbre vers la droite, dans le fond.

Bartsch en décrivant cette pièce, la dit gravée par le maître au P, quoique cependant il n'ait pas trouvé la marque sur l'épreuve qu'il a vue; mais la marge où on la rencontre ordinairement était coupée.

<small>Hauteur : 1 p. 9 lig. Largeur : 8 lig.
Bartsch a décrit cette pièce dans *le Peintre-Graveur*, Tom. XIII, pag. 206, n.º 2.</small>

* 315. *Le même Sujet.*

Ce nielle est décrit dans *le Peintre-Graveur*, Tom. XIII, pag. 292, n.º 68. Bartsch l'attribue à Nicolas Rosex; il doit être copié d'après le précédent, qui est de Peregrini.

<small>Hauteur: 2 p. 1 lig. Largeur : { en haut, 8 lig. en bas, 7 lig.</small>

* 316. *Homme assis.*

Un homme assis sur une souche, est vu de profil et tourné vers la droite. Il retient avec ses deux mains son pied droit sur son genou. Au-delà de cette figure s'élève un arbre; à l'une de ses branches est suspendue une tablette, avec les mots : TENPV S NOSE. Le fond est noir.

<small>Hauteur: 2 p. Largeur: 1 p. 2 lig.
Bartsch a décrit ce nielle, parmi les gravures des anciens maîtres italiens, dans *le Peintre-Graveur*, Tom. XIII, pag. 292, n.º 67.</small>

317. *La Tempérance.*

Une femme nue, vue de profil et tournée vers la gauche, tenant de la main droite un vase : un voile qui dépend de sa coiffure descend derrière elle, et le bout en est relevé sur son bras droit. Dans le haut de la pièce, au milieu, on voit un anneau, dans lequel est passé un arc, dont les deux bouts sont retenus par des guirlandes de feuillage qui partent du même anneau ; deux petits amours sont assis sur chacun des bouts de l'arc; une tête de mort est placée entre les deux guirlandes. Dans le bas, à gauche, est la lettre *S*.

Cette pièce, gravée en Allemagne, peut être regardée comme un nielle, puisqu'elle est sur un fond noir; elle est d'un maître dont on connait plusieurs gravures toutes d'une très-petite dimension. Bartsch a décrit onze pièces de ce maître, dans le *Peintre-Graveur*, Tom. VIII, pag. 13.

Hauteur : 2 p. Largeur : 1 p.
Bibliothèque du Roi.

318. *Allégorie sur le Malheur.*

Un homme nu, debout, attaché contre un arbre, les mains liées derrière le dos : le corps est un peu tourné à droite, et la tête vers la gauche; derrière sa tête est une banderole, où sont écrits à rebours les mots : NON PIV FORTVNA. Les lettres FO se voient difficilement. Dans le haut, deux ronds blancs traversés par deux traits légers en croix.

Hauteur : 1 p. 11 lig. Largeur : 10 lig.
Cabinet Durazzo. Décrit, parmi les copies de nielles, dans le *Peintre-Graveur*, Tom. XIII, pag. 60, n.º 25.

319. *Figure allégorique.*

Un homme nu, assis au pied d'un arbre, et tourné vers la gauche. Il est vu par le dos, la tête de profil, tenant de chaque main un serpent : l'un avec une tête d'homme, barbue ; l'autre avec une tête de femme. Une draperie légère l'entoure et tombe sur le banc où il est assis; son pied droit est posé sur un casque. Au milieu, dans la marge du bas, se trouve la marque ℙ, qui est celle de Peregrini.

Hauteur: 1 p. 9 lig. Largeur : 1 p.

Bibliothèque du Roi. — Cabinet Sykes, n.º 1118.

* 320. *Figure allégorique.*

Une femme assise sur un trône, tenant une épée de la main droite et le globe du monde dans l'autre. Ce nielle est d'un excellent goût de dessin, et d'un travail très-fin; il est en outre remarquable par le globe en or, ainsi que par quelques ornemens tracés de même, dans la bordure du vêtement.

Hauteur: 1 p. 1 lig. Largeur: 9 lig.

Cabinet Malaspina, Tom. IV. pag. 327. Planche d'argent.

321. *Figure allégorique.*

Une femme nue, vue de profil, la tête ailée, s'appuyant de la main gauche sur un caducée : elle est assise sur une butte et tournée vers la gauche; dans le fond, à droite, on voit un sapin ou un if taillé, suivant l'usage de ce siècle en Italie ; à gauche est un oranger.

Largeur: 1 p. Hauteur: 11 lig.
Cabinet *Sykes*, n.º 1189.

La Providence. Voyez n.º 208.

Cette pièce, décrite par Bartsch comme une figure allégorique de la Providence, est, je pense, une sainte Marguerite.

La Justice à mi-corps. Voyez n.º 416.
La Force à mi-corps. Voyez n.º 416.
La Tempérance à mi-corps. Voyez n.º 416.
La Prudence à mi-corps. Voyez n.º 416.

322. *La Pucelle.*

Une jeune fille, vêtue dans le costume du XV.ᵉ siècle, debout, tenant une fleur de la main gauche : elle est tournée vers la droite, et regarde de l'autre côté; la pièce est entourée d'une grande banderole, sur laquelle on lit, en caractères renversés:

QVI · LA FLEVR · DE · MOY · ARA·
MAMOUR · OVTROIE · LVISERA·

La forme des caractères, une élision et une abréviation, donnent de la difficulté à lire ces deux vers :

QUI LA FLEUR DE MOI AURA,
M'AMOUR OCTROYÉ LUI SERA.

A gauche, dans le fond, on voit une ville avec

un clocher. Le reste est blanc, et devait sans doute être doré. Cette pièce, d'un travail un peu dur, pourrait bien être du commencement du XVI.ᵉ siècle, et l'inscription démontre qu'elle a été gravée en France. Pièce ovale.

Hauteur : 1 p. 10 lig. Largeur : 1 p. 5 lig.
Bibliothèque du Roi.

323. *Figure allégorique.*

Un jeune homme, à demi couché, tient de la main droite une corne d'abondance : une draperie couvre ses deux bras; le reste du corps est nu. A gauche est un arbre; dans la hauteur de la planche, de ce côté, se voient deux petits ronds noirs entourés d'une rosace.

Cette composition est un des nielles de la plus petite dimension, où se trouve une figure entière.

Largeur : 10 lig. Hauteur : { à gauche, 8 lig et demie. à droite, 8 lig.
Cabinet Sykes, n.° 1183.

324. *Allégorie sur le Martyre.*

Une femme debout, accompagnée, à droite, d'un religieux, tenant un livre d'une main, et de l'autre une branche de lis : à gauche est un diacre vêtu d'une dalmatique, tenant l'instrument de son supplice, et une banderole sur laquelle on lit : FIDES × 'VA × 'E SALVM × FECGIL. Le fond est blanc, et devait probablement être doré.

Diamètre : 1 p. 9 lig.
Cabinet Sykes n.° 1245. Planche d'argent.

325. *Figure allégorique.*

Une figure de femme ailée, assise sur un trône et transvidant la liqueur d'un vase dans un autre. Les ailes, l'auréole et la bordure du manteau sont en or. Ce nielle est un des plus beaux, tant pour la manière dont la figure est drapée, que pour la finesse et la perfection du travail, ce qui pourrait le faire regarder comme un ouvrage de Maso Finiguerra.

Diamètre: 1 p. 5 lig.
Cabinet *Sykes*, n.º 1245. Planche d'argent.

326. *Une Femme, les yeux bandés.*

Jeune femme, un bandeau sur les yeux, marchant d'un pas incertain vers la droite, et les mains tendues en avant, comme pour tâtonner. On remarque, dans le fond, du même côté, un chien, qu'au premier aperçu on pourrait prendre pour un chat, et qui tourne la tête vers elle. Dans le haut est une banderole, sur laquelle est écrit à rebours : VA · IN LA · CANEVA ; ce qui doit s'entendre ainsi : *Va-t-en là-bas, petit chien.* Lanzi dit que le dialecte de cette inscription doit faire regarder ce nielle comme une production vénitienne.

Diamètre : 1 p. 2 lig.
Cabinet *Durazzo.* Décrit, parmi les copies de nielles, dans le Peintre-Graveur, Tom. XIII, pag. 58, n.º 21.

327. *L'Abondance.*

Une figure de l'Abondance, assise sur un siège

PARTIE DESCRIPTIVE. 267

et tournée vers la gauche : elle tient des épis de la main droite, et la corne d'Amalthée de la gauche. Cette pièce fait le pendant du n.º suivant.

Diamètre : 11 lig. et demie.
Cabinet Sykes, n.º 1188.

Composition allégorique sur l'Abondance. Voyez n.º 306.

328. *La Justice.*

La Justice assise sur un lion : elle tient un glaive de la main gauche, et des balances de la main droite. Cette pièce fait le pendant du n.º précédent.

Diamètre : 11 lig. et demie.
Cabinet Sykes, n.º 1192.

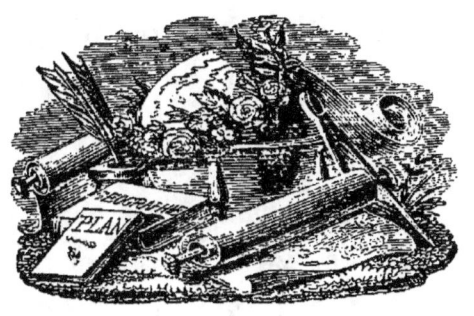

X. PORTRAITS.

*329. *Tête d'Homme, avec un bonnet orné de fourrure.*

Un homme, à mi-corps, vu de trois quarts et tourné vers la gauche : il a les cheveux longs et frisés; sa tête est couverte d'une calotte bordée de fourrure. Il tient ses bras croisés devant lui; des rinceaux d'ornemens s'élèvent des deux côtés; dans le haut est une banderole où on lit : SPES ME; on ne voit pas la lettre A, qui doit terminer le second mot.

Cette pièce est décrite dans Bartsch, Tom. XIII, pag. 210, n.º 9; il la classe parmi les pièces qu'il attribue au maître dont la marque est ₧; elle serait par-conséquent gravée par Peregrini.

Hauteur : 1 p. 9 lig. Largeur : 8 lig.

330. *Empereur.*

Un homme assis, vu de profil et tourné vers la droite, revêtu du costume des empereurs d'occident : il a les cheveux longs, ainsi que la barbe; sa tête est couverte d'une couronne fermée; il porte un grand manteau; le geste de ses deux mains témoigne l'étonnement.

Hauteur : 1 p. 3 lig. Largeur : 11 lig.

Cabinet Durazzo. Décrit, parmi les copies de nielles, dans *le Peintre-Graveur*, Tom. XIII, pag. 59, n.º 23.

331. *Tête d'Homme à cheveux longs.*

Il est à mi-corps, vu de profil et tourné vers la droite. Ses cheveux sont longs et plats, sa tête est couverte d'un bonnet avec un rebord : dans le bas, de chaque côté, se voit un ornement d'orfévrerie ; en haut sont deux rideaux, relevés à droite et à gauche; dans chacun d'eux il se trouve un trou au milieu. Bartsch prétend que ce portrait a de la ressemblance avec celui qui est ici sous le n.º suivant.

Hauteur : 1 p. 2 lig. Largeur : 10 lig.

Cabinet Durazzo. Décrit, parmi les copies de nielles, dans *le Peintre-Graveur*, Tom. XIII, pag. 56, n.º 16.

* 332. *Jeune Homme avec un bonnet à plumes.*

Jeune homme à mi-corps, vu de profil et tourné vers la droite : il a les cheveux longs et plats. Sa tête est couverte d'une calotte ornée d'une plume placée sur le côté; la couture de sa manche, au haut de l'épaule, est garnie de nœuds de rubans. On remarque un rinceau d'ornemens devant lui, et un second derrière; deux autres rinceaux, qui ont à-peu-près la forme de cornets, sont ménagés au haut de l'estampe. Quoique cette pièce soit sans marque, Bartsch pense que la lettre P doit se trouver sur la marge, quand la pièce est entière.

Hauteur : 1 p. 1 lig. ? Largeur : 9 lig.

Bartsch a décrit ce nielle dans *le Peintre-Graveur*, Tom. XIII, pag. 209, n.º 8.

333. *Tête de Femme.*

Une jeune femme vue de profil, à mi-corps, regardant à gauche : elle a des cheveux longs et un collier de perles.

Hauteur : 1 p. et 1 demi-lig. Largeur : 4 lig.
Cabinet Sykes, n.º 1195.

* 334. *Tête de Femme entourée d'arabesques.*

Au milieu d'un rinceau d'arabesques, on voit une tête de femme qui semble être un portrait.

Hauteur : ? Largeur : ?
Cabinet Malaspina, Tom. II, pag. 12.

335. *Tête de Guerrier.*

Un guerrier, avec casque et cuirasse, vu de profil, à mi-corps, regardant à gauche : dans le fond, à droite et à gauche, on voit quelques plantes et des fleurs très-petites.

Hauteur : 10 lig. Largeur : 7 lig.
Cabinet Sykes, n.º 1195.

336. *Deux Têtes casquées.*

Deux bustes d'hommes à têtes casquées, de profil et se regardant : celui à gauche est vu par-devant, et tient une masse d'armes sur son épaule droite ; l'autre est vu par le dos, et tient en avant une hache d'armes. Ces deux têtes sont dans des médaillons ronds, réunis sur la même planche.

Diamètre des médaillons : 11 lig.
Dimension de la planche entière. Larg. : 2 p. 3 lig. Haut. : 11 lig. et demie.

Ier *État.* Le contour seul des têtes est bien arrêté, tandis que dans le fond il y a plusieurs parties restées en blanc : les cuirasses ne sont non-plus qu'au simple trait.

Bibliothèque du Roi. — Cabinet Sykes, n.º 1201.

IIe *État.* Les fonds entièrement couverts de tailles croisées, ainsi que la cuirasse de l'homme à la hache.

Cabinet Sykes, n.º 1200. Cette épreuve est très-belle, et d'une encre bleue.

337. *Homme et Femme de profil.*

Portraits en buste d'un homme et d'une femme vus de profil et placés en regard : la femme est à gauche, l'homme à droite; entre eux est un vase de fleurs. Le fond offre un paysage avec quelques arbres; le bord du sujet, à gauche, est cintré en-dedans : autour est un double trait. Ce nielle est d'un joli travail.

Largeur : 2 p. Hauteur : 10 lig.

Cabinet Sykes, n.º 1198. Cette épreuve est superbe; en 1824, elle a été vendue, à Londres, 10 guinées (250 francs). — *Cabinet Durazzo.* Décrit, parmi les copies de nielles, dans le *Peintre-Graveur,* Tom. XIII, pag. 57, n.º 19.

338. *Bustes d'Hommes.*

Deux hommes dans des niches, de profil et en regard : celui à gauche a le corps de face; il est couvert d'une cuirasse et d'un casque formé de trois masques, dont celui du devant est sans barbe;

les deux autres masques n'ont qu'une seule barbe qui leur est commune. L'autre homme, à droite, n'a sur le corps qu'une draperie, qui laisse sa poitrine en partie découverte; son casque est orné d'une grande aile de dragon, et surmonté d'un petit amour tenant son flambeau en avant. Le tour des niches est entièrement blanc.

<small>Largeur : 1 p. 11 lig. Hauteur : 1 p. 4 lig.</small>

<small>*Bibliothèque du Roi.*— *Cabinet Sykes, n.°* 1199. Cette épreuve est en encre bleue. En 1824, elle a été vendue, à Londres, 13 guinées (325 fr.).— *Cabinet Durazzo.* Décrit, parmi les copies de nielles, dans *le Peintre-Graveur*, Tom. XIII, p. 58, n.° 20.— *Cabinet Malaspina*, Tom. II, pag. 9 et 10.</small>

339. *Bustes d'Hommes.*

Deux hommes dans des niches, tournés de profil et en regard : celui à gauche est vu par le dos; il a une écharpe par-dessus sa cuirasse; le devant de son casque est formé par une tête d'aigle; le cimier est un dragon. L'homme à droite a une épaule nue; son casque est orné de deux masques barbus; le cimier est une chimère. Les niches ont un triple cintre; l'intervalle entre elles deux est entièrement blanc; mais les angles au-dessus des voussoirs sont remplis par des traces qui figurent une muraille en brique.

<small>Largeur : 1 p. 10 lig. Hauteur : 1 p. 5 lig.
Bibliothèque du Roi.</small>

Dans le Cabinet Sykes, n.° 1201, il se trouvait la moitié formant le côté gauche de cette pièce : ce fragment se trouve aussi dans le Cabinet de M. Brisard, et le fond n'en est pas terminé.

340. *Laure et Pétrarque.*

Deux bustes se regardant. Derrière chaque portrait se voit une banderole avec le nom du personnage : à gauche est le nom de Laure; à droite, celui de Pétrarque.

Largeur : 1 p. 9 lig. Hauteur : 1 p. 3 lig.

Je ne sais où se trouve l'original de ce nielle : je n'en ai vu qu'une copie moderne et mauvaise dans le Cabinet Sykes, n.º 1208.

341. *Homme et Femme de trois quarts.*

A gauche est un jeune homme en buste, tourné vers la droite, la tête penchée en avant : il a les deux mains croisées sur sa poitrine. A droite est une jeune femme en buste, tournée vers la gauche, et tenant une fleur de la main droite; à côté de sa tête est une banderole avec les mots : ECOME, écrits à rebours. A gauche, on voit deux petits trous ronds. La partie droite du bord s'arrondit en s'élargissant par en haut et par en bas.

Largeur : 1 p. 5 lig. Hauteur : { à gauche, 8 lig. { à droite, 10 lig.

Cabinet Durazzo. Décrit, parmi les copies de nielles, dans le *Peintre-Graveur*, Tom. XIII, pag. 57, n.º 18.

342. *Tête de jeune Femme.*

Buste d'une jeune femme vue de profil, regardant à droite : elle a un réseau sur la tête; dans le fond, de chaque côté, quelques arabesques en feuilles d'acanthe ; à gauche, dans le haut, deux petites rosaces.

Largeur : 1 p.? Hauteur : 7 lig.
Cabinet *Sykes*, n.° 1197. L'épreuve est rognée sur la largeur.

*343. *Portrait de Laure.*

Le buste est de face, et la figure vue de trois quarts, un peu tournée vers la droite : le portrait est nu-tête, avec de longs cheveux séparés sur le milieu du front, et porte un collier de perles à double rang : de chaque côté se trouve une banderole où est écrit son nom coupé ainsi · LAV RA· Autour est un double trait carré.

Largeur : 10 lig. Hauteur : 7 lig.
Cabinet *Malaspina*, Tom. IV, pag. 325. Planche d'argent.

Ce nielle est entouré d'un cadre de métal doré et très-élégamment travaillé; il a été autrefois dans la possession de l'abbé Boni, à Venise. La comparaison de ce bijou a servi à faire reconnaître, comme le véritable portrait de Laure, celui qui est peint par Simon Memmi, et qui se trouve à Sienne, dans la maison *Piccolomini*. M. Antoine Meneghetti, de Padoue, en a parlé récemment, dans son intéressant ouvrage.

Il en a été fait une copie, qui se trouve dans la *Storia della Scultura, etc.*, de Léon Cicognara, Tom. I, pl. XLIII.

344. *Tête d'Homme à cheveux courts.*

Buste d'un homme à cheveux courts, vêtu d'une tunique, et regardant à gauche : dans le fond est écrit à rebours, du côté droit, HΛ, et à gauche, KRT; de ce même côté, deux petites rosaces, l'une au-dessus de l'autre.

<small>Hauteur et Largeur : 9 lig.</small>
<small>*Cabinet Sykes*, n.° 1197.</small>

345. *Tête d'un Guerrier.*

Buste d'un guerrier avec casque et cuirasse, regardant à droite : dans le fond, à gauche, deux petites rosaces, l'une au-dessus de l'autre.

<small>Hauteur et Largeur : 8 lig.</small>
<small>*Cabinet Sykes*, n.° 1197.</small>

Portrait d'un Général. Voyez App., T.

* 346. *Jeune Homme de profil.*

Portrait d'un jeune homme, vu de profil, et tourné vers la droite. Il a la tête couverte d'un chapeau; sur un de ses rebords est écrit, AMOR. La manche de son habit est ornée de broderie.

<small>Diamètre : 1 p. 10 lig.</small>

<small>Bartsch a décrit ce nielle, parmi les gravures des anciens maîtres italiens, dans *le Peintre-Graveur*, Tom. XIII, pag. 102, n.° 1.</small>

347. *Portrait d'une Dame.*

Jeune dame à mi-corps, vue presque de face, et tournée vers la droite : ses cheveux sont plats et divisés sur le dessus de la tête; elle a plusieurs tresses, dont deux descendent sur la joue gauche, deux autres sur la joue droite. De chaque côté de ce portrait s'élèvent deux rinceaux d'ornemens. Cette pièce est chantournée par en haut, avec un double trait dans plusieurs parties.

Hauteur : 1 p. 4 lig. Largeur : 1 p.

Cabinet Durazzo. Décrit, parmi les copies de nielles, dans le *Peintre-Graveur*, Tom. XIII, pag. 56, n.º 17.

348. *Portrait de Savonarole.*

Portrait vu de profil, et tourné à gauche, représentant ce fameux prédicateur. Autour est écrit le nom de Jérôme Savonarole.

Quoique ce nielle ne porte pas de date, je crois qu'il est facile de connaître d'une manière très-approximative l'époque à laquelle il a été gravé.

Jérôme Savonarole, religieux dominicain, qui s'est rendu si célèbre à Florence, fut appelé dans cette ville, en 1492, et il y fut brûlé en 1498. On doit conclure de là que son portrait fut gravé entre ces deux années, puisqu'avant la première époque, Savonarole était à Bologne, et n'avait probablement pas assez de célébrité à Florence, pour qu'on s'occupât d'y graver son portrait. Ce n'est sans doute pas après sa mort qu'on lui aura rendu un semblable hommage, puisqu'il avait alors perdu toute espèce de crédit. Il est plus naturel de penser que cette image a dû être exécutée au moment même où il se trouvait grandement honoré, par le choix qu'on avait fait de lui, en l'appelant pour assister le grand-duc de Florence à ses derniers momens. Il est donc probable que cette pièce a été gravée et niellée en 1492, l'année même de la mort de Laurent de Médicis.

Diamètre de la gravure : 1 p.
Diamètre, avec l'inscription : 1 p. 5 lig.
Cabinet Sykes, n.º 1238. Planche d'argent.

Il en existe une copie moderne.

349. *Tête d'Homme avec une grande calotte.*

Un jeune homme en buste, vu de profil, et tourné vers la droite : il a les cheveux longs et frisés; sa tête est couverte d'une grande calotte; autour flotte une longue banderole, avec cette inscription : LA SPERANZA ME CONFORTA.

Diamètre : 1 p. 1 lig.
Cabinet Durazzo. Décrit, parmi les copies de nielles, dans le *Peintre-Graveur*, Tom. XIII, pag. 55 et 56, n.º 15.

350. *Jeune Homme à cheveux longs.*

Buste d'un jeune homme à cheveux longs et plats, vu de profil, regardant à droite : il est vêtu dans le costume du XV.ᵉ siècle, et porte une grande chaîne qui descend sur sa poitrine. Dans le fond on voit quelques œillets. Ce nielle est un des plus jolis qu'on puisse voir.

Diamètre : 1 p.
Cabinet Sykes, n.º 1196. En 1824, cette épreuve fut vendue, à Londres, 33 guinées (825 fr.).

DEUX PETITES TÊTES EN MÉDAILLON.

Ces deux têtes en regard sont imprimées sur la même feuille : ce sont les nielles de la plus petite dimension que j'aie vue.

Cabinet Sykes, n.° 1195.

351. *Tête laurée.*

(I) Buste d'un homme, vu de profil, tourné vers la droite : il est couronné de laurier, et la poitrine nue.

Diamètre : 5 lig. et demie.

552. *Tête de Femme.*

(II) Une femme en buste, tournée à gauche, les cheveux noués avec une bandelette.

Diamètre : 5 lig.

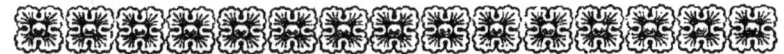

XI. ARABESQUES.

Pièces en hauteur.

* 353. *Arabesques avec plusieurs Animaux.*

Dans un seul enroulement de feuillages, se trouvent placées diverses espèces d'oiseaux, ainsi qu'un singe, un lapin et un chien.

Hauteur : 3 p. 4 lig. Largeur : 1 p. 6 lig.

Cabinet *Malaspina*, Tom. II, pag. 11.

Deux Arabesques en hauteur. Voy. App. U et V.

354. *Arabesques au raisin.*

Dans le bas est une touffe d'acanthe, dont les enroulemens sont entremêlés de quelques grappes de raisin. Je crois cette pièce gravée par Peregrini.

Hauteur : 3 p. 4 lig. Largeur : 7 lig.

Cabinet *Sykes*, n.º 1205.

355. *Arabesques symétriques, avec deux Tritons couchés sur le dos.*

Au milieu est une espèce de candélabre, dont la base est soutenue par des pattes d'oiseau; plus haut est un long cartouche, où se voient deux barques, et au-dessus un médaillon rond, dans lequel on aperçoit, à droite, un homme présentant à manger au cheval Pégase. De chaque côté se trouve un triton renversé, et s'accrochant au cartouche dont il vient d'être parlé : au-dessus est placé un satyre adossé au médaillon ; tout en haut est une chimère, ayant sur la tête un panier de fleurs, et soutenant avec l'une de ses pattes un bouclier, du milieu duquel sortent des arabesques avec des épis de blé. Ce nielle est d'un très-joli travail.

Hauteur : 3 p. Largeur : 1 p. 9 lig.

Cabinet Sykes, n.º 1206. — *Cabinet Durand.*

356. *Arabesques symétriques, avec un Sphinx ailé sonnant de deux trompettes.*

Dans le bas sont deux satyres, assis sur des chimères à tête de bélier et à queue de poisson : au milieu est un médaillon, sur lequel est la marque ₽. Au-dessus est un vase d'orfévrerie, accompagné de chimères dos à dos ; entre elles deux se trouve un masque, sur lequel est assis un sphinx vu de face, et sonnant de deux trompettes : le haut est occupé par deux chevaux marins adossés l'un contre l'autre, et soutenus par des cordons accrochés au milieu dans les arabesques. Ce nielle est gravé par Peregrini.

Hauteur : 3 p. Largeur : 1 p. 3 lig.

Bibliothèque du Roi. — *Cabinet Revil.* Cette épreuve vient du Cabinet Rossi.

357. *Arabesques symétriques, avec une Chimère
 ailée tenant un voile.*

Au milieu est un bouclier rond, sur lequel est la marque ⁂. Derrière le bouclier sont placées en sautoir une hache et une masse d'armes : au-dessous on voit deux jambes de satyres. Dans le haut est un buste de femme avec des ailes, et tenant un voile de ses deux mains.

    Hauteur : 2 p. 11 lig. Largeur : 10 lig.
    Bibliothèque du Roi.

Une copie de ce nielle a été gravée en Allemagne, par un des petits-maîtres du commencement du XVI.e siècle.

358. *Arabesques symétriques, avec deux Enfans
 à cheval sur des oiseaux chimériques.*

Le pied de ces arabesques est composé de deux animaux à queue de poisson et à tête d'oiseau : dessus est un enfant à cheval ; plus haut on voit une chimère la tête baissée. Au milieu est un masque surmonté d'un vase, où sont assis deux satyres mâle et femelle, tenant un bouclier d'une main, et de l'autre une torchère ornée d'une bannière ; tout en haut est une autre chimère la gueule ouverte. Sur le pied du candélabre est un petit médaillon avec la marque ⁂, qui est le monogramme de Peregrini.

    Hauteur : 2 p. 9 lig. et demie. Largeur : 1 p. 3 lig.
    Bibliothèque du Roi. Cette épreuve est en encre bleue. —
    Cabinet Revil. Celle-ci vient du Cabinet Rossi.

359. *Arabesques symétriques, avec une cuirasse au milieu.*

Dans le bas de ces arabesques, au milieu, est une cuirasse surmontée d'un casque, sur lequel est placé un aigle à deux têtes, les ailes étendues; au-dessus est un cartouche avec la marque ₱; plus haut un sphinx ailé avec une tête de satyre, et tout en haut un massacre de bœuf. Les ornemens de chacun des côtés sont un Pégase, une tablette avec les initiales ·S·C·, un double masque, un amour et une chimère ailée vue de profil.

Ce nielle est gravé par Peregrini. L'explication de la marque se trouve dans la première partie de cet ouvrage, page 74.

Hauteur : 2 p. 9 lig. Largeur : 1 p. 4 lig.
Bibliothèque du Roi. — *Cabinet Sykes, n.°* 1121.

360. *Arabesques symétriques, avec des attributs marins.*

Dans la partie d'en bas on voit deux figures de dieux marins se tenant debout sur la tête d'un dauphin. La queue de chacun de ces animaux fabuleux forme un enroulement d'arabesques. La figure à gauche est vue par le dos, tenant un trident d'une main, et de l'autre s'appuyant sur la tête d'un triton barbu; celle à droite est vue de face, s'appuyant aussi d'une main sur un trident, et de l'autre sur un jeune triton. Entre ces deux figures est un vaisseau à la voile, et au-dessus un grand mascaron. Au milieu de la pièce on voit une espèce de gondole qui en occupe toute la largeur : elle est surmontée d'un vase où sont adossés deux satyres les mains liées derrière le dos. Dans la partie d'en haut est un crabe, et de chaque côté une chimère surmontée d'un amour : celui à gauche est vu par-devant, tandis que celui à droite est vu par le dos. Cette pièce, du meilleur goût de dessin et d'un très-joli travail, est certainement gravée par Peregrini, quoiqu'elle ne porte pas sa marque.

Hauteur : 2 p. 8 lig. et demie. Largeur : 1 p. 7 lig.

Bibliothèque du Roi. — Cabinet Revil. — Cabinet Malaspina, Tom. II, pag. 11.

361. *Arabesques à deux Chèvres.*

Le bas de cet ornement est supporté par deux chèvres agenouillées et opposées l'une à l'autre ; au-dessus est une chimère avec de doubles ailes étendues. Au milieu, dans la marge du bas, est une marque très-petite, qu'on peut prendre pour un P. La manière dont cette pièce est gravée me porte à croire qu'elle est en effet de la main de Peregrini.

Hauteur : 2 p. 4 l. Largeur : 1 p.

Cabinet Sykes, n.° 1205. — *Cabinet Woodburn.*

Les deux épreuves que j'ai vues sont de la plus parfaite conservation, et toutes deux avec de la marge.

362. *Arabesques avec une Satyre allaitant deux Enfans.*

Dans la partie d'en bas, un faune ailé, vu de face, est assis, tenant un brandon de chaque main, et posant chacun de ses pieds sur la queue d'un dauphin : un triton, à cheval sur ces animaux marins, sonne dans une conque; au milieu est une espèce de gondole où l'on voit un vase et deux satyres posant un pied, l'un sur un chevreuil, l'autre sur une brebis, et jouant d'une double flûte. Dans la partie du haut est une satyre ailée, vue de face, allaitant deux enfans, dont celui à droite est vu par derrière : sur les ailes de cette satyre est posé un cartouche, orné d'arabesques et terminé par des têtes d'aigles; au milieu du cartouche est un petit médaillon rond avec la marque P: le tout est surmonté de trois oiseaux. Au-dessus des genoux du faune assis, se trouvent deux petites tablettes, sur lesquelles on lit avec peine les lettres SCOF, dont l'explication se trouve donnée dans la partie historique de cet Essai, page 74. Ce nielle, d'un très-joli travail, est gravé par Peregrini.

Hauteur : 2 p. 7 lig. Largeur : 1 p. 7 lig.

*I.*ᵉʳ *ÉTAT*. Les contours seuls sont bien arrêtés; le reste du travail est mou, et, dans le fond, plusieurs parties ne sont couvertes que d'une seule taille.

Bibliothèque du Roi.

II.ᵉ ÉTAT. La gravure bien terminée, et le fond entièrement couvert de tailles croisées.

Bibliothèque du Roi.— Cabinet Woodburn.— Cabinet Durazzo. Décrit, parmi les copies de nielles, dans *le Peintre-Graveur*, Tom. XIII, pag. 61, n.º 30. — *Cabinet Malaspina,* Tom. II, pag. 10 et 11.

363. *Cartouche carré, avec une inscription.*

Des ornemens symétriques en blanc sur un fond noir, avec une double bordure, entourant une tablette, sur laquelle on lit, en caractères renversés : HORA · FUGIT · MORS · APPROPINQUAT · La phrase est coupée en huit lignes, de trois lettres chacune. Cette inscription fait penser que ce nielle devait orner quelque sablier, dont l'usage était très-fréquent dans le XV.ᵉ siècle.

Hauteur : 2 p. 3 lig. Largeur : 1 p. 8 lig.
Bibliothèque du Roi.

364. *Cartouche carré, sans inscription.*

Au milieu d'une bordure et d'ornemens symétriques en blanc, sur un fond noir, on voit une tablette blanche sans inscription.

Hauteur : 2 p. 3 lig. Largeur : 1 p. 8 lig.
Bibliothèque du Roi.

365. *Arabesques avec le masque d'un Fleuve.*

Dans ces arabesques, composées de feuilles d'acanthe, on voit au milieu, en bas, le masque d'un fleuve. Je crois cette pièce gravée par Peregrini.

Hauteur : 1 p. 11 lig. et demie. Largeur 7 lig. et demie.
Cabinet Sykes, n.º 1205.

366. *Arabesques avec deux Dauphins.*

Dans le bas, on voit deux dauphins, de la bouche desquels sortent deux enroulemens; au-dessus se trouvent deux cornes d'abondance, sur lesquelles deux oiseaux béquètent des fruits. Au milieu, dans le haut, est une tête ailée. Je crois cette pièce gravée par Peregrini.

Hauteur : 1 p. 9 lig. Largeur : 1 p. 2 lig.
Cabinet Sykes, n.° 1205.

367. *Arabesques avec un Candélabre.*

Au pied d'un candélabre est assis un enfant tenant une corne d'abondance de la main droite : sur la coupe qui occupe le milieu, on voit quatre enfans, dont deux portent des brandons, et les deux autres, sur les côtés, des cornes d'abondance; dans le haut est un amour ailé, se tenant sur un pied; près de lui sont deux rosaces en blanc.

Hauteur : 1 p. 5 lig. Largeur : 11 lig.
Cabinet Sykes, n.° 1203. — *Cabinet Woodburn.*

368. *Arabesques avec trois Amours.*

Au milieu est un amour assis, les deux bras enlacés dans l'enroulement des arabesques; au-dessous, deux autres amours sont grimpés sur deux chimères qu'ils tiennent enchaînées; au milieu, en bas, est une tête de chérubin. Cette pièce, dont la forme est un trapèze légèrement circulaire par le haut et par le bas, paraît être une portion d'un grand cercle, dont il m'est impossible de désigner l'usage. Ce nielle est d'un très-joli travail et d'un bon goût de dessin.

Hauteur : 1 p. 3 lig. Largeur : { en haut, 10 lig.
{ en bas, 1 p. 3 lig.
Bibliothèque du Roi.

Pièces en largeur.

369. *Arabesques avec un médaillon blanc au milieu.*

De chaque côté d'un médaillon ovale en blanc, se trouve un cheval qui se termine en rinceaux d'ornemens.

Largeur : 3 p. 9 lig. Hauteur : 5 lig.
Cabinet Durazzo. Décrit, parmi les copies de nielles, dans le *Peintre-Graveur*, Tom. XIII, pag. 62, n.º 31.

Ce nielle a servi de modèle pour la vignette placée en tête de la deuxième partie de cet ouvrage.

Deux Arabesques en largeur. Voyez Appendix X et Y.

370. *Arabesques symétriques, avec deux Trophées.*

Le milieu de ces arabesques symétriques est occupé par un massacre d'oiseau, surmonté de deux boucliers de forme singulière, accolés l'un contre l'autre, et décorés chacun d'une tête humaine; dans la tête de l'oiseau le bec est remplacé par plusieurs serpents, venant se joindre à la queue d'un dauphin qui tourne la tête vers un oiseau chimérique placé sur son dos, et qui paraît se défendre contre une autre tête de dauphin; au-dessus se trouve une corbeille sur laquelle est posé un satyre jouant de la flûte de Syrinx. Tout-à-fait sur le bord est un trophée, au milieu duquel on voit un bouclier orné d'une tête de Méduse; au-dessous est un masque à trois figures, et tout en bas, une tablette, sur laquelle on lit SCOF : l'explication de ces lettres se trouve dans la partie historique de cet Essai, pag. 74. L'autre côté de ces arabesques est absolument semblable à celui qui vient d'être décrit. Cette pièce, gravée par Peregrini, est d'une grande précision de travail.

Largeur : 3 p. 5 lig. Hauteur : 2 p. 1 lig.

Bibliothèque du Roi. Cette épreuve est d'un ton bleuâtre. — *Cabinet Sykes*, n.º 1207.

371. *Arabesques avec un Oiseau au milieu.*

Dans le bas, à droite, est une figure ailée, vue de profil, et portant sur son épaule un rinceau d'ornemens terminé par une corne d'abondance : le corps de cette figure se termine aussi par des rinceaux d'ornemens, qui vont s'enrouler vers la gauche. Un oiseau et un griffon occupent le milieu des arabesques, dont les deux bords sont terminés par des ornemens dont on ne voit que la moitié.

Largeur : 2 p. 5 lig. Hauteur : 1 p. 8 lig.

Bibliothèque du Roi.—Un Fragment se trouve dans le *Cabinet Malaspina*, Tom. II, pag. 11.

372. *Arabesques avec un Loup.*

Au milieu de la pièce est un loup courant du côté droit, et ayant sur le dos un agneau qu'il y retient avec sa gueule. Auprès se trouve un berger debout, regardant son troupeau placé du côté gauche. Dans le fond, du même côté, on voit une maison. A droite est un oiseau, les ailes étendues, perché sur un rinceau des arabesques qui occupent toute la planche. Les quatre angles de la pièce sont coupés, et dans chacun d'eux est un demi-cercle en blanc : celui d'en haut, à gauche, est percé, et indique que les trois autres angles devaient l'être également, pour fixer la planche.

Largeur : 2 p. 1 lig. Hauteur : 1 p.

Bibliothèque du Roi. Cette épreuve vient du Cabinet Rossi.

373 à 378. *Arabesques dans des Écussons.*

Suite de six écussons, de pareilles formes, dont cinq ont les mêmes arabesques : le dessin du sixième est un peu varié.

Ces ornemens sont composés d'un double enroulement, renfermé dans un écusson formé de deux triangles curvilignes réunis par la base.

Largeur : 2 p. Hauteur : 11 lig.

Cabinet Sykes, n.° 1239. Planches d'argent.

379. *Arabesques avec une tête de Dauphin.*

Dans le bas est une tête de dauphin, tournée vers la droite, touchant au pied d'un vase d'orfévrerie dont on ne voit qu'une moitié, et sur le haut duquel est perché un oiseau les ailes déployées : à gauche, on ne voit également qu'une moitié de plusieurs vases placés les uns sur les autres, et terminés par une corbeille remplie de fruits; auprès d'elle est un sphinx ailé, tenant dans ses mains un cordon auquel est suspendue une tablette.

Largeur : 1 p. 11 lig. Hauteur : 1 p. 7 lig.
Bibliothèque du Roi. — Cabinet Malaspina, Tom. II, pag. 11.

380. *Arabesques avec un Enfant.*

Un enfant dont le corps est terminé par un rinceau à double enroulement, avec deux rosaces de chaque côté.

Largeur : 11 lig. Hauteur : 7 lig.
Cabinet Sykes, n.º 1204.

381. *Arabesques à double enroulement.*

Des feuilles d'acanthe partant d'un seul pied au milieu du bas, et formant deux enroulemens semblables, placés l'un au-dessus de l'autre : en bas se trouvent trois trous ronds dans des carrés; un quatrième trou est au milieu de la partie d'en haut.

Diamètre : en haut., 1 p. 1 lig.; en larg., 1 p.
Cabinet Sykes, n.º 1204.

* 382 et 383. *Deux Arabesques.*

Hauteur : ? Largeur : ?
Cabinet Malaspina, Tom. II, pag. 12.

Médaillon avec le Jéhova. Voyez n.º 426.

384. *Ecusson.*

Au milieu sont les trois clous de la croix, entourés de deux quinte-feuilles et de deux flammes;

à gauche est un Z, et à droite un C : ces deux initiales désignent sans doute le nom de l'orfévre-nielleur.

Lorsque j'ai vu cette pièce, peut-être ai-je mal lu la première de ces deux lettres, qui, au-lieu d'un Z pourrait être un S. Dans ce cas, la gravure de ce nielle devrait être attribuée à Peregrini. Mais à l'époque où je la vis, je n'avais pas encore trouvé l'explication que j'ai fait connaître dans la première partie de cet Essai, page 74. Maintenant cette pièce n'est pas assez présente à ma mémoire pour assurer qu'elle soit de cet excellent nielleur.

Diamètre : 7 lig.
Cabinet Sykes, n.° 1245. Planche d'argent.

385 à 389. *Suite de Rosaces.*

Cinq petites rosaces à feuilles allongées, pointues et dentelées.

Diamètre : 6 lig.
Cabinet Sykes, n.° 1245. Planche d'argent.

Suite de trente Médaillons avec des Animaux.
Voyez Appendix AC.

390. *Armoiries sable et argent.*

Un écu d'argent et de sable, emmanché en barre de six pièces, timbré d'un heaume avec ses lambrequins : sur le casque est assis un léopard, tenant une palme de la patte gauche; au-dessus flotte une banderole, avec ces mots écrits à rebours : VIRTV. VIVE · E NON · TEME (*la vertu vit et ne craint pas*); vers le haut, à droite, sont les lettres M. S, enlacées en blanc sur un fond noir.

Diamètre: 1 p. 11 lig.
Cabinet Durazzo. Décrit, parmi les copies de nielles, dans le *Peintre-Graveur*, Tom. XIII, pag. 61, n.° 29.

* 391. *Armoiries aux Lions.*

Un écusson d'armoirie avec trois lions.

Diamètre : 11 lig. Planche d'argent.
Cabinet *Malaspina*, Tom. IV, pag. 329, n.° 24.

* 392. *Armoiries aux Épées.*

Un écusson d'armoirie avec trois épées.

Diamètre : 8 lig. Planche d'argent.
Cabinet *Malaspina*, Tom. IV, pag. 329, n.° 25.

XII. MANCHES DE COUTEAUX.

Piéces en hauteur.

* 393. *Manche de Couteau.*

Un manche de couteau couvert d'arabesques, et portant les lettres D. A., probablement les initiales du nom de l'orfévre-nielleur. Peut-être est-ce Daniel Arcioni?

Hauteur : 3 p. 6 lig. Largeur : 8 lig.

Cabinet Malaspina, Tom. IV, pag. 326. Bijou d'argent.

394. *Deux Manches de Couteaux, avec arabesques en hauteur.*

Le bas du manche qui se trouve du côté gauche de la planche, est terminé par un médaillon rond, dans lequel se voit une tête de Méduse; au-dessous est une espèce de grenade : le haut du médaillon est accompagné de deux volutes. Les arabesques dont ce manche est orné, sont une espèce de candélabre avec une base ronde et cannelée : dessus se voient deux chimères à tête de bélier; plus haut sont deux satyres debout, dos-à-dos :

ils paraissent vouloir prendre des masques suspendus au-dessus d'eux; plus haut encore se voient deux paons, puis deux sphinx accroupis sur une tablette, où se trouvent les lettres · P · C · Les arabesques sont terminées par deux autres satyres assis dos-à-dos : au milieu est un massacre orné de guirlandes. Cette pièce est gravée par Peregrini, dont les lettres P. C. indiquent le nom et la patrie. *Voyez* première partie, pag. 73.

Hauteur : 3 p. 3 lig. Largeur : { près de la lame, 6 lig. par le bas, 8 lig.

Dans le manche du couteau, à droite, la cuvette est contournée, et les deux volutes ne forment pas de saillie : elle renferme un triton à double queue. L'arabesque commence par un amour assis, d'où partent deux enroulemens de feuillages; vers le milieu de la hauteur sont assis deux autres amours; au-dessus d'eux est un vase sur lequel est un faune barbu, d'où sortent d'autres rinceaux qui terminent les arabesques.

Hauteur : 3 p. 3 lig. Largeur : { près de la lame, 4 lig. par le bas, 7 lig.

Ces deux manches de couteaux sont gravés sur la même planche. Au premier aperçu, on pourrait penser que ces deux arabesques ont été faites pour orner les deux faces du même couteau; mais les différences qui existent dans la grandeur et dans la forme, ne peuvent permettre de le croire. La dimension de la planche entière est:

Hauteur : 3 p. 5 lig. Largeur : 1 p. 9 lig.

Bibliothèque du Roi. Cette épreuve vient du Cabinet Rossi. — *Cabinet Sykes*, n.º 1122. — *Cabinet Malaspina*, Tom. II, pag. 12.

* 395 à 397. *Manches de Couteaux.*

Trois manches de couteaux couverts d'arabesques: l'un d'eux est marqué des lettres N. A., probablement les initiales du nom de l'orfévre-nielleur.

Hauteur : 3 p. 1 lig. Largeur : 7 lig.

Cabinet Malaspina, Tom. IV, pag. 326. Bijoux d'argent.

398. *Deux Manches de Couteaux, avec Arabesques en hauteur.*

Sur l'un d'eux sont des instrumens de musique en trophée; en bas, deux luths croisés; en haut, deux hautbois, deux flûtes de Pan, une caisse, deux trompettes, et deux flûtes à bec.

Sur l'autre, en bas, des pieds de lions, surmontés d'arabesques formées de feuilles d'acanthe, terminées par deux épis de blé au milieu desquels est une tulipe.

Hauteur : 3 p. Largeur : 10 lig.

Cabinet Sykes, n.º 1123. — *Cabinet Malaspina*, Tom. II, pag. 12. M. Lloyd possède un fragment de cette pièce.

399. *Manche de Couteau.*

D'un côté sont placées, en sautoir, deux guitares, du milieu desquelles sort une branche d'arabesques qui monte droit jusqu'au haut, où elle est terminée par une espèce de bouclier surmonté d'une tablette où sont les lettres S · C ·; au-dessus est une tête de chérubin.

Sur l'autre face sont deux luths, au-dessus desquels est un écusson resté en blanc, et d'où sort également une branche d'arabesques qui monte jusqu'en haut, où se trouve un massacre, en sautoir avec un bouclier.

Cette pièce est gravée par Peregrini, dont les initiales désignent probablement son nom patronymique et celui de sa patrie, ainsi que cela a été discuté pag. 76.

Hauteur : 2 p. 8 lig. Largeur : { près de la lame, 4 lig. et demie. par le bas, 5 lig. et demie.

Cabinet Revil. Bijou d'argent.

Ces deux plaques sont montées en manche de couteau; mais la cuvette en cuivre est ciselée et d'un travail plus moderne.

400. *Manche de Couteau.*

Sur une face est un trophée composé de différentes armures : dans le bas, on remarque une enseigne terminée par une tête d'aigle; au milieu est un bouclier sur lequel on lit, VIVE DIV. (*vis longtemps*); dans le haut est une cuirasse.

Sur l'autre face sont des arabesques sortant d'un écusson en blanc, sans armes ni chiffre; plusieurs enroulemens ont lieu dans la hauteur, et sont terminés par un masque bizarre.

Hauteur : 1 p. 11 lig. Largeur : { près de la lame : 4 lig. et demie.
par le bas, 5 lig.

Cabinet Sykes, n.º 1245. Bijou d'argent.

La monture de ce manche de couteau est en cuivre doré, d'un travail plus moderne que le nielle; la cuvette est ciselée et la virole unie : elles paraissent l'une et l'autre ajoutées nouvellement, et sont soudées grossièrement en étain, par une main maladroite, qui a caché une partie de l'ancien travail.

Pièces en largeur.

401. *Manche de Couteau.*

Sur une des faces se voient des sénateurs romains suivis d'une armée; sur l'autre face, César dans un char de triomphe traîné par deux éléphans : au-dessus de sa tête est une banderole sur laquelle on lit : SEZARO, en caractères renversés.

Largeur : 3 p. 1 lig. Hauteur : { près de la lame, 5 lig.
dans le bas, 8 lig.

Cabinet Sykes, n.º 1150.

402. *Manches de Couteaux.*

Sur une des faces est Neptune dans un char, traîné par deux chevaux et suivi de plusieurs tritons. Cette marche va de droite à gauche : derrière le char, dans une partie séparée par une petite bande blanche qui traverse le manche, on voit une roue à laquelle sont attachés trois hommes : autour sont deux banderoles entortillées en divers sens. Sur celle d'en haut est écrit, à rebours, en capitales romaines : REGNABO RE GNO REGNAI. Sur celle d'en bas : ..VM · SINE · REG NO. Au bout du manche, en dehors du sujet, est écrit en diagonale : NIL · NISI · DI ·(*Rien, si ce n'est Dieu*).

Sur l'autre face, une frise représentant des nymphes et des tritons : à droite, dans la partie séparée par un blanc, et qui, sur cette surface, se trouve à gauche, afin de correspondre à celle de l'autre côté, on voit un groupe de trois femmes, dont celle du milieu est nue : elles tiennent deux voiles flottant sur leurs têtes. C'est la même composition que celle des n.ᵒˢ 303 et 304, en sens inverse; mais les boucliers sont supprimés, et à droite il y a trois têtes de Vents. Dans la partie, à gauche, en dehors de la gravure, se trouve, sur la diagonale, une inscription, où l'on voit les lettres

VIVAT : MV, mais dont je n'ai pu deviner la signification.

Larg. : { en haut, 2 p. 11 lig.
{ en bas, 2 p. 8 lig.
Haut. : { près de la lame, 5 lig.
{ dans le bas, 7 lig.

Cabinet *Sykes*, n.º 1162.

403. *Manches de Couteaux.*

Sur une des faces est un jeune homme assis jouant du violon; auprès de lui est une banderole, sur laquelle on lit, en caractères renversés : FACIA CHI PVO CHE OGNI PENTIR DA DOGLIA. (*Fais ce que tu peux, parce que tout repentir donne de la douleur*).

Sur l'autre face sont trois figures d'hommes posées d'une manière singulière, et qui paraissent dans la méditation; auprès est une banderole, avec ces mots, en caractères renversés : SOLA SPES IN IPSA, etc.

Largeur : 2 p. 11 lig. Hauteur : 6 lig.

Cabinet *Sykes*, n.º 1184.

404. *Manche de Couteau d'une forme singulière.*

Sur chacune des faces de ce manche se trouve une scène de l'histoire d'Holopherne : sur l'une est l'armée en bataille sous les murs de Béthulie; la ville est à gauche, dans le bout opposé à la lame.

Larg. : { par le bas, 2 p. 11 lig.
{ par le haut, 2 p. 2 lig.
Haut. : { près de la lame, 5 lig.
{ par le bas, 9 lig.

Sur l'autre face, la ville se trouve aussi à gauche;

mais c'est la partie qui touche à la lame. A l'autre bout est la tente d'Holopherne : dans le milieu, Judith, précédée de sa servante, porte sur sa tête le sac où est celle du général.

Dans ces deux compositions, les figures sont d'une dimension extrêmement petite.

Larg.: { en bas, 2 p. 9 lig.
en haut, 2 p. 11 lig.
Haut.: { près de la lame, 5 lig.
par le bas, 8 lig.

Cabinet Sykes, n.° 1140.

Lame de Couteau. Voyez Appendix, Z.

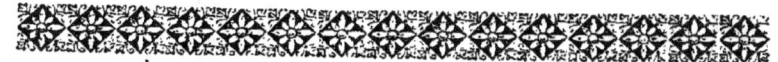

XIII. BIJOUX DIVERS.

405. *Une Gaîne.*

Une longue gaîne chargée d'arabesques : dans le haut on voit l'intérieur d'une chambre où se trouve un lit orné d'un baldaquin avec des rideaux. Un homme et une femme entièrement nus sont assis sur le bord du lit; auprès d'eux est une table, avec une collation dessus. Dans l'enroulement des arabesques, on voit un oiseau les ailes étendues, béquetant un épi de blé; deux enfans tenant un papier de musique; un autre oiseau, aussi les ailes déployées; un singe jouant de la cornemuse, un chien, et enfin, tout en bas, un chat accroupi.

Hauteur : 6 p. 1 lig. Largeur : { en haut, 9 lig. en bas, 2 lig.
Bibliothèque du Roi.

406. *Autre Gaîne.*

Une femme nue ailée, tenant de la main gauche une flèche dont elle paraît vouloir percer un serpent, qui cherche à mordre la tête de mort sur laquelle elle est posée. Au-dessus de la tête de la femme est une banderole formant le cercle, et dont les deux bouts servent à nouer deux branches de fleurs. Cette pièce, qui est dans la forme d'une gaîne, ne paraît pas entière par le haut.

Hauteur: 2 p. 4 lig.? Largeur : { en haut, 7 lig. en bas, 1 lig. et demie.
Bibliothèque du Roi.

407. *Autre Gaîne.*

Cette gaîne, ou plutôt ces six fragmens devant former une gaîne, sont gravés sur une même planche, en forme de trapèze. Dans le haut, à gauche, une tête de femme à cheveux longs; à droite, une tête d'homme barbue et couverte d'une toque; au-dessous, deux arabesques, puis un espace blanc, et deux autres arabesques terminées en pointe.

Hauteur : 3 p. 11 lig. Largeur : { en haut, 1 p. en bas, 7 lig.

La planche est un peu renflée près du haut, et elle a une ligne de plus.
Bibliothèque du Roi.

Fragment d'une autre Gaîne. Voyez n.º 282.

UN ÉTUI.

Un étui, de forme prismatique, ayant intérieurement quatre divisions aussi triangulaires, avec un couvercle, le tout en argent doré : chaque face est décorée de deux plaques d'argent niellées, l'une sur la boîte, l'autre sur le couvercle.

Dimension de l'étui entier: Haut., 1 p. 9 lig. Larg., 4 lig. et demie.
Dimension du couvercle : Hauteur, 3 lig. Largeur, 4 lig. et demie.
Cabinet Sykes, n.º 1245. Bijou d'argent.

408. *Première face. Sur la boîte.*

(I) Une femme vue de profil, tournée vers la gauche, tenant une quenouille sous son bras; au-dessus de sa tête est une banderole, sur laquelle on lit : HARVA DI ARCANZOLI. Peut-être est-ce le nom de la personne pour qui ce bijou a été fait.

409. *Sur le couvercle.*

(II) Un soleil rayonnant.

410. *Deuxième face. Sur la boîte.*

(III) Arabesques en feuille d'acanthe, prenant naissance dans le bas, à gauche; au milieu est un enfant nu, debout, tourné vers la gauche, et se tenant des deux mains à la branche principale des arabesques.

411. *Sur le couvercle.*

(IV) La suite de ces arabesques.

412. *Troisième face. Sur la boîte.*

(V) Arabesques naissant à droite ; au milieu, un enfant nu tourné vers la droite, et assis sur la branche principale des arabesques.

413. *Sur le couvercle.*

(VI) La suite de ces arabesques.

* 414. *Étui.*

Ce petit étui, à l'usage des femmes, est orné de deux plaques d'argent niellées, sur lesquelles on voit un enfant debout et une tête de génie ailée. Le haut est terminé par une corniche en métal doré.

La dimension de chacune des plaques est :
Hauteur : 1 p. 9 lig. Largeur : 9 lig.

Cabinet Malaspina, Tom. IV, pag. 326. Bijou d'argent.

* 415. *Joyau en forme de poire.*

Hauteur : 1 p. 7 lig.

Cabinet Malaspina, Tom. II, pag. 12.

Tabatière. Voyez Appendix, AA.

416. *Couvercle de Cassette.*

Ce dessin paraît avoir été gravé sur le couvercle d'une boîte ou cassette; il est divisé en trois parties : celle du milieu est un ovale en largeur, entièrement blanc; autour sont des têtes de chérubins, placées aux angles que laisse le carré long dans lequel est renfermé l'ovale.

Au-dessus est une bande où se trouvent quatre arcades séparées par des piliers : dans chacune des arcades se voit une figure à mi-corps; la première de ces figures, à droite, est la Vierge, ou plutôt sainte Magdeleine tenant un vase de parfums; la seconde, l'ange Gabriel; la troisième, saint Pierre, tenant une croix; et la quatrième, saint François, tenant un livre de ses deux mains.

Dans le bas, une autre bande aussi divisée en quatre portions : dans chacune se trouve une des vertus cardinales, la Justice, la Force, la Tempérance, et la Prudence, représentées par des femmes vues à mi-corps, et ayant chacune la tête ornée d'une couronne.

Hauteur : 3 p. 9 lig. Largeur : 2 p. 7 lig.

Cabinet Durazzo. Ce nielle est décrit dans le *Peintre-Graveur,* Tom. XIII, pag. 62, n.º 32.

Quatre plaques contournées. Voyez Appendix AB.

COUVERTURE D'UN ÉVANGÉLISTAIRE.

Au milieu est, en relief, Jésus-Christ crucifié, accompagné de deux personnages debout aux deux côtés de la croix. Aux quatre angles, sont les attributs des évangélistes, émaillés, et avec leurs noms gravés au-dessus. Dans les deux frises, haut et bas, se trouvent quatre petits médaillons, avec un trait rempli de nielle, sur un fond d'or.

Musée royal de France. Planches d'argent doré.

417. (I) *Saint Pierre.* Médaillon rond.
Diamètre : 1 p.

418. (II) *Saint Paul.* Médaillon rond.
Diamètre : 1 p.

419. (III) *Un Ange.* Médaillon rond.
Diamètre : 1 p.

420. (IV) *Un Ange.* Médaillon rond.
Diamètre : 1 p.

COUVERTURE D'UN ÉVANGÉLISTAIRE.

Un ancien manuscrit, in-4.º, sur vélin, contenant l'évangile de saint Jean et le rituel de l'Irlande avant l'arrivée des Normands. Il est couvert entièrement en métal, avec des ornemens d'orfévrerie et des inscriptions gravées en irlandais : sur l'une des faces est une croix ornée de cinq grosses pierres en verre coloré; dans chacun des quatre compartimens se trouve une figure gravée au simple trait, et niellée.

Ces figures sont d'une exécution très-ancienne et fort médiocre, mais qui démontre l'usage auquel on employait les nielles à cette époque. Les fonds sont couverts de traits horizontaux, irréguliers et tremblés, puis remplis d'or. Les bandes du tour sont couvertes d'inscriptions.

L'autre face du volume offre quatre plaques de blason, échiqueté d'argent, et dont l'émail est sauté.

Cabinet Buckingham. **Planche d'argent.**

421. *Jésus-Christ en croix.*

(I) Un Christ en croix : le bas, à droite, est échancré; dans le haut, à gauche, est un clou.

Hauteur : 1 p. 11 lig. Largeur : 1 p. 3 lig., par le haut.

422. *Saint Jean.*

(II) Le saint debout, tient un livre fermé : le bas, à gauche, est échancré; dans le haut, à droite, est un petit clou.

Hauteur : 1 p. 9 lig. Largeur : 1 p. 5 lig., par le haut.

423. *La Vierge et l'Enfant-Jésus.*

(III) La Vierge est couronnée, et tient l'Enfant-

Jésus dans son bras gauche : le haut, à droite, est échancré; dans le bas, à gauche, est un petit clou.

Hauteur : 1 p. 11 lig. Largeur : 1 p. 7 lig. au milieu; le bas est un peu plus étroit.

424. *Un Évêque.*

(IV) Ce pontife, coiffé d'une mitre, tient une croix de la main gauche, et il donne sa bénédiction de la main droite : le haut, à gauche, est échancré, et un clou se trouve à droite.

Hauteur : 1 p. 9 lig. Largeur : 1 p. 3 lig. Le bas est plus étroit.

COUVERTURE D'UN LIVRE.

Les Heures de la Vierge, manuscrit in-8.º, sur vélin, du XV.ᵉ siècle, avec dix miniatures, peintes par Girolamo, fils de François *dai libri* : ce volume est couvert en velours, avec des coins et des agrafes en argent doré. Sur chaque face se trouve une plaque en losange, au milieu de laquelle est un médaillon en argent niellé.

Cabinet Buckingham. Planche d'argent.

425. *La Vierge et l'Enfant-Jésus.*

(I) La Vierge, à mi-corps, vue de face, la tête un peu tournée à gauche, soutient l'Enfant-Jésus nu, et marchant du côté droit. Ce nielle est très-bien exécuté.

Diamètre : 9 lig. et demie.

426. *Le Jéhova.*

(II) Au milieu d'un cercle rayonnant et flamboyant est le Jéhova.

Diamètre : 9 lig. et demie.

GRAND PLATEAU.

Sur ce plateau, en argent doré, se trouvent deux figures allégoriques.

Cabinet Woodburn. Planche d'argent.

427. *La Vérité.*

(I) Une femme debout, drapée à l'antique, tient de la main gauche une banderole, sur laquelle est écrit : VERIA. Le fond est doré; le haut et le bas sont cintrés en sens inverse.

Hauteur : 2 p. 4 lig. Largeur : 10 lig.

428. *La Fortune.*

(II) Une femme drapée à l'antique, tient une couronne de la main gauche, et de l'autre une pomme; ses cheveux sont flottans et soulevés par le vent : à gauche est une banderole, sur laquelle on lit : BO N A FORTVNA. Le fond est doré, le haut et le bas sont cintrés en sens inverse.

Hauteur : 2 p. 4 lig. Largeur : 10 lig.

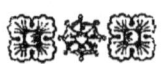

APPENDIX.

ANCIEN TESTAMENT.

A. * *Samson terrassant un Lion.*

Samson est nu et vu presque de face : il a la tête tournée vers la gauche, et pose son genou gauche sur le dos du lion; de ses deux mains il déchire la gueule de l'animal. Derrière lui, à gauche, est un arbre; du même côté, un petit rocher; dans le fond, à droite, on voit une montagne. Le fond est blanc.

Diamètre : 1 p. 6 lig.

Cette pièce a appartenu à M. Ottley, qui l'a décrite pag. 335, et la donne comme un nielle de François Francia. Elle a passé depuis dans le cabinet de Marc-Sykes, et se trouve dans son Catalogue, sous le n.° 1136. Je ne puis partager l'opinion de M. Ottley, non-seulement parce que le fond est resté en blanc, mais aussi parce que le travail n'a pas les caractères qui distinguent les travaux des anciens orfévres-nielleurs.

B. ✶ *Jonas sorti de la Baleine.*

Sur le devant est Jonas assis au bord de la mer, et paraissant remercier Dieu de sa délivrance; plus loin, on l'aperçoit au moment où il est avalé par la baleine, ou bien plutôt par un requin : plusieurs navires et gondoles couvrent la mer. A droite est une ville au milieu des eaux, probablement Venise; dans le lointain est une autre ville, qui pourrait être Aquilée.

Diamètre : 5 p. 7 lig.

Cabinet Malaspina.

Cette épreuve, au bistre, paraît tirée d'une planche faite au ciselet et au maillet.

NOUVEAU TESTAMENT.

C. ✳ *La Vierge et l'Enfant-Jésus avec deux Anges.*

Médaillon rond. Épreuve moderne d'une ancienne plaque non niellée de quelque évangélistaire.

D. ✳ *La Vierge, accompagnée de saint Sébastien et de saint Paul.*

Épreuve moderne d'une ancienne gravure faite grossièrement avec un fond en tailles croisées.

E. ✳ *Jésus-Christ au Jardin des Oliviers.*

Jésus-Christ à genoux, les bras élevés, paraît s'apprêter à recevoir la croix que lui apporte un ange, qui est placé dans le haut, à droite. De ce même côté on aperçoit un rocher, au-devant duquel sont les apôtres endormis ; à gauche, sur le devant, est saint Pierre, la tête appuyée sur une de ses mains ; l'autre main est posée sur une épée placée en travers sur ses genoux.

Hauteur : 2 p. 3 lig. Largeur : 1 p. 6 lig.

Bibliothèque du Roi.

La figure de Jésus-Christ est la seule qui soit terminée ; tout le reste du sujet est simplement tracé. Cette planche n'a donc jamais été niellée ; mais je n'en ai jamais vu qu'une seule épreuve. Je la crois gravée par Marc-Antoine, et je doute que ce soit un nielle.

F. ✳ *Le Christ glorieux.*

Au milieu est le Christ assis entouré d'anges; les apôtres sont rangés à droite et à gauche; au bas se voit un autel orné d'une croix et de six cierges. De chaque côté de la croix est un ange en adoration. Aux deux côtés de l'autel sont deux figures à genou; à gauche, saint Jean-Baptiste; et à droite, la Vierge. Autour est une inscription écrite à rebours, en caractères romains : ✠ JVSTVS · ES · DOMINE · ET · RECTVM · JVDICIVM · TVVM · MISERERE NOSTRI·DO MISERERE NOSTRI

Le fond de cette gravure étant très-noir, on pourrait la regarder comme un nielle; mais le travail démontre le contraire, et la planche originale existe sans être niellée. Au revers de ce médaillon se trouve une tête de profil.

Diamètre : 2 p., 10 lig.

Cette épreuve faisait partie du cabinet Sykes; elle se trouve sous le n.° 1112. Le papier sur lequel elle est tirée n'est pas très-ancien, mais il a été coloré avec du bistre.

G. ✳ *L'Annonciation.*

Ce sujet est divisé en deux parties : dans l'une est la Vierge à genoux; et dans l'autre, l'ange Gabriel tenant un cartouche, sur lequel est écrit, à rebours, AVE MARIA.

Hauteur : 1 p. 10 lig.? Largeur : 1 p. 7 lig.?

Cabinet Malaspina, Tom. II, pag. 6, et Tom. IV, pag. 329.

On connaît les planches originales de ces deux pièces; elles sont en cuivre jaune, et ne sont pas niellées : les épreuves qui en existent doivent être modernes. Cependant j'ai cru devoir les placer ici, tant à cause de la nature du travail, qu'à cause de l'inscription qui est écrite à rebours; ce qui ne serait pas, si la planche eût été gravée dans l'intention d'en tirer épreuve.

TROIS MÉDAILLONS RONDS.

Diamètre : 8 lig.

Cabinet Sykes, n.os 1237 et 1245. Planches d'argent.

H. * *Un Buste de la Vierge.*

I. * *Un Buste de saint Pierre.*

J. * *Un Buste de saint Jean-Baptiste.*

Ces médaillons sont de simples dessins tracés avec des points faits au ciselet : les yeux, la bouche et le nez sont frappés d'un seul coup. Il ne se trouve dans les figures ni ombres, ni détails : elles n'ont été ni émaillées, ni niellées, et pourraient être classées parmi les ouvrages au maillet. Je n'en connais pas d'épreuves : elles ne peuvent être regardées ni comme des nielles, ni comme des gravures.

Il serait possible maintenant de les imprimer, et ces estampes se trouveraient dans le cas des épreuves modernes tirées de pièces gravées antérieurement à la découverte de l'impression des estampes, qui, bien que la gravure de la planche soit d'un travail très-ancien, ne changent rien à la date de la découverte faite par Maso Finiguerra.

K. ✳ *Vierge de douleur.*

La Vierge est à mi-corps, tournée vers la droite.

Diamètre : 7 lig.

L. ✳ *Vierge de douleur.*

La Vierge en buste, est tournée à droite, et remplie de douleurs.

Cette pièce, sur cuivre, est émaillée en bleu, et ne peut être considérée comme un nielle. Ce n'est que parce qu'elle faisait partie du cabinet de Marc-Sykes que la description en est placée ici.

Diamètre : 6 lig.

Cabinet Sykes, n.° 1245.

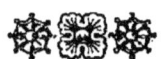

SAINTS.

M. ✻ *Saint Athanase.*

Buste d'un saint évêque, vu de face, et donnant la bénédiction de la main droite : il est vêtu de la trabée et de l'étole grecque, sur laquelle on voit trois croix. Au fond, on aperçoit des murailles crénelées. Dans le haut est écrit : $\overset{\text{r}}{\text{A}}\text{O}\;\;\text{AΘA NA}\underset{\text{oc}}{\text{ΣΙ}}$; autour on lit : ✚ ΟΤΑΠΕΙΝΟΣ · ΜΗΤΡΟΠΟΛΙΤΗC · ΔΕΒΡΩΝ · ΟΝΟΥΦΙΟΣ

Diamètre : 1 p. 2 lig.
Cabinet Revil.

N. ✻ *Un Saint Martyr.*

Il tient une palme de la main droite.
Cette pièce est d'un travail très-ancien et très-grossier : elle paraît n'avoir jamais été niellée, et est assez mal conservée.

Diamètre : 6 lig. et demie.
Cabinet Sykes, n.º 1237. Planche d'argent.

O. ✻ *Un Religieux.*

Il est vu à mi-corps, tourné vers la gauche, tenant un ostensoir rayonnant, au milieu duquel est le JÉHOVA. Le fond est couvert de losanges en creux. Cette pièce n'est pas niellée.

Diamètre : 9 lig.

P. ✱ *Un Évêque.*

Il tient sa crosse de la main gauche. Cette pièce n'est pas niellée.

Diamètre : 7 lig.

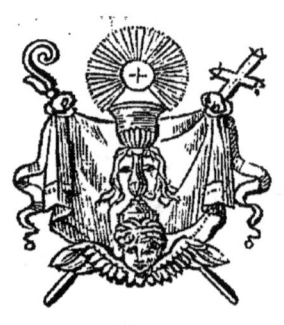

MYTHOLOGIE.

Q. ✳ *L'Amour.*

(1) Il est assis, les yeux bandés, et les mains liées derrière le dos.

<small>Diamètre : 2 p.
Cabinet *Sykes*, n.º 1157.</small>

R. ✳ *L'Amour.*

(11) Il est couché sur un Dauphin, et se tient de la main droite à la gueule de cet animal.

<small>Diamètre : 2 p. 1 lig.
Cabinet *Sykes*, n.º 1157.</small>

Ces deux pièces, dans la manière de Baccio Baldini, sont sur un fond blanc. Il est fort douteux que ce soit des nielles.

S. ✳ *Nymphe, accompagnée d'un Triton et d'un Amour.*

Au milieu d'un écusson, échancré par le haut et cintré par le bas, est une nymphe assise, le bras droit posé sur le dieu marin qui est derrière elle : à gauche, sur le devant, on voit un petit amour à cheval sur un dauphin.

Cette pièce, assez médiocre, est d'un travail entièrement différent de tous les autres nielles; cependant on doit au-moins la considérer comme une gravure de cette époque.

<small>Hauteur : au milieu, 1 p. 5 lig. Largeur : 1 p. 4 lig.
Cabinet *Sykes*, n.º 1160.</small>

PORTRAIT.

T. ✳ *Portrait.*

Un général de l'Empire pendant la guerre de trente ans.

Nielle moderne, dont parle Lanzi, et qui, selon lui, se trouvait à Hambourg, chez M. Balemann, dont le nom est pourtant inconnu parmi les amateurs de cette ville.

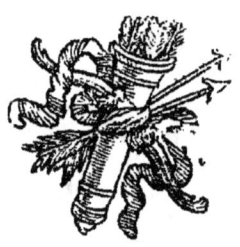

ARABESQUES.

Quatre pièces que je ne crois pas être des nielles, mais d'anciennes gravures de maîtres italiens.

Cabinet Sykes, n.º 118.

  U. ✱ *Arabesques en hauteur.*
Hauteur : 4 p. 8 lig. Largeur : 10 lig.

  V. ✱ *Arabesques en hauteur.*
Hauteur : 4 p. 7 lig. Largeur : 10 lig.

  X. ✱ *Arabesques en largeur.*
Largeur : 4 p. Hauteur : 1 p. A la planche.

  Y. ✱ *Arabesques en largeur.*
Largeur : 3 p. 11 lig. Hauteur : 10 lig. Au trait.

  Z. ✱ *Une Lame de Couteau.*

Danse d'enfans, dans laquelle se trouvent environ vingt figures : l'une d'elles est à cheval sur un objet difficile à reconnaître. La seule épreuve que j'aie vue était assez mal imprimée, et les figures n'avaient rien de facile à caractériser. Le fond est blanc ; ce qui me fait penser que cette pièce n'est point un nielle : mais c'est bien certainement une très-ancienne gravure d'Italie.

Largeur : 4 p. 11 lig. Hauteur, au milieu, 7 lig. ; à gauche, une ligne de moins ; à droite, la pièce se termine en pointe.

  AA. ✱ *Une Tabatière.*

Ce nielle, probablement gravé à Augsbourg

dans le commencement du XVIII.ᵉ siècle, est d'un travail médiocre, et du plus mauvais goût de dessin. Il représente une pastorale.

Cabinet Sykes, n.° 1242.

AB. ⁎ *Quatre Plaques.*

Ces plaques, contournées, d'un très-mauvais goût, et remplies d'inscriptions, en caractères russes, sont bien en effet des nielles, probablement faits en Allemagne, au commencement du XVIII.ᵉ siècle; ils ne présentent aucun intérêt.

Cabinet Sykes, n.° 1243.

AC. ⁎ *Suite de trente petits Médaillons.*

Dans chacun de ces médaillons est représenté un animal. On doit distinguer particulièrement une giraffe, un léopard, un éléphant, un cheval, un chien, un chat, un lapin, plusieurs oiseaux, etc.

Ces médaillons forment l'encadrement d'une épreuve de l'Adoration des Mages, n.° 32.

Quoique la dimension et le fond en tailles croisées aient pu faire regarder ces pièces comme des nielles, la régularité du travail m'empêche de partager cette opinion, et je crois ces petites gravures du milieu du XVI.ᵉ siècle.

FIN.

TABLE I^{RE}.

Nielles gravés par MASO FINIGUERRA.

32. Adoration des Mages.
53. La Vierge entourée d'Anges et de Saintes.
55. *Idem.*
56? La Vierge accompagnée de saint Sébastien et de saint Roch.
94? Baptême de Jésus-Christ.
129. Assomption, ou Couronnement de la Vierge.
298. Allégorie sur l'Amour.
325. Figure allégorique.

            8 pièces.

✳✳✳

TABLE II.

Nielles gravés par PEREGRINI.

9 à 13. Histoire d'Abraham.
17. David vainqueur de Goliath.
21. Judith, portant la tête d'Holopherne.
58. La Vierge accompagnée de S. Paul et de S. François.
94. Baptême de Jésus-Christ.
122. Résurrection de Jésus-Christ.
127. L'Annonciation.
170. Saint Jean-Baptiste.
176. Saint Sébastien.
179. Saint Jérôme.
188. Saint Roch.
208. Sainte Marguerite.
214. Triomphe de Neptune.
215. Minerve.
220. Triomphe de Mars.
221. Sacrifice à Mars.
222. Une Muse.
223. Une Muse.
226. L'Amour debout sur un vase.
232. Psyché.

235. Léda.
237. Nymphe liée à un arbre.
238. Triton caressant une Nymphe.
242. Une Femme avec trois Hommes et un Satyre.
246. Hercule étouffant Antée.
247. Hercule tuant l'Hydre.
249. *Idem.*
253. Hercule et Déjanire.
255. Orphée.
257. Arion sauvé par un Dauphin.
258. Arion abordant au Pirée.
260. Diomède enlevant le Palladium.
263. Mucius Scevola.
266. Apothéose.
274. Un Enseigne.
278. Deux Chevaliers combattant.
281. Deux Hommes se battant.
287. Trois Femmes dansant.
291. Trois Enfans.
300. Allégorie sur la Guerre.
301? Allégorie sur l'Union.
302. Allégorie sur la Renommée.
303. Allégorie sur la Navigation.
306. Allégorie sur l'Abondance.
314. Femme avec une épée et une pomme.
319. Figure allégorique.
329. Portrait d'Homme.
332. Portrait d'un jeune Homme.
354. Arabesques en hauteur.
356. *Idem.*

357. Arabesques en hauteur.
358. *Idem.*
359. *Idem.*
360. *Idem.*
361. *Idem.*
362. *Idem.*
365. *Idem.*
366. *Idem.*
370. Arabesques en largeur.
384? Un Écusson.
394. Manches de couteaux.
339. *Idem.*

66 pièces.

✳✳✳

TABLE III.

Nielles gravés par divers ORFÉVRES et GRAVEURS.

Daniel ARCIONI.

393. Un Manche de couteau.

Mathieu DEI.

96. Jésus-Christ en Croix.
99. *Idem.*
139. Conversion de saint Paul.

Antoine POLLAJUOLO.

104. Descente de Croix.
175. Martyre de saint Laurent.

Nicolas ROSEX de Modène.

15. David vainqueur de Goliath.
16. *Idem.*
315. Femme avec une épée et une pomme.

JEAN-ANTOINE de Brescia.

268. Sacrifice devant un Temple.

François RAIBOLINI.

26? La Nativité.
101. Jésus-Christ en Croix.
121. Résurrection de Jésus-Christ.
243. Une Femme avec trois Hommes et un Satyre.

Marc-Antoine RAIMONDI.

213. Triomphe de Neptune.
227. Deux Amours près d'un tombeau.
241. Amymone enlevée par un Triton.

✳✳✳

TABLE IV.

Nielles qui se trouvent
a la BIBLIOTHÈQUE DU ROI.

9 à 13. Histoire d'Abraham.
16. David vainqueur de Goliath.
21. Judith portant la tête d'Holopherne.
22. *Idem.*
32. Adoration des Mages.
34. La Vierge et l'Enfant-Jésus.
54. La Vierge et l'Enfant-Jésus, entourés d'Anges et de Saintes.
58. La Vierge, l'Enfant-Jésus, S. Paul et S. François.
68 à 79. Vie de Jésus-Christ.
122. Résurrection de Jésus-Christ.
129. Assomption, ou Couronnement de la Vierge.
139. Conversion de Saint Paul.
164. Saint Laurent et une Sainte.
171. Saint Jean-Baptiste.
174. Saint Laurent.
176. Saint Sébastien.
184. Saint François d'Assise.

188. Saint Roch.
199. Un saint Martyr.
200. Un saint Religieux.
213. Triomphe de Neptune.
216. La Déesse Rome.
218. Mercure et Bacchus enfant.
220. Triomphe de Mars.
221. Sacrifice à Mars.
222. Une Muse.
223. Une Muse.
226. L'Amour sur un Vase.
234. Les trois Déesses et la Discorde.
235. Léda.
241. Enlèvement d'Amymone.
247. Hercule tuant l'Hydre.
251. Hercule domptant le Taureau.
253. Hercule et Déjanire.
257. Arion sauvé par un Dauphin.
258. Arion abordant au Pirée.
260. Diomède enlevant le Palladium.
273. Guerrier romain.
275. Quatre champions se battant.
277. Trois Guerriers à pied.
278. Deux Chevaliers combattant.
281. Deux Hommes se battant.
282. Deux Chasseurs.
284. Trois Hommes relevant un Cheval.
287. Trois Femmes dansant.
289. Collation champêtre.
300. Allégorie sur la Guerre.

302. Allégorie sur la Renommée.
306. Allégorie sur l'Abondance.
317. La Tempérance.
319. Figure allégorique.
322. La Pucelle.
336. Deux Têtes casquées.
338. Bustes d'hommes.
339. *Idem.*
356. Arabesques en hauteur.
357. *Idem.*
358. *Idem.*
359. *Idem.*
360. *Idem.*
362. *Idem.*
363. Cartouche avec une inscription.
364. Cartouche, sans inscription.
368. Arabesques, avec trois Amours.
370. Arabesques en largeur.
371. *Idem.*
372. *Idem.*
379. *Idem.*
394. Manches de Couteaux.
405. Une Gaîne.
406. *Idem.*
407. *Idem.*

        87 pièces.

***

TABLE V.

NIELLES QUI SE TROUVENT DANS LE CABINET DE M. LE COMTE DURAZZO, A GÊNES.

26. La Nativité, n.° 1.*
67. La Vierge et l'Enfant-Jésus, etc., n.° 7.
94. Baptême de Jésus-Christ, n.° 2.
101. Jésus-Christ en croix, n.° 4.
103. *Idem*, n.° 3.
106. Jésus-Christ mis au tombeau, n.° 5.
111. L'Homme de douleur, n.° 6.
129. Assomption, ou Couronnement de la Vierge.
170. Saint Jean-Baptiste, n.° 8.
178. Saint Georges, n.° 9.
233. Jugement de Pâris, n.° 14.
239. Dieu marin et Néréide, n.° 13.
249. Hercule combattant l'Hydre, n°. 12.
253. Hercule et Déjanire, n.° 11.
263. Mucius Scevola, n.° 10.
265. Allocution, n.° 24.
283. Homme renversé par un Lion, n.° 26.
305. Allégorie sur l'Amour, n.° 27.

---

* Ce n.° est celui que portent ces pièces dans *le Peintre-Graveur*, Tom. XIII.

312. Roue allégorique, n.° 22.
313. L'Espérance, n.° 28.
318. Allégorie sur le malheur, n.° 25.
326. Une Femme les yeux bandés, n.° 21.
330. Un Empereur, n.° 23.
331. Tête d'Homme à cheveux longs, n.° 16.
337. Homme et Femme de profil, n.° 19.
338. Bustes d'Hommes, n.° 20.
341. Portraits d'Homme et de Femme, n.° 18.
347. Portrait d'une Dame, n.° 17.
349. Tête d'Homme avec une grande calote, n.° 15.
362. Arabesques en hauteur, n.° 30.
369. Arabesques en largeur, n.° 31.
390. Armoiries, n.° 29.
416. Couvercle d'une cassette, n.° 32.

33 pièces.

✳✳✳

TABLE VI.

NIELLES QUI SE TROUVENT DANS LE CABINET DE
M. LE MARQUIS DE MALASPINA, A MILAN.

24. Judith. Tom. IV [1], pag. 325.
30. La Nativité. Tom. II [2], pag. 5.
31. Adoration des Bergers. Tom. IV, pag. 327, n.° 1.
40. La Vierge et l'Enfant-Jésus. T. IV, p. 328, n.° 5.
41. *Idem.* Tom. IV, pag. 328, n.° 6.
42. *Idem.* Tom. IV, pag. 328, n.° 7.
48. *Idem.* Tom. IV, pag. 327, n.° 2.
50? *Idem.* Tom. IV, pag. 327, n.° 4.
56. La Vierge, saint Sébastien et saint Roch, Tom. IV, pag. 326, n.° 3.
59. La Vierge avec deux Anges. Tom. II, pag. 6.
62. La Vierge et l'Enfant-Jésus, etc. Tom. IV, pag. 327, n.° 3.
64. La Vierge et l'Enfant-Jésus, Tom. II, pag. 6.
100. Jésus-Christ en croix. Tom. II, pag. 6.
107. Le Sauveur. Tom. IV, pag. 329.
108. Tête de Christ. Tom. IV, pag. 329.
113. Homme de douleur. Tom. II, pag. 6.

---

[1] Toutes les pièces citées dans le Tom. IV sont des *planches d'argent*.
[2] Celles citées dans le Tom. II sont des *épreuves sur papier*.

115. Homme de douleur. Tom. IV, pag. 328, n.° 7.
116. *Idem*. Tom. IV, pag. 328, n.° 9.
118. *Idem*. Tom. IV, pag. 328, n.° 8.
124. Résurrection de Jésus-Christ. T. IV, p. 328, n° 11.
125. *Idem*. Tom. IV, pag. 328, n.° 10.
128. La Vierge en prières. Tom. II, pag. 6.
132 à 136. Apôtres? Tom. IV, pag. 328, n.ᵒˢ 12, 13, 15, 22 et 23.
172. Saint Jean-Baptiste. Tom. IV, pag. 328, n.° 14.
175. Martyre de saint Laurent. Tom. II, pag. 17.
182. Saint Martin. Tom. IV, pag. 328, n.° 16.
185. Saint François d'Assise. Tom. IV, p. 328, n.° 19.
187. Saint Antoine de Padoue. T. IV, p. 328, n.° 20.
189. Saint Roch. Tom. IV, pag. 328, n.° 17.
194. Un Saint, martyr. Tom. IV, pag. 328, n.° 21.
204. Sainte Catherine. T. II, p. 6, et T. IV, p. 329.
206. Sainte Hélène. Tom. II, p. 6, et Tom. IV, p. 329.
207. *Idem*. Tom. IV, pag. 328, n°. 18.
214. Triomphe de Neptune. Tom. II, pag. 7.
240. Un Triton. Tom. II, pag. 9.
245. Hercule et Cacus. Tom. II, pag. 7.
246. Hercule étouffant Antée. Tom. II, pag. 7.
250. Hercule vainqueur de Cerbère. Tom. II, pag. 7.
253. Hercule et Déjanire. Tom. II, pag. 7.
257. Arion sauvé par un Dauphin. Tom. II, pag. 9.
260. Diomède enlevant le Palladium. Tom. II, pag. 8.
261. Diomède enlevant le Palladium. Tom. II, pag. 8.
263. Mucius Scevola. Tom. II, pag. 7.
280. Un Homme à Cheval. Tom. II, pag. 9.
290. Deux Enfans. Tom. II, pag. 12.

291. Trois Enfans. Tom. II, pag. 9.
297. Allégorie sur le Mariage. Tom. II, pag. 9.
298. Allégorie sur l'Amour. Tom. II, pag. 10.
306. Allégorie sur l'Abondance. Tom. II, pag. 10.
308. Allégorie avec deux Cerfs. Tom. II, pag. 8.
311. Allégorie sur une Alliance. Tom. II, pag. 9.
320. Figure allégorique. Tom. IV, pag. 327.
334. Tête de Femme. Tom. II, pag. 12.
338. Bustes d'Hommes. Tom. II, pag. 9 et 10.
343. Portrait de Laure. Tom. IV, pag. 325.
353. Arabesques en hauteur. Tom. II, pag. 11.
360. *Idem.* Tom. II, pag. 11.
362. *Idem.* Tom. II, pag. 10 et 11.
371. Arabesques en largeur. Tom. II, pag. 11.
379. *Idem.* Tom. II, pag. 11.
382 et 383. *Idem.* Tom. II, pag. 12.
391 et 392. Armoiries. Tom. IV, p. 329, n.ᵒˢ 24 et 25.
393. Manche de Couteau. Tom. IV, pag. 326.
394. *Idem.* Tom. II, pag. 12.
395 à 397. *Idem.* Tom. IV, pag. 326.
398. *Idem.* Tom. II, pag. 12.
414. Un Étui. Tom. IV, pag. 326.
415. Un Joyau. Tom. II, pag. 12.

            76 pièces.

         ✳✳✳

TABLE VII.

Nielles qui se trouvent dans le Cabinet de M. le Marquis de TRIVULCIO, a Milan.

25. La Nativité.
28. *Idem.*
60. La Vierge et l'Enfant-Jésus, etc.
61. *Idem.*
65. *Idem.*
66. *Idem.*
98. Jésus-Christ en croix.
112. L'Homme de douleur.
114. *Idem.*
123. Résurrection de Jésus-Christ.
201. Un saint Évêque.
203. Saint Antoine, saint Roch et sainte Catherine.

12 pièces.

✳✳✳

TABLE VIII.

Nielles qui faisaient partie du Cabinet du Prince PONIATOWSKY, en Pologne.

57. La Vierge, l'Enfant-Jésus et deux Saints.
95. Jésus-Christ en croix.
97. *Idem.*
166. Saint Michel.
192. Un saint Religieux.

5 pièces.

TABLE IX.

Nielles qui se trouvent dans le Cabinet du Duc de BUCKINGHAM, a Stowe.

32. Adoration des Mages.
33. *Idem.*
58. La Vierge, l'Enfant-Jésus, S. Paul et S. François.
129. Assomption de la Vierge.
139. Conversion de saint Paul.
208. Sainte Marguerite.
263. Mucius Scevola.
421 à 424. Couverture d'un Évangélistaire.
425 et 426. Couverture d'un livre d'Heures.

13 pièces.

TABLE X.

NIELLES QUI FAISAIENT PARTIE DU CABINET DE FEU MARC MASTERMAN SYKES.

1 à 7. Histoire d'Adam, n.° 1230.
8. Adam et Ève, n.° 1130.
14. Abraham sur la Montagne, n.° 1131.
17. David vainqueur de Goliath, n.° 1141.
18. Samson terrassant un Lion, n.° 1135.
19. Tobie et l'Ange, n.° 1134.
20. *Idem*, n.° 1133.
21. Judith, n.° 1137.
22. *Idem*, n.° 1139.
23. *Idem*, n.° 1138.
27. La Nativité, n.° 1245.
32. Adoration des Mages, n.° 1212.
35. La Vierge et l'Enfant-Jésus, n.° 1245.
36. *Idem*, n.° 1245.
43. *Idem*, n.° 1245.
44. *Idem*, n.° 1245.
46. *Idem*, n.° 1245.
49. *Idem*, n.° 1236.

54. La Vierge entourée d'Anges et de Saints, n.° 1211.
55. *Idem*, n.° 1244.
63. La Vierge, l'Enfant-Jésus, etc., n.° 1245.
80 à 93. Passion de Jésus-Christ, n.°ˢ 1231 à 1235.
99. Jésus-Christ en Croix, n.° 1143.
102. *Idem*, n.° 1142.
105. Le Christ mort, n.° 1245.
109. L'Homme de douleur, n.° 1245.
110. *Idem*, n.° 1245.
117. *Idem*, n.° 1245.
119. *Idem*, n.° 1237.
122. Résurrection de Jésus-Christ, n.° 1115.
126. Annonciation, n.° 1245.
127. *Idem*, n.° 1114.
131. Saint Jacques le mineur, 1245.
139. Conversion de saint Paul, n.° 1209.
141 à 146. Plusieurs Saints, n.° 1245.
147 à 150. *Idem*, n.° 1245.
151 à 162. *Idem*, n.° 1245.
167. Saint Michel et deux Anges, n.° 1241.
173. Saint Jean-Baptiste, n.° 1237.
179. Saint Jérôme, n.° 1145.
180. *Idem*, n.° 1245.
183. Saint Bernard, n.° 1241.
186. Saint François-d'Assise, n.° 1245.
190. Saint Roch, n.° 1245.
191. Un Saint et deux Saintes, n.° 1240.
195 à 198. Plusieurs Saints, n.° 1236 et 1237.
202. Un saint Évêque, n.° 1237.

202 bis. Un Religieux, n.° 1237.
208. Sainte Marguerite, n.° 1124.
211. Une Sainte, martyre, n.° 1245.
213. Triomphe de Neptune, n.° 1164.
215. Minerve, n.° 1170.
216. La Déesse Rome, n.° 1178.
217. Mercure, n.° 1171.
218. Mercure et Bacchus enfant, n.° 1172.
219. Bacchanale, n.° 1156.
220. Triomphe de Mars, n.° 1125.
221. Sacrifice à Mars, n.° 1193.
224. L'Amour, etc., n.° 1187.
225. *Idem*, n.° 1186.
227. *Idem*, n.° 1185.
228. *Idem*, n.° 1183.
231. *Idem*, n.° 1188.
232. Psyché, n.° 1117.
236. Triomphe de Galathée, n.° 1163.
237. Une Nymphe, n.° 1177.
238. Triton caressant une Nymphe, n.° 1161.
242. Une Femme avec trois Hommes et un Satyre, n.° 1153.
243. *Idem*, n.° 1152.
244. *Idem*, n.° 1154.
246. Hercule étouffant Antée, n.° 1165.
247. Hercule tuant l'Hydre, n.° 1167.
248. *Idem*, n.° 1169.
249. *Idem*, n.°s 1116 et 1168.
252. Hercule domptant le Lion de Némée, n.° 1166.
254. Hercule vaincu, n.° 1176.

255. Orphée, n.ᵒˢ 1126 et 1127.
256. *Idem*, n.° 1173.
258. Arion abordant au Pirée, n.° 1175.
259. Pyrame et Thysbé, n.° 1174.
262. Artaxerce recevant la tête de Cyrus-le-Jeune, n.° 1149.
263. Mucius Scevola, n.° 1120.
266. Apothéose, n.° 1128.
268. Sacrifice devant un Temple, n.° 1155.
269 et 270. Deux Sacrifices, n.° 1151.
271. Condamnation à mort, n.° 1146.
274. Un Enseigne, n.° 1116.
276. Trois Guerriers à cheval, n.° 1194.
281. Deux Hommes se battant, n.° 1191.
284. Trois Hommes relevant un Cheval, n.° 1181.
285. Homme à table, n.° 1180.
286. Femme tenant une Lyre, n.° 1192.
288. Concert, n.° 1181.
293. Enfans jouant, n.° 1159.
294. *Idem*, n.° 1179.
296. Combat d'Animaux, n.° 1202.
302. Allégorie sur la Renommée, n.° 1147.
303. Allégorie sur la Navigation, n.° 1119.
304. *Idem*, n.° 1179.
307. Allégorie sur l'Amour de Dieu, n.° 1148.
309. Allégorie sur la fuite du temps, n.° 1190.
310. Allégorie sur le Crime, n.° 1182.
319. Figure allégorique, n.° 1118.
321. *Idem*, n.° 1189.
323. *Idem*, n.° 1183.

TABLES.

324. Allégorie sur le Martyre, n.° 1245.
325. Figure allégorique, n.° 1245.
327. L'Abondance, n.° 1188.
328. La Justice, n.° 1192.
333. Tête de Femme, n.° 1195.
335. Tête de Guerrier, n.° 1195.
336. Deux Têtes casquées, n.°ˢ 1200 et 1201.
337. Homme et Femme de profil, n.° 1198.
338. Bustes d'Hommes, n.° 1199.
339. *Idem*, n.° 1201.
342. Tête de jeune Femme, n.° 1197.
344. Tête d'Homme à cheveux courts, n.° 1197.
345. Tête d'un Guerrier, n.° 1197.
348. Portrait de Savonarole, n.° 1238.
350. Jeune Homme à Cheveux longs, n.° 1196.
351 et 352. Deux Têtes laurées, n.° 1195.
354. Arabesques en hauteur, n.° 1205.
355. *Idem*, n.° 1206.
359. *Idem*, n.° 1121.
361. *Idem*, n.° 1205.
365. *Idem*, n.° 1205.
366. *Idem*, n.° 1205.
367. *Idem*, n.° 1203.
370. Arabesques en largeur, n.° 1207.
373 à 378. *Idem*, n.° 1239.
380 et 381. *Idem*, n.° 1204.
384. Un Écusson, n.° 1245.
385 à 389. Cinq Rosaces, n.° 1245.
394. Manches de Couteaux, n.° 1122.
398. *Idem*, n.° 1123.

400. Manche de Couteau, n.° 1245.
401. *Idem*, n.° 1150.
402. *Idem*, n.° 1162.
403. *Idem*, n.° 1184.
404. *Idem*, n.° 1140.
408 à 413. Un Étui, n.° 1245.

199 pièces.

CONCORDANCE des N.ᵒˢ du Catalogue de la Vente du Cabinet Sykes avec les N.ᵒˢ de l'Essai sur les Nielles.

La 1.ʳᵉ colonne indique les N.ᵒˢ du Cabinet Sykes, et la 2.ᵉ ceux de cet Essai.

PEREGRINI.		ANONYMES.	
1114	127.	1130	8.
1115	122.	1131	14.
1116	249, 274.	1132	0.
1117	232.	1133	20.
1118	319.	1134	19.
1119	503.	1135	18.
1120	263.	1136	A.
1121	359.	1137	21.
1122	394.	1138	23.
1123	398.	1139	22.
DÉCRITS PAR BARTSCH.		1140	404.
1124	208.	1141	17.
1125	220.	1142	102.
1126	255.	1143	99.
1127	255.	1144	0.
1128	266.	1145	179.
1129	267.	1146	271.

TABLES.

1147	302.	1177	237.
1148	307.	1178	216.
1149	262.	1179	294, 304.
1150	401.	1180	285, 294.
1151	269, 270.	1181	284, 288.
1152	243.	1182	310.
1153	242.	1183	228, 323.
1154	244.	1184	403.
1155	268.	1185	227.
1156	219.	1186	225.
1157	Q, R.	1187	224.
1158	U, V, X, Y.	1188	231, 327.
1159	293.	1189	321.
1160	S.	1190	309.
1161	238.	1191	281.
1162	402.	1192	286, 328.
1163	236.	1193	221.
1164	213.	1194	276.
1165	246.	1195	333, 335, 351, 352.
1166	252.	1196	350.
1167	247.	1197	342, 344, 345.
1168	249.	1198	337.
1169	248.	1199	338.
1170	215.	1200	336.
1171	217.	1201	336, 339.
1172	218.	1202	296.
1173	256.	1203	367.
1174	259.	1204	380, 381.
1175	258.	1205	354, 361, 365, 366.
1176	254.	1206	355.

1207	370.	1237	119, 173, 197, 202, 202 *bis*, G, N.
1208	Copies des n.ᵒˢ 55, 99, 129, 139, 340.	1238	348.
1209	139.	1239	373 à 378.
1210	Copies des n.ᵒˢ 95, 96, 97, 104, 166.	1240	191.
		1241	167, 183.
MASO FINIGUERRA.		1242	AA.
1211	54.	1243	AB.
1212	32.	1244	55.
EMPREINTES EN SOUFRE.		1245	27, 35, 36, 43, 44, 46, 63, 105, 109, 110, 117, 126, 131, 141 à 162, 180, 186, 190, 211, 324, 325, 384, 385 à 389, 400, 408 à 413, G, L.
1230	1 à 7.		
1231	80, 81, 87, 88.		
1232	82.		
1233	91.		
1234	83, 84, 89, 90.		
1235	85, 86, 92, 93.		
NIELLES EN ARGENT.			
1236	49, 195, 196, 198.		

✳✳✳

TABLE XI.

Nielles de la Collection de M. Samuel WOODBURN, a Londres.

39. La Vierge et l'Enfant-Jésus.
47. *Idem.*
50. *Idem.*
51. *Idem.*
52. La Vierge et l'Enfant-Jésus en buste.
120. Homme de douleur.
130. Saint Jacques-le-majeur.
137. *Idem.*
138. Saint Jean-l'Évangéliste.
140. Saint Paul.
168. Saint Michel.
169. Saint Joseph.
181. Saint Augustin.
193. Trois Religieux.
210. Sainte Ursule ou la Vierge.
218. Mercure et Bacchus enfant.
234. Les trois Déesses et la Discorde.
236. Triomphe de Galathée.
242. Une Femme avec trois Hommes et un Satyre.
244. *Idem.*
362. Arabesques en hauteur.
367. *Idem.*
427 et 428. Un Plateau.

24 pièces.

TABLE XII.

NIELLES QUI SE TROUVENT DANS DIVERS
MUSÉES OU CABINETS.

MUSÉE ROYAL DE FRANCE.

417 à 420. Couverture d'un Évangélistaire.

GALERIE DE FLORENCE.

96. Jésus-Christ en croix.
129. Assomption de la Vierge.

INSTITUT DE BOLOGNE.

101. Jésus-Christ en croix.
121. Résurrection de Jésus-Christ.

BRITISH MUSEUM.

29. La Nativité.

LE PRINCE CHARLES D'AUTRICHE.

53. La Vierge et l'Enfant-Jésus.

SEROUX D'AGINCOURT.

104. Descente de croix.

REVIL.

38. La Vierge et l'Enfant-Jésus.
45. *Idem.*
221. Sacrifice à Mars.
356. Arabesques en hauteur.
358. *Idem.*

360. Arabesques en hauteur.
399. Manche de Couteau.

E. DURAND.

264. Germanicus haranguant son armée.
279. Combat de Cavalerie.
292. Un Génie et deux Enfans.
306. Allégorie sur l'Abondance.
355. Arabesques en hauteur.

Henri WELLESLEY.

163 à 165. Saints et Saintes.

Franc. DOUCE.

11. Les Serviteurs d'Abraham au bas de la Montagne.
179. Saint Jérôme.
301. Allégorie sur l'Union.

Thomas LLOYD.

139. Conversion de saint Paul.
205. Sainte Catherine.
209. Sainte Claire.

BRISARD.

243. Une Femme avec trois Hommes et un Satyre.
299. Allégorie où se voit une vieille Femme.
339. Buste d'Homme.

VENDRAMINI.

32. Adoration des Mages.

✳✳✳

TABLE XIII.

NIELLES DONT ON CONNAIT LES PLANCHES ORIGINALES EN ARGENT.

27. La Nativité.
29. *Idem.*
31. Adoration des Bergers.
35. La Vierge et l'Enfant-Jésus.
39 à 49. *Idem.*
50? La Vierge et l'Enfant-Jésus.
55. La Vierge et l'Enfant-Jésus entourés d'Anges et de Saints.
56. La Vierge, l'Enfant-Jésus, S. Sébastien et S. Roch.
57. La Vierge, l'Enfant-Jésus et deux Saints.
60 à 63. La Vierge, l'Enfant-Jésus, etc.
65 et 66. *Idem.*
95 à 98. Jésus-Christ en croix.
101. *Idem.*
104. Descente de croix.
105. Le Christ mort.
107. Le Sauveur.
108. Tête de Christ.
109 et 110. Homme de douleur.
115 à 119. *Idem.*
121. Résurrection de Jésus-Christ.

123 à 125. Résurrection de Jésus-Christ.
126. Annonciation.
130 à 137. Apôtres.
139. Conversion de Saint Paul.
141 à 146. Saints. Suite de VI Médaillons.
147 à 150. *Idem.* Suite de IV Médaillons.
151 à 162. *Idem.* Suite de XII Médaillons.
163 à 165. Saints et Saintes. Suite de III Médaillons.
166 et 167. Saint Michel.
169. Saint Joseph.
172 et 173. Saint Jean-Baptiste.
180. Saint Jérôme.
182. Saint Martin.
183. Saint Bernard.
185 et 186. Saint François.
187. Saint Antoine de Padoue.
189 et 190. Saint Roch.
191. Un Saint et deux Saintes.
192. Un Saint.
194. Un Saint Martyr.
195 à 198. Saints. Suite de IV Médaillons.
201 et 202. Un Évêque.
202 *bis.* Un Religieux.
203. Saint Antoine, saint Roch et sainte Catherine.
206 et 207. Sainte Hélène.
210. Sainte Ursule, ou la Vierge.
211. Une Sainte Martyre.
320. Figure allégorique.
324 et 325. *Idem.*
343. Portrait de Laure.

348. Portrait de Savonarole.
373 à 378. Arabesques dans des écussons.
384. Un Écusson.
385 à 389. Cinq Rosaces.
391 et 392. Deux Armoiries.
393. Manche de Couteau.
395 à 397. *Idem.*
399 et 400. *Idem.*
408 à 413. Un Étui.
414. Un Étui.
417 à 420. Couverture d'un Évangélistaire.
421 à 424. *Idem.*
425 et 426. Couverture d'un Livre d'Heures.
427 et 428. Un Plateau.

                                                      165 pièces.

✳✳✳

TABLE XIV.

NIELLES DONT ON CONNAIT LA PLANCHE ORIGINALE EN ARGENT, ET DES ÉPREUVES OU DES EMPREINTES.

50? La Vierge et l'Enfant-Jésus.
101. Jésus-Christ en croix.
129. Assomption, ou Couronnement de la Vierge.
139. Conversion de saint Paul.
164. Saint Laurent et une Sainte martyre.
204. Sainte Catherine.
206. Sainte Hélène.

7 pièces.

TABLE XV.

NIELLES DONT ON CONNAIT DES EMPREINTES EN SOUFRE.

1 à 7. Histoire d'Adam.
80 à 93. La Passion de Jésus-Christ.
129. Assomption, ou Couronnement de la Vierge.
193. Trois Religieux.

23 pièces.

✵✵✵

TABLE XVI.

NIELLES DONT ON CONNAIT QUATRE ÉPREUVES.

- 32. Adoration des Mages.
- 139. Conversion de saint Paul.
- 164. Saint Laurent et une Martyre.
- 221. Sacrifice à Mars.
- 253. Hercule et Déjanire.
- 263. Mucius Scevola.
- 338. Bustes d'Hommes.
- 362. Arabesques en hauteur.

8 pièces.

TABLE XVII.

NIELLES DONT ON CONNAIT TROIS ÉPREUVES.

- 11. Les Serviteurs d'Abraham au bas de la montagne.
- 208. Sainte Marguerite.
- 218. Mercure et Bacchus enfant.
- 220. Triomphe de Mars.
- 242. Une Femme avec trois Hommes et un Satyre.
- 249. Hercule combattant l'Hydre.
- 255. Orphée.
- 306. Allégorie sur l'Abondance.
- 336. Deux Têtes casquées.
- 362. Arabesques en hauteur.
- 394. Manches de Couteaux.

11 pièces.

TABLE XVIII.

NIELLES DONT ON CONNAIT DEUX ÉPREUVES.

10. Abraham partant pour le mont Moriah.
13. Abraham immolant son fils.
21. Judith.
22. *Idem.*
54. La Vierge et l'Enfant-Jésus entourés d'Anges et de Saints.
58. La Vierge, l'Enfant-Jésus, S. Paul et S. François.
122. Résurrection de Jésus-Christ.
213. Triomphe de Neptune.
214. *Idem.*
216. La Déesse Rome.
223. Une Muse.
234. Les trois Déesses et la Discorde.
236. Triomphe de Galathée.
243. Une Femme avec trois Hommes et un Satyre.
244. *Idem.*
246. Hercule étouffant Antée.
247. Hercule tuant l'Hydre.
257. Arion sauvé par un Dauphin.
258. Arion abordant au Pirée.

260. Diomède enlevant le Palladium.
266. Apothéose.
269. Sacrifice d'une Truie.
270. Sacrifice de Parfums.
281. Deux Hommes se battant.
284. Trois Hommes à cheval.
300. Allégorie sur la Guerre.
302. Allégorie sur la Renommée.
319. Figure allégorique.
337. Homme et Femme de profil.
355. Arabesques en hauteur.
356. *Idem.*
358. *Idem.*
359. *Idem.*
361. *Idem.*
367. *Idem.*
370. Arabesques en largeur.
371. *Idem.*
379. *Idem.*
398. Manche de Couteau.

39 pièces.

TABLE XIX.

Nielles ayant des traces de clous.

8. Adam et Ève.
17. David vainqueur de Goliath.
21. Judith.
22. *Idem.*
32. Adoration des Mages.
63. La Vierge et l'Enfant-Jésus.
67. *Idem.*
217. Mercure debout.
225. Statue de l'Amour.
226. L'Amour et d'autres Enfans.
228. L'Amour sonnant de la Trompette.
233. Jugement de Pâris.
252. Hercule domptant le Lion de Némée.
256. Orphée.
281. Deux Hommes se battant.
283. Homme renversé par un Lion.
284. Trois Hommes relevant un Cheval.
285. Homme à table.
289. Collation champêtre.
309. Allégorie.
310. *Idem.*
345. Tête d'un Guerrier.
367. Arabesques en hauteur.
372. Arabesques en largeur.
381. *Idem.*

25 pièces.

TABLE XX.

Nielles décrits dans le Peintre-Graveur, Tom. XIII, et donnés par Bartsch, comme des estampes de vieux maîtres italiens.

15. David vainqueur de Goliath, pag. 254, n.° 1.
208. La Providence (Sainte Marguerite), p. 207, n.° 3.
214. Triomphe de Neptune, pag. 208, n.° 5.
220. Triomphe de Mars, pag. 207, n.° 4.
229. L'Amour sur un Aigle, pag. 99, n.° 2.
230. L'Amour tenant des Pavots, pag. 99, n.° 1.
242. Une Femme avec trois Hommes, etc., p. 101, n°6.
255. Orphée, pag. 208, n.° 6.
266. Apothéose, pag. 209, n.° 7.
272. Guerrier portant un trophée, pag. 291, n.° 66.
300. Allégorie sur la Guerre, pag. 210, n.° 10.
314. Femme avec une épée et une pomme, p. 206, n.° 2.
315. *Idem*, pag. 292, n.° 68.
316. Un Homme assis, pag. 292, n.° 67.
329. Tête d'Homme, avec un bonnet orné de fourrure, pag. 210, n.° 9.
332. Jeune Homme avec un bonnet à plumes, p. 209, n.° 8.
346. Jeune Homme de profil, pag. 102, n.° 1.

17 pièces.

TABLE GÉNÉRALE

DES MATIÈRES.

A

ABANO (Pierre de). *Voy*. Pierre.
ABEL (Sacrifice d'), p. 130 n.º 6.
— (Caïn tuant), p. 131 n.º 7.
ABONDANCE (Allégorie sur l'), p. 256 n.º 306; p. 266 n.º 327.
ABRAHAM (Histoire d'), p. 132 et suiv. n.ºˢ 9 à 13.
— sur la montagne, p. 134 n.º 14.
— (Sacrifice d'), p. 60.
ACADÉMIE des Inscrip., p. 27, note 2.
ACIDE employé pour laver les estampes, p. 64.
ACRAGAS cité par Pline comme graveur, p. 4.
ADAM (Création d'), p. 129 n.º 1.
— (Tentation d'), p. 130 n.º 3.
— et Eve chassés, p. 130 n.º 4.
— et Eve travaillant, p. 130 n.º 5; p. 131 n.º 8.
ADORATION des Bergers. *Voy*. Jésus-Christ dans la crèche.
— de la Vierge. *Voy*. Jésus-Christ (Nativité de).
— des Mages. *Voy*. Jésus-Christ adoré par les Mages.
AGEMINA. Son rapport avec la damasquinure, p. 27.
AGINCOURT (Seroux d'). Son opinion relativement à la gravure sur métal et à celle sur bois, p. 13.
— Titre de son ouvrage, p. 6, note ˣ.
— Dit la gravure un art secondaire sans l'impression, p. 21.
— Dit l'art d'imprimer découvert par hasard, p. 42.

AGINCOURT (Seroux d') Nielle de son Cab., p. 171 n.º 104; et Tab. XII, p. 346.
AGNÈS (Sainte), p. 115; p. 151 n.º 53; p. 182 n.º 129.
AGNUS DEI (Paix d'usage à la Messe, pendant l'), p. 31.
AGROSTEMMA Githago, p. 91.
AIGLE, p. 214 n.º 218; p. 220 n.º 229; p. 221 n.º 231; p. 239 n.º 266.
ALBERT-DURER. *Voy*. Durer.
ALBERTI (Léon-Jean-Baptiste), p. 68.
ALDEGRAVER, p. 88.
ALEXANDRE-LE-GRAND. Son histoire par les Cunio, p. 12 et 98.
ALGAROTTI. Lettre sur les cartes à jouer, en 1440, p. 99.
ALGER. (Seratti conduit à), p. 32.
ALIBERT, possédait un dessin de la Paix de 1452, p. 56.
ALLÉGORIES diverses, p. 252 et suiv. n.ºˢ 297 à 328; p. 299 n.º 403.
ALLÉGORIQUE (Roue), p. 259 n.º 312.
— (Figures), p. 260 et suiv. n.ºˢ 313 à 328; p. 308 n.ºˢ 427 et 428.
ALLEMAGNE. Ses prétentions à l'invention de *la gravure au burin*, p. 1; 49; 50; 109.
— La gravure en bois y fut-elle inventée dans le XV.ᵉ siècle, p. 8.
— (Épreuves de gravures en bois faites en), p. 8; 10 et 11.
— Ses monumens d'orfévrerie, p. 29.
— L'art d'imprimer des gravures sur métal y est apporté, p. 44; 45; 106.
— Le noir d'impression y diffère de celui d'Italie, p. 45 et 64.

ALLEMAGNE. Les gravures y sont imprimées avec un noir pur, p. 46.
— Amélioration dans l'art d'imprimer les gravures, p. 46 et 47.
— La presse à cylindre peut bien y avoir été inventée, p. 46.
— Ses relations avec l'Italie, p. 47.
— (Alph. grotesque gravé en). p. 47.
— La Bibliothèque du Roi y fait acheter plusieurs Nielles, p. 60.
— Ses estampes peuvent passer à l'acide sans inconvénient, p. 64.
— (Nielles modernes faits en), p. 320 AB.
ALLEMANDS (Nielles grav. d'apr. des), p. 223 n.° 234; p. 227 n.° 241; p. 244 n.° 277; p. 261 n.° 317.
ALLIANCE (Allégorie sur une), p. 259 n.° 311.
ALLOCUTIONS, p. 238 n.°s 264 et 265.
ALPHABET grotesque gravé en Alle- p. 47 et 48.
AMBROISE (Saint), p. 115; p. 182 n.° 129.
AMERIGHI de Florence, p. 67.
AMOUR, p. 215 n.° 220; p. 219 et suiv. n.° 224 à 231; p. 317 Q, R, S.
— (Allégorie sur l'), p. 252 n.° 298; pag. 256 n.° 305.
— (Vénus et l'), p. 258 n.° 308.
AMOURS (Arabesques avec trois), p. 286 n.° 368.
AMYMONE enlevée, p. 227. n.° 241.
ANCIENS (De la Gravure chez les), p. 2.
— (Graveurs), p. 4.
— S'ils ont gravés, ils n'ont point imprimé leurs gravures, p. 7.
ANCIEN TESTAMENT (Sujets de l') pag. 129 et suiv. n.°s 1 à 24; p. 309 A; p. 310 B.
ANCRÉE (Croix), p. 26.
ANDRÉ MANTEGNA. Voy. Mantegna.
ANGES, p. 156 n.° 59; p. 169 n.°s 100 et 101; p. 172 n.° 106; p. 175, n.°s 112 et 113; p. 246 n.° 282; p. 305 n.°s 419 et 420.
ANGLETERRE. La Bibliothèque du Roi y achète plusieurs nielles, p. 60.
— On y vend, en 1824, la riche collection de Marc Sykes, p. 61.
ANIMAUX (Combat d'), p. 251 n.° 296.
— (Arabesques avec des), p. 279 n.° 353; p. 283 n.° 361; p. 301 n.° 405.
— Dans des médaillons, p. 320 AC.

ANIMAUX (Sujet avec des), p. 233 n.° 255.
ANNONCIATION DE LA VIERGE. Voy. Vierge (Annonciation de la).
ANTÉE (Hercule étouffant), p. 229 n.° 246.
ANTIPATER cité par Pline comme graveur, p. 4.
ANTIQUES (Cabinet des Médailles et). Voy. Bibliothèque du Roi.
ANTOINE (S.), p. 208 n.° 203.
ANTOINE de Padoue (S.), p. 192 n.° 146; p. 203 n.° 187.
ANTOINE, fils de Jacques. Voy. Pollajuolo.
ANTOINE POLLAJUOLO. Voy. Pollajuolo.
ANTONIO, orfévre-nielleur, p. 68.
AOLIAB, cité dans la Bible comme graveur, p. 4.
APOCALYPSE gravée sur bois, p. 13.
APOTHÉOSE, p. 239 n.° 266.
APÔTRES, p. 186 et suiv. n.°s 130 à 140; p. 191 n.° 142; p. 193 n.°s 156 et 158.
AQUILÉE (Vue d'), p. 310 B.
ARABESQUES sur des fonds noirs, p. 88.
— en hauteur, p. 268 n.° 329; p. 279 n.° 332; p. 276 n.° 334; p. 276 n.° 347; p. 279 et suiv. n.°s 353 à 368; p. 319 U et V.
— en largeur, p. 274 n.° 342; p. 287 et suiv. n.°s 369 à 383; p. 319 X, Y.
— sur des manches de couteaux, p. 293 et suiv. n.°s 393 à 400.
ARCIONI (Daniel), p. 67.
— (Nielle gravé par), p. 293 n.° 393. Table III, p. 325.
ARCOLANO (Pierre). Voy. Dini.
ARDABARIA (Bouclier de la fam.), p. 7.
AREZZO (Orfévre-nielleur d'), p. 67.
ARGENT (Plaques d'), p. 25; 31; 89; 106 et 107.
— employé pour l'Agemina, p. 27.
— entre dans la composition du nielle, p. 35; 107; 116; 117; 120 et suiv.
— Voy. Paix, Bijoux, Nielles et Gravures sur métal.
ARION, p. 234 n.°s 257 et 258.
ARISTON, cité par Pline comme graveur, p. 4.
ARMÉES en bataille, p. 243 n.° 275; p. 297 n.° 401; p. 299 n.° 404.

ARMOIRIES diverses, p. 177 n.º 121; p. 291 n.º 390; p. 292 n.ºs 391 et 392; p. 306 n.º 420.
ARMURES, p. 270 n.º 336; p. 271 n.º 338; p. 272 n.º 339; p. 281 n.º 357; p. 282 n.º 359.
ARS MORIENDI, p. 13.
ARTAXERCE recevant la tête de Cyrus-le-Jeune, p. 237 n.º 262.
ASIE (L'art d'imprimer des étoffes d'usage en), p. 8.
— (On ignore l'époque de l'invention de la gravure sur bois en), p. 9.
ASPÉRITÉS de la gravure nécessaires pour retenir le nielle, p. 36.
ASCENSION DE JÉSUS-CHRIST. Voy. Jésus-Christ montant au ciel.
ASSOMPTION DE LA VIERGE. Voy. Vierge. (Assomption de la).
ATHANASE (Saint), p 315 M.
ATTRIBUTS des Évangélistes, p. 305.
AUGSBOURG (Nielles faits à), p. 29; 319 AA; AC.
AUGUSTIN (S.), p. 115; 182 n.º 129; p. 191 n.º 144; p. 201 n.º 181.
AUTRICHE (Le prince Charles d'). Voy. Charles (Le prince).

B

BACCHANALE, p. 214 n.º 219.
BACCHUS enfant (Mercure et), p. 214 n.º 218.
— barbu, p. 214 n.º 219.
BACCIO BALDINI. Voy. Baldini.
BAGNEUX. Papillon y trouve d'anciennes gravures sur bois, p. 96.
BAHUT, p. 24.
BALDINI (Baccio). Couleur de l'impression de ses gravures, p. 46.
— (Vignettes du Dante), p. 58 et 81.
— a pu faire des nielles, p. 82; 110; 111; 117.
— a-t-il gravé d'après Finiguerra? p. 111.
— a dû suivre la découverte de Finiguerra, p. 126.
— a gravé les vignettes du Dante, p. 104 notes 1 et 2.
— Pièces gravées dans sa manière, p. 317 Q, R.

BALDINUCCI s'est trompé en disant que les épreuves de Nielles sont tirées des empreintes, p. 39; 40; 109; 126; 127.
— est cité par Buonaroti, p. 105.
BALEMANN possédait un Nielle, p. 318 T.
BANDINELLI (Michel-Ange), p. 67.
— (Baccio). Nielle d'après lui, p. 199 n.º 175.
BAPTÈME DE JÉSUS-CHRIST. Voy. Jésus-Christ baptisé dans le Jourdain.
BAPTISTÈRE de Florence. Voy. Saint-Jean-de-Florence.
BARBARIGO provédit. de Venise, p. 100.
BARBOUILLAGE informe tiré d'une empreinte en soufre, p. 62.
BARTSCH pense que la gravure a été inventée simultanément en Allemagne et en Italie, p. 2.
— distingue l'art d'imprimer de l'art de graver, p. 3.
— Son Ouvrage est consulté pour cet Essai, p. 20.
— prétend les épreuves tirées des empreintes, p. 40; 43; 49; 59; 61; 62.
— croit les premières impressions en Allemagne faites avec une presse, p. 45.
— doute de l'authenticité des dates citées par Behaim et Sandrart, p. 50.
— décrit des nielles sans les reconnaître, p. 59 et 61.
— parle des marques de Peregrini, p. 70.
— attribue à Peregrini, une estampe qui doit être d'un orfévre de Cesio, nommé Pierre, p. 78 et 79.
— à employé le mot nielle, p. 91.
BATAILLE aux Coutelas, p. 102 note 1.
BEAU-MARTIN. Voy. Schongauer.
BECTI, fils de Geri, p. 102.
— fils de François Becti, p. 102.
— (François), p. 102.
BEHAIM (Paul) cite une passion qu'il dit gravée en 1440, p. 50.
BEHAM (les), p. 88.
BENDIMERO, provéditeur de Venise en 1441, p. 100.
BENEDETTE. Voy. Montagna.
BERGERS (Adoration des). Voy. Jésus-Christ dans la crèche.

BERNARD (Saint), avec la date de 1454, p. 10 et 11; p. 202 n.° 183.
BERVIC, p. 83.
BETHLÉEM (la ville de), 143 n.° 32.
BÉTHULIE (la ville de), p. 137 n.° 22; p. 299 n.° 404.
BEZELÉEL, nommé dans la Bible comme graveur, p. 4.
BIANCONI recherche inutilement les gravures des Cunio, p. 98.
BIBLE des pauvres, p. 13.
BIBLIOTHÈQUE DU ROI (Ancien disque gravé, conservé à la), p. 6.
— Cartes à jouer qui s'y trouvent, p. 9 et 10.
— Anciennes épreuves de gravures sur bois, p. 10 et 11.
— Épreuve de la Paix, gravée en 1452, p. 41; 49; 52; 55; 59; 63.
— Mariette dit qu'il ne s'y trouve rien de Finiguerra, p. 56.
— possédait 40 Nielles, en 1797, p. 60.
— possède cinq Nielles de l'Histoire d'Abraham, p. 60.
— possède une belle collection de Nielles, p. 71 et 90.
— Nielles qui s'y trouvent. Table IV, p. 327 et suivantes.
— (Notice des Estampes exposées à la) p. 71.
BIBLIOTHÈQUE de Vienne. Bartsch dit qu'elle ne possède pas de Nielles, p. 59.
BIBLIOTHÈQUE du Vatican. On n'y trouve pas les gravures des Cunio, p. 98.
BIJOUX guillochés et émaillés, p. 28.
— niellés, p. 29; 30; 53; 92; 301 et suiv. n.° 405 à 416.
— sans marque, pourquoi, p. 86.
BLASON. Voy. Armoiries.
BLÉ (maladie du), p. 91; 92 et 93.
BOERNER (Nielle du Cab.), p. 146 n.° 37.
BOIS (Gravure sur). Voy. Gravure.
BOISTE donne le mot niellure, p. 93.
BOLOGNE (Édition de Vasari, imprimée à), p. 40.
— (Orfévres-nielleurs de), p. 67.
— (Ptolémée, imprimé à) p. 81.
— (Nielles à l'Institut de). Table XII, p. 346.
— Résidence de Jérôme Savonarole, p. 276 n.° 348.

BOLONAIS (Nielle), p. 44 et 139 n.° 26.
BOLONAISE (Nom d'une Famille), p. 44.
BONI (L'abbé) a possédé le portrait de Laure, p. 274 n.° 343.
BORAX : entre dans la composition du nielle, p. 35; 107; 116; 123.
BORDUGE, possédait une épreuve d'une Paix gravée par Maso Finiguerra, p. 55 et 152.
BORÉE soufflant, p. 255 n.°s 303 et 304.
BOTTARI : recherche inutilement les gravures de Cunio, p. 98.
BOTTICELLO (Alexandre), p. 104; 106; 111; 117.
— a-t-il gravé d'après Finiguerra, p. 111.
— a dessiné les vignettes du Dante, p. 104 notes 1 et 2.
BRACCI parle d'un bouclier fait à Ravenne, p. 7.
BRESCIA (Jean-Antoine de). Voy. Jean-Antoine.
BRISARD , Nielles de son Cabinet. Table XII, p. 347.
BRITISH Museum. (Nielle au), p. 141 n.° 29; Table XII, p. 346.
BRULLIOT donne l'explication que je lui ai fait connaître, de la marque de Peregrini, p. 72 et 239.
— Titre de son ouvrage, p. 72 note 1.
BRUNELESCHI (Philippe), p. 67.
BRUNISSOIR, employé pour nieller, p. 124.
BRY (Théodore de), p. 88.
BUCKINGHAM ET CHANDOS, possède une empreinte de la Paix gravée en 1452, p. 33 ; p. 184 n.° 129.
— Nielles de son Cabinet, p. 90 et Table IX, p. 336.
BUONAROTI décrit un ancien disque gravé, p. 4.
— titre de son ouvrage, p. 4 note 4.
— reconnaît Finiguerra pour inventeur de l'art d'imprimer des gravures, p. 105.
— cite Baldinucci, p. 105.
BURIN (Disque non gravé au), p. 5.
— Les orfèvres l'employent pour tracer leur dessin, p. 24; 118; 119.
— produit sur la planche des barbes
— qui y agrafent le nielle, p. 28.
— (Planche gravée au). Voy. Planche.
— (Gravure au). Voy. Gravure sur métal.

C

Cabinets ornés de nielles, p. 24; 82. — *Voy.* leur nom.
Cacus (Hercule et), p. 229 n.º 245.
Cadrans de montre émaillés, p. 28.
Cæsenas. *Voy.* Cesène.
Calices niellés. p. 24; 194 et 195.
Camaldules (Empreintes en soufre au couvent des), p. 39; 103; 163 et suiv. n.ºs 80 à 93.
Campagnola (Les): Couleurs de l'impression de leur grav., p. 47.
Candelabre (Arabesques avec un), p. 286 n.º 367.
Canif, nommé pointe, p. 17.
Caractères distinctifs des nielles, p. 84 à 88.
— des gravures regardées à tort comme des nielles, p. 88 et 89.
Caradosso, Orfévre-nielleur, p. 67.
Cardinal, p. 160 n º 67; p. 206 n.º 195.
Carpegna (Musée). *Voy.* Buonaroti.
Cartouches, p. 285 n.ºs 363 et 364.
Cartes à jouer sous Charles V, p. 9.
— faites sous Charles VI, p. 9.
— à la Bibliothèque du Roi, p. 9 et 10.
— du Cabinet Durazzo, p. 9.
— à Venise, en 1441, p. 12 et 99.
— (Conte de Papillon sur les), p. 96.
Cassette niellée, p. 304 n.º 416.
Catalogue raisonné des Nielles, projeté depuis long-temps, p. 71.
— exécuté dans cet ouvrage, p. 79.
Catherine (S.te), gravure sur bois, par Bernard Milnet, p. 10 et 11.
— dans la Paix de Finiguerra, p. 115 et 182 n.º 129.
— (Figures de), p. 151 n.º 53; p. 208 n.º 203; p. 209 n.ºs 204 et 205.
Cavalerie (Comb. de), p. 245 n.º 279.
Cellini, orfévre-nielleur, p. 30.
— définit les moyens de faire les nielles, p. 37; 120 et suivantes.
— cité, p. 226 n.º 236.
Cendrée, nécessaire avant de nieller, p. 37; 112 note 2; p. 122.
Cène. *Voy.* J.-C. faisant la cène.
Ceps (Prisonniers les jambes prises dans des), p. 259 n.º 310.
Cerbère (Hercule vainqueur de), p. 231 n.º 250.
Cerfs (Allégorie avec deux), p. 257 n.º 307, p. 258 n.º 308.

César (Triomphe de), p. 297 n.º 401.
Cesène, ville natale de Peregrini, p. 71; 76.
Cesio, village où naquit un graveur nommé Pierre, p. 79.
Champions combatt., p. 243, n.º 275.
Chandos. *Voy.* Buckingham.
Charbon, employé pour nieller, p. 121; 123 et 124.
Charles V (Cartes à jouer faites sous le règne de), p. 9.
Charles VI (Cartes à jouer faites pour l'amusement de), p. 9 et 10.
Charles d'Autriche (Le prince), possède un nielle de Finiguerra, p. 152 n.º 53. Table XII, p. 346.
Chasse, ornée d'empreintes en soufre, p. 39; 103 et 163.
Chasseurs (Deux), p. 245 n.º 282.
Chérubins (Têtes de), p. 156 n.º 58. p. 174 n.º 110; p. 211 n.º 210; p. 246 n.º 282; p. 286 n.º 366; p. 296 n.º 399.
Cheval. *Voy.* Chevaux.
Chevaleureux faits en figures, etc., par les Cunio, p. 98.
Chevaliers combattant, p. 244 n.º 278.
Chevaux, p. 244 et suiv. n.ºs 276 et 278 à 281; p. 246 n.º 284.
Chèvres (Arabesques avec deux), p. 283 n.º 361.
Chien (Enfans jouant avec un), p. 250 n.ºs 294 et 295.
Chiffonniers. *Voy.* Cabinets.
Chimère (Arabesques avec une), p. 281 n.º 357.
Chine: (La gravure sur bois d'usage en), p. 8 et 104.
Christ (Tête de), p. 173 n.º 108.
— glorieux. *Voy.* J.-C. ressuscité.
Christophe (Saint), de 1423, p. 10.
Christophe, fils de Paul, p. 102.
Chrysostôme (Saint), p. 191 n.º 145.
Circoncision (La) *Voy.* Jésus-Christ (Circoncision de).
Ciselet (Disque tracé au), p. 5.
Ciseleurs. *Voy.* Orfévres.
Ciselure confondue avec la grav., p. 3.
— confondue avec la niellure, p. 19; 91.
Claire (Sainte), p. 151 n.º 53; p. 154 n.º 55; p. 210 n.º 209.
Clotaire II (Nielles légués sous), p. 94.
Clous de la Croix, p. 290 n.º 384.
— pour fixer les plaques niellées, p. 25; 87; 88. Table XIX, p. 355.

COFFRETS, *Voy.* Cabinets.
COLLATION champêtre, p. 248 n.° 289.
COLLECTIONS ou se trouvent des nielles, p. 90. *Voy.* leurs noms.
COLNAGHI, acquéreur d'une empreinte de la Paix gravée en 1452, p. 33.
COMBATS divers, p. 243 n° 275; p. 244 n.° 278; p. 245 n.° 279 et 281.
— d'Animaux, p. 251 n.° 296.
COMÉDIE (La divine). *Voy* Dante.
COMMODES. *Voy.* Cabinets.
CONCERT, p. 248 n.° 288.
CONDAMNATION à mort, p. 241 n.° 271.
CONFRÉRIES sors la prot. de la Vierge, p. 194 n.° 163; p. 210 n.° 210.
CONTARINI de Venise, p. 100.
CONTES par Papillon, p. 95 et suiv.
CONTRE-EMPREINTE, *Voy.* empreinte en soufre.
CONVERSION de S. Paul, *Voy.* S. Paul renversé sur la route de Damas. *Voy.* Paix gravée par Mathieu.
COPIES de Nielles, p. 129; p. 141 n.° 29; p. 144 n.° 32; p. 151 n.° 53; p. 154 n.° 55; p. 155 n.° 57; p. 167 n.° 96; p. 168 n.° 97; p. 172 n.° 104; p. 177 n.° 122; p. 184 n.° 129; p. 190 n.° 139; p. 196 n.° 166; p. 198 n.° 174; p. 205 n.° 192; p. 215 n.° 219; p. 239 n.° 267; p. 273 n.° 340.
COPINTHE (ville de), p. 234 n.° 257.
COULEUR de l'Encre. *Voy.* Encre.
COUPES nielées, p. 26.
COURONNEMENT de la Vierge. *Voy.* Vierge (Assomption de la); *Voy.* Paix gravée en 1452.
COUTEAUX. *Voy.* Manches; et Lame.
COUTELAS (Batailles aux), p. 102 note 1.
COUVERCLE de Cassette, p. 304 n.° 416.
COUVERTURES de livres gravées, p. 8; p. 305 et suiv.
CRAQUEMENS d'une empreinte en soufre, p. 44.
CRÉATION. *Voy.* Adam et Ève.
CROISADES : rapportent en Europe l'art de la damasquinure, p. 27.
CROIX niellée, p. 26.
— (Les Trois), p. 193 n.° 153.
— (Les Clous de la), p. 290 n.° 384.
CRUCIFIEMENT. *Voy.* J.-C. crucifié. *Voy.* Paix gravée en 1455.
CUIVRE; entre dans la composition du Nielle, p. 35; 116; 117; 120 et s.

CUIVRE.(Gravure sur); *Voy.* Gravure sur Métal; *Voy.* Planche.
CUNIO, frère et sœur jumeaux. p. 12.
— Observation à ce sujet, p. 94 et suiv.
CYLINDRE employé par Finiguerra, p. 125.
—(Presse à). *Voy.* Presse.
CYRUS-LE-JEUNE. *Voy.* Artaxerce.

D.

DAMAS (La ville de), p. 27 et 189.
DAMASQUINÉE (Coupe), p. 7.
DAMASQUINURE, confondue avec la gravure, p. 3.
— confondue avec l'enkaustik, p. 27.
DANIEL, p. 158 n.° 63.
DANIEL Arcioni. *Voy.* Arcioni.
DANTE (Vignettes du), p. 58; 63; 104 notes 1 et 2.
— (Poème du), p. 81.
— (Divine Comédie du), p. 104.
DANTI, orfèvre-nielleur, p. 68.
DATE trouvée sur une Estampe, p. 53.
DATES réelles ou controuvées, relatives à différens objets.
630? Coupes niellées, p. 26.
1284 Hist. d'Alex., p. 12; 97 et suiv.
1366 Construction de Saint-Jean-de-Florence, p. 101.
1392 Cartes à jouer de Charles VI, p. 9.
1412 Estampe citée par Palmer, p. 51.
1422 Saint Grégoire, p. 51.
1423 Saint Christophe, p. 10.
1437 Calice orné de Nielle, p. 195.
1440 Paix niellée, p. 49 et 53.
1440 Passion de Jésus-Christ, p. 50.
1441 Décret du Sénat de Venise, p. 12 et 99.
1445 Paix niellée, p. 49.
1452 On termine l'Église de Saint-Jean, p. 101.
1452 Paix niellée par Finiguerra, p. 23; 32; 37; 41; 59; 62; 108 et 183 n.° 129.
1452 Découverte de l'Impression, p. 22; 52; 105.
1454 Saint Bernard, sur bois, p. 10.
1455 Paix niellée, par Mathieu Dei, p. 107 note 1; p. 108.
1455 Gravure citée p. Sandrart, p. 50.

DATES réelles ou controuvées, etc.
1460 Découverte de l'Impression, selon Vasari, p. 119.
1460 Paix non niellée, p. 189 n.° 139.
1462? Ptolémée de Bologne, p. 81.
1470 Passion de Jésus-Christ, p. 50.
1472 Livre imprimé à Milan, p. 48.
1477 Monte santo di Dio, p. 81.
1478 Ptolémée de Rome, p. 81.
1480 Paix de S. Paul, p. 189 n.° 139.
1481 Dante de Florence, p. 104.
1487 Calice orné de Nielles, p. 195.
1488 Saint Grégoire, p. 51.
1492 Portrait de Savle, p. 276 n.° 348.
1494 Estampe d'Albert Durer.
1499 Gravure citée p. Sandrart, p. 51.
1509 Date derrière un Nielle, p. 173 n.° 109.
1511 Gravure attribuée à Peregrini, p. 78 et 79.
1515 L'art de nieller abandonné, p. 30.
1525 Apprentissage de Vasari, p. 39.
1666 Graveur allemand, p. 45 et 47.
1720 Papillon voit des Gravures attribuées aux Cunio, p. 98.
1730? Mariette reçoit une épreuve de la Conversion de S. Paul, p. 190. n.° 139.
1731 Mariette écrit à Gaburri, p. 55.
1797 L'abbé Zani découvre à la Bibl. du Roi, l'Epreuve de la Paix gr. par Finiguerra, en 1452, p. 56.
1798 L'abbé Zani fait part de sa découverte, p. 56.
1800 On trouve le S. Bernard, p. 11.
1801 Paix acquise à Florence, p. 65.
1802 Copie de la Paix de 1452, p. 184.
1803 Lanzi donne cette date à la découverte de Zani, p. 56.
1811 Mort de Seratti, p. 32.
1811 Découverte du nom de Peregrini, p. 69.
1813 Vente du Cabinet Seratti, p. 33.
1816 M. Dibdin trouve une épreuve de sainte Catherine, p. 11.
1819 Publication du nom de Peregrini, p. 71.
1820 Copie de la Paix de 1452, p. 184.
1824 Vente du Cabinet Vries, p. 59.
1825 Epr. de Nielles à Milan, p. 19.
DATI. *Voy*. Mathieu-Dei.
DAUPHINS (Arabesques avec des), p. 286 n.° 366; p. 289 n.° 379.
DAVID vainqueur de Goliath, p. 153 n.os 15, 16 et 17.

DAVID. *Voy*. Éméric-David.
DÉCOUVERTE de l'Impression de la Gravure sur métal, p. 22; 52; 81.
— de l'Epreuve de la Paix de 1452, p. 52; 54; 56 et suiv.
DEI (Jean), *Voy*. Mathieu-Dei.
DEIO (Dominique), p. 102.
DÉJANIRE (Hercule et), p. 232 n.° 253.
DENON, fait faire une copie de la Paix de 1452, p. 184.
DESCENTE de croix. *Voy*. Jésus-Christ descendu de la croix.
— du Saint-Esprit. *Voy*. Saint-Esprit (Descente du).
DIBDIN trouve une épreuve de la sainte Catherine, p. 11.
DIEUDÉ (Madame), a traduit Lanzi, p. 19 note *.
DINI (Pierre), dit Arcolano, p. 68.
DIOMÈDE enlevant le Palladium, p. 236 n.° 260; p. 237 n.° 261.
DIPTYCHORUM (Thesaurus veterum), p. 101 et suiv.
DISCIPLES d'Emmaüs. *Voy*. Jésus-Christ à Emmaüs.
DISCORDE et les trois déesses (La), p. 223 n.° 234.
DISCOURS historique sur la gravure, p. 8 note *.
DISQUE romain gravé, p. 5.
DISSERTATION sur une empreinte de la Paix gravée en 1452, p. 33; 34; 107 et suiv.
DISSERTATIONS sur divers sujets. *Voy*. Réflexions.
DIVINE comédie. *Voy*. Dante.
DOMINIQUE (Saint), p. 157 n.os 60 et 61; p. 160 n.° 66.
DOUCE (François). Nielles de son cabinet, table XII, p. 347.
DUCANGE cite des ouvrages niellés, p. 26 et 93.
— Titre de son ouvrage, p. 26 note 2.
DURAND possédait une épreuve d'une Paix gravée par Maso Finiguerra, p. 51; 182 n.° 53.
— Nielles de son cabinet, Table XII, p. 347.
DURAZZO. Anciennes cartes à jouer dans son cabinet, p. 9.
— possède une empreinte de la Paix gravée en 1452, p. 32; 61; 183 n.° 129.
— fait faire une copie de la Paix de 1452, p. 185 n.° 129.

Durazzo possède plusieurs Nielles, p. 60; 90; 110. Table V. p. 330 et 331.
Durer (Albert). Cité par Gori, p. 106.
— Nielle gravé d'après, p. 223 n.° 234.

E

Ebarboir, employé pour terminer les Nielles, p. 124.
Ecussons (Arabesques dans des), p. 289 n.°s 373 à 378.
— avec les clous de la croix, p. 290 n.° 384.
Edelinck, p. 83.
Eglises. Leur revenu contribue à faire fleurir les beaux-arts, p. 23.
— Leurs trésors dissipés dans les guerres civiles d'Italie, p. 30.
— Quelques-unes possèdent encore d'anciennes Paix, p. 31.
— *Voy.* leur nom.
Egyptiens (La gravure chez les), p. 2.
Eléphans dans un triomphe, p. 297 n.° 401.
Email (Peinture en), inconnue aux anciens, p. 27.
— Comment il est retenu sur les planches de métal, p. 28 et 83.
— très-mince sur les planches niellées, p. 28.
— noir et non transparent, p. 83; 92; 106.
Éméric-David. Son opinion sur l'ancienneté de la gravure, p. 14.
— Titre de son ouvrage, p. 4 note 5.
— Ses observations sur l'art d'imprimer, p. 16.
— Son ouvr. est consulté par l'auteur de cet essai, p. 20.
— pense que le récit de Papillon est une vérité qui doit devenir historique, p. 95.
Emmaüs (Les disciples d'). *Voy.* Jésus-Christ à Emmaüs.
Empereur d'Occident, p. 268 n.° 330.
Empreintes en terre citées par Vasari, p. 35; 39; 105; 109; 125.
— (Usage des) p. 38; 112; 119; 131;
— (Inconvénient de ces), p. 38.
— Elles absorbent la partie grasse de l'encre, p. 111 note *.

Empreintes en soufre, p. 62; 89; 92; 107 et suiv. p. 119; 125; 129 et suiv. n.°s 1 à 7; p. 162 et suiv. n.°s 80 à 93; p. 185 n.° 129; p. 205 n.° 193. Table XV, p. 351.
— faites par Finiguerra, p. 32; 33; 39; 40; 61; 62; 103; 107 et suiv.; p. 119; 125; 183 n.° 129.
— Leur usage, p. 39.
— Ne peuvent servir à tirer des épreuves, p. 40; 43; 44; 49; 59; 61; 110.
— Bartsch prétend que c'est d'elles qu'on a tiré des épreuves, p. 43; 49; 61.
— Seraient brisées par la pression, p. 44 et 110.
— Ne sont pas faites sur les planches d'argent, p. 131.
— On n'en connaît pas du XVI.e siècle, p. 39.
— (Dissertation sur une), p. 107 et suiv.
— Description de celle de Seratti, p. 112 et suiv.
— Leur prix, p. 114 note 2; p. 163.
Encaustique, confondu avec le Nielle, p. 26 et 27.
Encre employée en Allemagne plus anciennement qu'en Italie, p. 46.
— ne peut être introduite dans les tailles d'une empreinte en soufre, p. 43; 61; 62.
— à l'eau, p. 110 note 1.
— (Amélioration dans l'), p. 63.
— grasse pour imprimer, p. 16; 125.
— diffère en Italie et en Allemagne, p. 45 et 46.
— noire et brillante en Allemagne, p. 45.
— pâle et bleuâtre en Italie, p. 45; 63.
— d'un ton noir à Venise, p. 47.
— bleue (Epreuves faites en), p. 137 n.° 20; p. 169 n.° 99; p. 199 n.° 176; p. 203 n.° 184; p. 215 n.° 219; p. 217 n.° 221; p. 218 n.° 223; p. 222 n.° 232; p. 230 n.°s 246 et 247; p. 233 n.° 255; p. 245 n.° 276; p. 248 n.° 287; p. 255 n.° 301; p. 259 n.° 309; p. 272 n.° 338; p. 281 n.° 358; p. 288 n.° 370.
Encrée (gravure mal), p. 45.
Encrer une gravure, p. 15.

ENFANS dans diverses positions, p. 219 n.º 226; p. 249 et suiv. n.ºˢ 290 à 294.
— (Arabesques avec des), p. 281 n.º 358; p. 286 n.º 367; p. 290 n.º 380.
ENFANT-JÉSUS (La Vierge et l'). *Voy.* Sainte-Famille.
ENFER du Dante. *Voy.* Dante.
ENSEIGNE du XV.ᵉ siècle. p. 243 n.º 274.
ÉPÉES. *Voy.* Poignées d'épées.
ÉPREUVES faites par Finiguerra, p. 39; 41; 66; 107; 105; 125.
— de Nielles sur papier, p. 39; 46; 89; 103; 110; 111 note *, et p. 125.
— de Nielles ne peuvent être prises sur un soufre, p. 36; 40; 43; 44; 110.
— unique, p. 48; 52; 183 n.º 129.
— rares et pourtant usées, p. 48.
— (Première), p. 48; 49; 54; 59; 62; 105.
— défectueuses en Italie, p. 48.
— de gravures en Allemagne, p. 45.
— modernes d'anciennes gravures, p. 8; 117; 189 n.ºˢ 139; 195.
ESPÉRANCE (L'), p. 260 n.º 313.
ESPRIT (Descente du Saint-), p. 165 n.º 92.
ESSAI sur l'origine de la gravure, etc., p. 4 note 5.
ESTAMPES exposées à la Bibliothèque du Roi, p. 71. *Voy.* Épreuve.
ÉTATS vénitiens. *Voy.* Venise.
ÉTIENNE (Saint), p. 166 n.º 94.
ÉTOFFE de laine. *Voy.* Lange.
ÉTUIS niellés, p. 303 n.ºˢ 408 à 414.
EUGÈNE (Collection du Prince), p. 56.
EUNICUS, cité par Pline comme graveur, p. 4.
EUROPE (On ignore l'époque de l'invention de la grav. sur bois en), p. 7.
— On y introduit l'art de damasquiner, p. 27.
— (Le plus ancien Cabinet d'estampes d'), p. 55.
ÉVANGÉLISTAIRE (Epreuve tirée de la couverture d'un), p. 169 n.º 99.
ÉVANGÉLISTAIRES niellés, p. 24; 305 et suiv. n.ºˢ 417 à 424.
ÉVANGÉLISTES (Attributs des), p. 305.
ÈVE (Création d'), 129 n.º 2.
— (Adam et), p. 130 n.ºˢ 3, 4 et 5; p. 131 n.º 8.

ÉVÊQUE (Un), p. 160 n.º 67; p. 191 n.ºˢ 144 et 145; p. 193 n.º 161; p. 206 n.º 198; p. 207 n.ºˢ 201 et 202; p. 307 n.º 424; p. 316 P.
EXODE, p. 3 note 1; p. 4 note 2.

F

FAMILLE. *Voy.* leur nom.
— (Sainte-). *Voy.* Sainte-Famille.
FEMMES avec des satyres, p. 227 et suiv. n.º 242 à 244.
— tenant une lyre, p. 247 n.º 286.
— dansant, p. 248 n.º 287.
— (Diverses Figures allégoriq. de), p. 260 n.º 314; p. 261 n.º 315; p. 263 et suiv. n.ºˢ 320, 321, et 322; p. 265 n.ºˢ 324 et 325; p. 266 n.º 326.
FIFRE ET TAMBOUR, p. 244 n.º 277.
FILIGRANE (Ornemens en), p. 108 note *; p. 125.
FINIGUERRA (Thomas).
— Découvre l'art d'imprimer une gravure sur métal, p. 22; 42; 81; 102 et suiv.
— Paix gravée par lui, p. 32 et suiv.; 38; 54; 55; 118 et 119.
— Renseignemens sur sa découverte, p. 33; 34; 53; 54; 110; 111; 118 et suiv.; 125 et suiv.
— Était célèbre pour nieller, p. 37; 118; 120.
— Sa gravure est en taille fine et serrée, p. 43.
— M. Ottley découvre une gravure qu'il lui attribue, p. 42.
— Prix payé pour la Paix gravée en 1452, p. 37; 105; 107 note 1; 108.
— Épreuve unique de cette Paix, p. 52; 54.
— Empreintes et épreuves faites par lui; p. 39; 40; 41; 49; 62; 66; 107 et suiv. 110; 111; 114.
— Mariette ne connaît aucune estampe de lui, p. 56.
— L'abbé Zani découvre une épreuve de sa Paix de 1452, p. 56 et suiv.
— L'épreuve de sa Paix de 1452 est placée sous cadre, p. 59.
— a été le seul orfévre-nielleur dont on ait parlé, p. 65.

FINIGUERRA (Thomas).
— est presqu'égalé p. Peregrini, p.80.
— Ses ouvrages, p. 108; 118; 119.
— a été suivi par Baldini, p. 126.
— Observation sur son prénom, p. 101 note V.
— Nielles gravés par lui, Table I, p. 321.
FISCHER donne une dissertation sur une gravure de 1422, p. 51.
FLAGELLATION. *Voy.* J.-C. flagellé.
FLEUR (Abbé de). *Voy.* Léodébode.
FLEURS dans des nielles, p. 264 n.º 322; p. 270 n.º 335; p. 273 n.º 341; p. 277 n.º 350.
FLORENCE. (Orfèvres de), p. 67; 102; 106; 155 n.º 56.
— (Nielles à), p. 9; 144; n.º 32; 169 n.º 99; p. 252 n.º 293.
— L'art de nieller abandonné, p. 120.
— (Savonarole jeté à) p. 276 n.º 348.
— (Livres imprimés à), p. 81; 104.
— (Poids de la liv. de), p. 102 note 3.
FLORENCE (Galerie de)
— Paix de Finiguerra, p. 32; 117.
— Zani y voit un nielle, p. 60.
— Où achète une Paix niellée, p. 65.
— Nielles qui s'y trouvent. Table XII, p. 346.
FLORENCE (Églises de). *Voy.* S.-Jean; et Saint Jacques.
— (Baptistère de). *Voy.* Saint-Jean de Florence.
— (Couvent près de). *Voy.* Camaldules.
FLORENTINS (Orfèvres) *Voy.* Florence.
FORCE (La), p. 304 n.º 416.
FORMSCHNEIDER, p. 16.
FORTUNE (La), p. 308 n.º 428.
FORZORE. *Voy.* Spinelli.
FRANCE (Épreuve des gravures sur bois faites en), p. 8; 10 et 11.
— (Usage des nielles en), p. 26.
— On y trouve une épreuve de la Paix de 1452, p. 54.
— Ses estampes passent à l'acide sans inconvénient, p. 64.
— (Petites gravures publiées en), p. 83.
— (Nielles du Musée royal de). Tab. XII p. 346.
FRANCIA (François). *Voy.* Raibolini.
FRANÇOIS D'ASSISE (S.), p. 156 n.º 58; p. 166 n.º 94; p. 170 n.º 101;
p. 202 et suiv. n.ºs 184, 185 et 186; p. 304 n.º 416.
FRANÇOIS dai Libri, p. 307.
FRIES (Collection du comte de), p. 60.
FROPPA (Ambroise), p. 67.
FUITE EN ÉGYPTE, p. 161 n.º 72.
FURNO (François), p. 67.

G

GABRIEL (L'Ange), p. 196 n.º 167; 304 n.º 416. *Voy.* Vierge (Annonciation de la).
GABURRI envoye un dessin de la Paix de 1452, p. 56; 109.
— envoye une épreuve de la conversion de saint Paul, p. 190.
— dit que Finiguerra fit épreuve de bijoux avant 1452, p. 53.
— Mariette lui écrit p. 55 et 56.
GADDI (Nielles du Cab.), p. 110 note 3.
GAINES, p. 246 n.º 252; p. 301 et suiv. n.ºs 405, 406 et 407.
GALATHÉE (Triomphe de), p. 225 n.º 236.
GALLAN NAPIONE regarde comme exact le récit sur les Cruio, p. 95.
— Titre de son ouvrage, p. 95 note 2.
GALERIE. *Voy.* leur nom.
GAVARDINO, orfèvre-nielleur, p. 68.
GAP (Romans de), p. 94.
GEMINIANO ROSSI. *Voy.* Rossi.
GÉNÉRAL (Portrait d'un) p. 318 T.
GÊNES (Orfèvres-nielleurs de), p. 67.
— (Can. Durazzo à). *Voy.* Durazzo.
GÉNIE avec deux enfans, p. 250 n.º 292
GEORGES (Saint), p. 159 n.º 65; p. 200 n.º 178.
— Gravé sur bois p. 10 et 11.
GERI. *Voy.* Becri.
GERMANICUS haranguant son armée, p. 238 n.º 264.
GESSO (Bartholomé), p. 67.
GIROLAMO (Miniatures par), p. 307.
GLOSSARIUM, etc., p. 26 note 2.
GOLIATH. *Voy.* David.
GORI possédait une empreinte de la Paix de Finiguerra, p. 32.
— fait tirer des pr. d'une Paix, p. 66.
— parle de Mathieu de Dei, p. 101.
— Extrait de son ouvrage, p. 101 et suiv.
— attribue à Pollajuolo les vignettes du Dante, p. 104.

GRACES (Les trois). *Voy.* La Discorde et les trois Déesses.
GRAVER au burin (Art de). *Voy.* Gravure sur métal.
GRAVEURS grecs cités par Pline, p. 4.
— hébreux cités dans la Bible, p. 4.
— italiens (Premiers), p. 104.
— *Voy.* Orfèvres-graveurs.
GRAVURE chez les Anciens, p. 2.
— (Disc. hist. sur la) p. 8 note *.
GRAVURE sur métal. Où fut-elle inventée? p. 1 et 2.
— pratiquée par les Anciens, p. 2.
— exercée par Tubalcain, p. 3.
— confondue avec la sculpture, la ciselure et la damasquinure, p. 3; 92 note 2; p. 93 note 2.
— (Invention de l'art d'imprimer roc), p. 3; 22; 52; 103 et suiv.
— (Définition des procédés de la), p. 14 et 15.
— plus ancienne que la gravure sur bois, p. 16.
— Vasari est le premier qui en ait écrit, p. 17.
— ne serait qu'un art secondaire sans l'impression, p. 21 et 103.
— des anciens orfèvres, p. 25 et 26.
— Son effet dans les Nielles, p. 28.
— (Première épreuve d'une), p. 48; 49; 103.
— Sa différence dans les estampes et dans les nielles, p. 88; 89; 112 n.º 3.
— Très-anciennes, p. 313 II à J.
— Regardées à tort comme des nielles, p. 309 et suiv. A à G, K, L, O à S, U à Z, AA à AC.
GRAVURE sur bois. Quand fut-elle inventée? p. 8; 9; 95 et suiv.; 104.
— décret du sénat de Venise relatif à la), p. 12; 99 et 100.
— sert pour les premiers livres, p. 12 et 13.
— Son impression ne peut aider à trouver l'art d'imprimer des gravures sur métal, p. 13; 94 et suiv.
— (Définition des procédés de la), p. 14; 15 et 17.
— moins ancienne que la gravure sur cuivre, p. 16.
— plusieurs auteurs en ont parlé avec détails, p. 17; 95 et suiv.
— (Anciennes épreuves de), p. 10; 11; 94 et suiv.; 104.

GRECS (La gravure chez les), p. 2.
— Peinture à l'encaustique, p. 27.
GRÉGOIRE (S.), supposée de 1422, p. 51.
GREDER, possesseur des gravures attribuées aux Cuoio, p. 96 et suiv.
GRINGONNEUR (Cartes à jouer par Jacquemin), p. 9.
GUERRE (Allégorie sur la), p. 253 n.º 300.
GUERRIERS, p. 241 et suiv. n.ºs 272 à 279; p. 270 et suiv. n.ºs 335 à 338; p. 275 n. 345.
GUILLOCHER (Usage de), p. 28.
GUTTENBERG, invente les caractères mobiles pour l'imprimerie, p. 13.
HALGAR, rapporte le testament des Leodenode, p. 94.

H.

HAMBOURG (Nielle à), p. 318 T.
HÉBRAÏQUES (Inscription en caractères), p. 257 n.º 307.
HÉBREUX (La gravure chez les), p. 2.
HÉCATÉE, cité par Pline comme graveur, p. 4.
HEINECKEN, pense que l'impression des gravures sur métal vient de celle des gravures sur bois, p. 13.
— Titre de son ouvrage, p. 10 note 2.
— prétend qu'il y avait peu de relations entre l'Allemagne et l'Italie, p. 47.
— date qu'il donne à la découverte de l'impression, p. 49.
— doute de l'authenticité des dates citées par Beoaim et Sandrart, p. 50.
— ne reconnut pas l'épreuve de la Paix gravée en 1452, p. 55.
— cite des Nielles comme d'anciennes estampes, p. 60 et 224.
— parle de l'ignorance de Papillon, p. 95.
HÉLÈNE (Sainte), p. 209 n.ºs 206, 207.
HERCULE, p. 229 et suiv. n.ºs 245 à 254.
HERCULANUM n'a fourni aucun vestige de gravures imprimées, p. 7.
HILL, amateur de Manchester, p. 11.
HISTOIRE de la peinture en Italie, p. 19 note *.

HISTOIRE de l'académie des Inscriptions, p. 27 note 2.
HISTOIRE de l'art par les monumens, etc., p. 6 note *.
HISTOIRE profane (Sujets de l'), p. 236 et suiv. n.os 260 à 273.
HOLLANDE. On y a trouvé plusieurs Nielles maintenant à la Bibl. du Roi, p. 60.
HOLOPHERNE (Judith portant la tête d'), p. 137 et suiv. n.os 21 à 24; p. 299 n.° 404.
HOMME de douleur. *Voy*. Jésus-Christ souffrant.
HOMMES dans diverses positions, p. 245 et suiv. n.° 280 à 285.
— (Figures allégoriques d'), p. 261 n.° 316; p. 262 n.os 318; p. 263 n.° 319; p. 265 n.° 323.
HONORIUS IV, pape, p. 98.
HUBER, son ouvrage, p. 10 note 1.
HYDRE (Hercule tuant l'), p. 230 et suiv. n.os 247 à 249.

I

IDÉE générale d'une collection d'estampes, p. 10 note 2.
IMOLA (Podestat d'), p. 97.
IMPRESSION de la gravure sur bois, p. 8; 9 à 13; 16; 17.
— de la gravure sur métal, p. 3; 13; 16; 17; 21; 44; 53; 109; 110.
— Sa découverte est fixée par l'abbé Zani, p. 22; 52.
— (Procédés pour l'), p. 14 et 15.
— Amélioration apportée par les Allemands, p. 46.
— Ses progrès en Allemagne, p. 45.
— Son imperfection en Italie, p. 48; 49.
IMPRESSION. *Voy*. Épreuve.
— (Noir d'). *Voy*. Encre.
IMPRIMEURS en lettres; leur presse n'a pu amener l'invention de la presse à cylindres, p. 46.
INSCRIPTIONS en sens divers sur les nielles, p. 85; 86.
INSCRIPTION hébraïque, p. 257 n.° 307.
— française, p. 264 n.° 322.
— vénitienne, p. 266 n.° 326.
INSTITUT de Bologne. *V*. Bologne.

INSTRUMENS de musique, p. 258 n.° 309; p. 295 n.° 398; p. 296 n.° 399; p. 299 n.° 403.
INVENTEUR de la gravure, ou plutôt de l'impression d'une grav., p. 52.
INVENTION de la gravure sur métal, p. 1; 21; 109.
— de l'art d'imprimer une gravure sur métal, p. 3; 109; 110.
IRLANDE (Rituel de l'), p. 305.
ISAAC (Sacrifice d'). *Voy*. Abraham.
ISRAEL van Mecheln.
— Ses gravures sont mieux imprimées que celles d'Italie, p. 45.
— faussement nommé, p. 106.
ITALIE, ses prétentions à l'invention de la gravure au burin, p. 1.
— Preuves en sa faveur, p. 2; 109.
— Relations avec l'Allemagne, p. 47.
— (Papier employé en), p. 66.
— (De la gravure sur bois en), p. 12.
— (Nielles d'usage en), p. 26.
— (Nielles exécutés en), p. 30.
— Les guerres civiles y ont causé la rareté des nielles, p. 30.
— Ses prem. impressions moins bien que celles d'Allemagne, p. 45.
— Le noir d'impression diffère de celui d'Allemagne, p. 45.
— (Anciennes estampes d'), détériorées, p. 63 et 64.

J

JACQUART, graveur Français, p. 88.
JACQUEMIN. *Voy*. Gringonneur.
JACQUES del Pollajuolo. *Voy*. Pollajuolo.
JACQUES (Saint), p. 186 n.os 130 et 131; p. 187 n.° 137; p. 191 n.° 142; p. 193 n.° 158.
JANSEN parle d'un ancien disque gravé, p. 4 et 5.
— Titre de son ouvrage, p. 4 note 5.
JARDIN-DES-OLIVIERS. *Voy*. J.-C. au Jardin-des-Oliviers.
JEAN-ANDRÉ de Venise. *Voy*. Jean-Antoine.
JEAN-ANTOINE de Brescia: couleur de ses estampes, p. 46.
— a pu faire des nielles, p. 82.
— Nielle gravé par lui, p. 240 n.° 268; et Table III, p. 325.

DES MATIÈRES.

JEAN - BAPTISTE (Saint) p. 115 ;
p. 155 n.º 57; p. 167 n.º 95;
p. 182 n.º 129; p. 192 n.º 148 ;
p. 193 n.º 157; p. 197 et suiv.
n.ᵒˢ 170 à 173; p. 313 J.
— baptisant Jésus-Christ. *Voy.* Jésus-Christ baptisé.
— (Église de Saint-). *Voy.* Saint-Jean.
JEAN - CHRYSOSTOME (Saint). *Voy.* Chrysostome.
JEAN-DEI. *Voy.* Mathieu.
JEAN l'évangéliste (S.), p. 155 n.º 57;
p. 162 n.º 79; p. 168 n.º 98;
p. 169 et suiv. n.ᵒˢ 100 à 104;
p. 188 n.º 138; p. 193 n.º 156;
p. 306 n.º 422.
— (Évangile de saint), p. 305.
JEAN-LE-NOTAIRE. *Voy.* Léonard.
JÉHOVA, p. 308 n.º 426; p. 316 O.
JÉRÔME (Saint), p. 170 n.º 101;
p. 191 n.º 143; p. 192 n.º 150;
p. 200 n.º 179; p. 201 n.º 180.
JÉRUSALEM (ville de), p. 168 n.º 98;
p. 171 n.º 103; p. 172 n.º 104.
JÉSUS (La Vierge et l'Enfant-). *Voy.* Sainte-Famille.
JÉSUS-CHRIST (Enfance de), p. 139 et suiv. n.ᵒˢ 25 à 67.
— (Nativité de), p. 139 et suiv. n.ᵒˢ 25 à 30; p. 161 n.º 70.
— dans la crèche, p. 142 n.º 31.
— adoré par les mages, p. 142 n.º 32 ; p. 144 n.º 33; p. 162 n.º 74.
— (Vie de), p. 161 et suiv. n.ᵒˢ 68 à 125.
— (Circoncision de), p. 161 n.º 71.
— mené en Égypte. *Voy.* Fuite en Égypte.
— présenté au temple, p. 162 n.º 73.
— parmi les docteurs, p. 162 n.º 75.
— baptisé dans le Jourdain, p. 162 ; n.º 76; p. 166, n.º 94.
— lavant les pieds à ses apôtres , p. 163 n.º 80.
— Faisant la cène, p. 163 n.º 81.
— au Jardin-des-Oliviers, p. 163 n.ᵒˢ 82 et 83; p. 311 E.
— devant Pilate, p. 164 n.º 84.
— flagellé, p. 164 n.º 85.
— portant sa croix, p. 164 n.º 86.
— crucifié. p. 102 note 2; p. 106.
— en croix, p. 162 n.º 79; p. 164 n.º 87; p. 167 et suiv. n.ᵒˢ 95 à 103; p. 306 n.º 421.

JÉSUS-CHRIST descendu de la croix, p. 164 n.º 88 ; p. 171 n.º 104.
— mort, p. 172 n.º 105.
— mis au tombeau, p. 172 n.º 106.
— aux limbes, p. 165 n.º 89.
— (Croix de) p. 193 n.º 153.
— souffrant, p. 162 n.º 78; p. 173 et suiv. n.ᵒˢ 109 à 120; p. 193 n.º 152. *Voy.* le Sauveur.
— (Passion de), p. 162 et suiv. n.ᵒˢ 77 à 125. *Voy.* le Sauveur.
— (Résurrection de), p. 69 et suiv., p. 177 et suiv. n.ᵒˢ 121 à 125.
— glorieux, p. 312 F.
— (Saintes Femmes visitant le tombeau de), p. 165 n.º 90
— à Emmaüs, p. 162 nº. 77.
— (Ascension de), p. 165 n.º 91.
JEU de paume, en usage chez les Lydiens, p. 96.
JEUNE FILLE avec un vieillard, p. 50.
JOAILLIERS (Modèles pour les), p. 88.
JOLY (M.) fait placer convenablement l'épreuve de la paix de 1452, p. 58 et 59.
JONAS sorti de la baleine, p. 310.B.
JOSEPH (Saint) p. 197 n.º 169.
— *Voy.* Jésus-Christ (Nativité de),
JOYAU niellé, p. 304 nº. 415.
JUDITH, p. 87; p. 137 et suiv. n.ᵒˢ 21 à 24; p. 299 n.º 404.
JUGEMENT dernier, p. 165 n.º 93.
JUNON, Vénus, etc. *Voy.* La Discorde et les trois Déesses.
JUSTICE (La), p. 267 n.º 328; p. 304 n.º 416.

L

LÆDUS cité par Pline comme graveur, p. 4.
LAME de couteau, p. 319 Z.
— de métal gravée. *Voy.* Planche.
LAMPE d'émailleur, p 36.
LANDINI (Commentaires de), p. 104.
LANGES pour l'impression, p. 15; 43.
LANZI cite des cartes à jouer p. 9.
— dit l'impression de la gravure sur métal, venant de celle des gravures sur bois, p. 13.
— se trompe en disant qu'on enleva le nielle de dessus une Paix, p. 18.

24

LANZI. Passage traduit d'une manière inintelligible, p. 19.
— Selon lui, l'art d'impr. des grav. gagne la Lombardie, etc., p. 44.
— dit que l'amélioration de l'impression est due à l'emploi de la presse en Allemagne, p. 46.
— dit la presse à cylindre venue de la presse à vis, p. 46.
— prétend que l'Adoration des mages est la prem. épreuve tirée d'une planche gravée, p. 49; 143.
— prétend que la découverte de l'impr. est de 1440, p. 49; 53.
— se trompe sur la date de la découverte de l'abbé Zani, p. 56.
— donne des signes pour reconnaître les nielles, p. 85.
— dit les inscriptions en sens inverse p. 85; 87.
— a changé la ponctuation de Vasari, p. 126.
— Titre de son ouvrage, p. 9 note 1.
— Parle d'un nielle mod., p. 318 T.
— Nielles cités par lui, p. 92; p. 139 n.º 26; p. 143 n.º 32; p. 266 n.º 326.
LAURE (Portrait de), p. 273 n.º 340; p. 274 n.º 343.
LAURENT (Saint), p. 193 n.º 159; p. 194 n.º 164; p. 198 n.º 174; p. 199 n.º 175.
LAVEMENT des pieds. *Voy*. J.-C. lavant les pieds à ses apôtres.
LAYETTES. *Voy*. Cabinets.
LAZZARA (Jean de) se trompe en disant qu'on enleva le nielle de dessus une Paix p. 18.
— se trompe en attribuant l'Adoration des mages à Finiguerra, p. 143.
LÉDA, p. 225 n.º 235.
LÉODEBODE possédait des coupes niellées, p. 26 et 94.
— abbé de Saint-Aignan, p. 94.
LÉONARD fils de Jean, p. 102.
LESSING, sur le Nielle, p. 26.
LESSIVE. *Voy*. Cendrée.
LETTERE, etc., (Racolta, di), p. 99 et 100.
LEVRIER (Louis) répare l'empreinte de Seratti, p. 113.
LIBRI ærei des Romains, p. 6.
LINGE posé par hasard sur une planche gravée, p. 42.

LION de Némée (Hercule domptant le), p. 232 n.º 252.
— (Homme renversé par un), p. 246 n.º 283.
— (La Justice sur un), p. 267 n.º 328.
LITHARGE, entre dans la composition de l'encre d'impression, p. 16; 63.
LIVOURNE (Cabinet Seratti, à). *Voy*. Seratti.
LIVRES gravés sur bois, p. 12 et 13.
— (Impression des premiers), p. 13.
— (Couvertures de), p. 305 et suiv. n.º 417 à 426.
— d'autels. *Voy*. Évangélistaires.
LLOYD (Thomas), nielles de son Cabinet. Table XII, p. 347.
LOMAZZO écrit sur la gravure, p. 17.
LOMBARDIE; on y imprime des planches gravées sur métal, p. 44.
LONDRES; on y apporte une empreinte de la Paix, p. 33.
— (Le nom de Peregrini cité dans un ouvrage publié à), p. 71.
— (Catal. des estampes de la collect. de Marc-Sykes publiée à), p. 72.
LOSNE (Étienne de), p. 88.
LOUP (Arab. avec), p. 289 n.º 372.
LOUSTIC du régiment, p. 96.
LUCAS de Leyde, cité, p. 106.
LYCHNIS Githago, p. 91.
LYDIENS invent. des cartes à jouer, p. 96.

M

MAGDELEINE. *Voy*. Marie.
MAGES (Adoration des), *Voy*. Jésus-Christ adoré par les mages.
MAIN (Impressions faites à la), p. 43.
MAÎTRE de 1466. Ses premières épreuves, p. 45.
— son alphabet grotesque, p. 47; 48.
— au P. *Voy*. Peregrini.
MAÎTRES (Vieux). Leurs estampes, p. 55; 56; 60.
— différence entre leurs gravures et les Nielles, p. 84.
— (Petits), p. 88.
MALASPINA (Le marquis de) possède plusieurs Nielles, p. 90.
— erreur dans la définition d'un Nielle, p. 186 n.º 133.
— Nielles de son cabinet, Tab. VI, p. 332 et suiv.

MALHEUR (Allégorie sur le), p. 262 n.º 318.
MALIPIERO de Venise, p. 100.
MANCHES de couteaux niellés, p. 24; 293 et suiv. n.ºs 393 à 404.
MANNO, orfèv., maître de Vasari, p. 39.
MANTEGNA (André); couleur de l'impression de ses gravures, p. 46.
— a pu faire des Nielles, p. 82.
— cité comme habile, p. 106.
MARC-ANTOINE. *Voy.* Raimondi.
MARC (Saint), p. 186 n.º 133.
MARC-SYKES. *Voy.* Sykes.
MARGUERITE (Sainte), p. 158 n.º 63; p. 210 n.º 208.
MARIAGE (Allégorie sur le), p. 252 n.º 297.
MARIE (La Vierge). *Voy.* Vierge.
MARIES (Les trois), par Marc-Antoine, p. 82.
MARIE-MAGDELEINE, (S.te) p. 115; p. 154 n.º 55; p. 167 n.º 95; p. 172 n.º 104; p. 304 n.º 416.
MARIETTE, ne reconnut pas l'épreuve de la Paix de 1452, p. 55 et 56.
— n'a pas été consulté sur les gravures des Cunio, p. 99.
— demande une copie de la Paix de 1452, p. 109.
— met une date sur la Paix de Mathieu Dei, p. 189.
— reçoit une épreuve de la Paix de la conversion de saint Paul. p. 190.
MAROLLE (l'Abbé de) possédait l'épreuve de la Paix de 1452, p. 55.
— possédait cinq Nielles de l'hist. d'Abraham, p. 60.
MARQUE. En sens inverse de l'écriture, p. 86 et suiv.
— de Peregrini, p. 72 et suiv., 86 et suiv.
— Les anciennes gravures n'en ont pas, p. 98.
MARQUES diverses.
D. A. *Voy.* Arcioni (Daniel).
L. p. 258 n.º 308.
L. I., p. 61 et suiv. n.ºs 68 à 79.
N. A., p. 295 n.ºs 395 à 397.
SC. p. 74 et suiv. et p. 87.
MARS (Triomphe de), p. 215 n.º 220.
— (Sacrifice à), p. 217 n.º 221.
— debout. *Voy.* Diomède.
MARSEILLES (Coupes de), p. 26.
MARTELLI a possédé un Nielle, p. 144.
MARTIN (Saint), p. 201 n.º 182.

MARTIN-SCHOEN. *Voy.* Schongauer.
MARTIN (Israël). *Voy.* Schongauer.
MARTYR (Un), p. 205 n.º 194; p. 206, n.º 199; p. 315 N.
MARTYRE (Une Sainte), p. 194 n.º 164; p. 241 n.º 271.
— (Allégorie sur le), p. 265 n.º 324.
MASQUE barbu, p. 246 n.º 282.
— d'un fleuve, p. 285 n.º 365.
— double, p. 282 n.º 359.
— bizarre, p. 297, n.º 400.
MASO-FINIGUERRA. *Voy.* Finiguerra.
MASACIO, p. 107.
MASSACRE, têtes dépouillées de divers animaux dans des arabesques, p. 282 n.º 359; p. 294 n.º 394; p. 296 n.º 399.
MASSON, graveur, p. 83.
MASTERMAN-SYKES. *Voy.* Sykes.
MATERIALI per servire, etc., p. 21 note 2.
MATHIEU, fils de Jean Dei.
— a gravé la Conversion de saint Paul, p. 18; 65; 102 note 2; p. 117.
— Observation sur son nom, p. 100.
— grave une Paix en 1455, p. 102 note 2; p. 106 et 108.
— Prix payé pour une Paix, p. 107.
— (Nielles gravés par), Tab. III, p. 325.
MAUGERARD a trouvé l'épreuve du saint Bernard, p. 11.
MECHELN. *Voy.* Israël.
MÉDAILLES (Cabinet des). *Voy.* Bibl. du Roi.
MÉDAILLON blanc (Arabesques, avec un), p. 287 n.º 369.
— avec des animaux, p. 320 AC.
MÉDICIS (Mort de Laurent de), p. 277 n.º 348.
MEERMANN. Titre de son ouvrage, p. 17 note 1.
MEMMI (Portrait de Laure peint par Simon), p. 274 n.º 343.
MÉNAGE, donne le mot Nielle, p. 92.
— cite le mot Nellure, p. 93.
MENEGHETTI parle d'un portrait de Laure, p. 274 n.º 343.
MERCURE, p. 213 n.º 217; p. 214 n.º 218; p. 215 n.º 220.
MÉTAL (Gravure sur). *Voy.* Gravure.
— (Impression de la gravure sur). *Voy.* Impression.
MICHEL (Saint), p. 130 n.º 4; p. 196 n.ºs 166, 167 et 168.
— fils de Monti, p. 102.

24 *

MICHELOZZI, fils de Barthélemi p. 102.
MIGNET (Jacques), p. 88.
MILAN (Nielle imprimé à), p. 19, 195.
— (Livre imprimé à), p. 48.
— (Orfèvres-nielleurs de), p. 67.
— M. Vendramini y achète un Nielle, p. 144.
— (Collection de Nielles à). *Voy*. Malaspina et Trivulcio.
MILIANI, fils de Dom. Deio, p. 102.
MILNET (Bernard), p. 10 et 11.
MINERVE, p. 136 n.° 19; p. 213 n.° 215.
— et Vénus. *Voy*. La Discorde et les trois Déesses.
MISÉRICORDE (Paix à l'église de la), p. 177 n.° 121.
MODÈNE, ville natale de Nicolas Rosex, p. 77.
— (Nicolas de). *Voy*. Rosex.
MONTAGNA (Benoît), couleur de l'impression de ses gravures, p. 47.
MONT-ROUGE. *Voy*. Bagneux.
MONOCHROME (Peinture), p. 102.
MONTE santo de Dio, p. 81.
MONTI. *Voy*. Michel.
MONTRES émaillées, p. 28.
MORGHEN (Raphaël), p. 83.
MORIAH (Abraham sur le), *Voy*. Abraham.
MOÏSE emploie les mots *gravure* et *graver*, p. 3.
MUNICH (Le nom de Peregrini cité dans un ouvrage publié à), p. 71.
MURANO (André). On lui attribue une gravure de 1412, p. 51.
MURR (De) prétend qu'on gravait en 1440, p. 50.
MUSE, p. 218 n.ºs 222 et 223.
MUSÉES. *Voy*. leur nom.
MUCIUS Scœvola, p. 238 n.° 263.
MYS, cité par Pline, p. 4.
MYTHOLOGIE, p. 212 et suiv. n.ºs 213 à 259; p. 319 Q à S.

N

NAPIONE. *Voy*. Galeani.
NAPLES (Le Roi quitte), p. 32.
NAVIGATION (Allégorie sur la), p. 255 n.° 303; p. 256 n.° 304.
NELLE (Hôtel et village de), p. 92.
NELLURE, pour Niellure, p. 93.
NEPTUNE (Triomphe de) p. 212 n.ºs 213 et 214; p. 298 n.° 402.

NÉRÉIDE, p. 227 n.° 239.
NICOLAS de Modène. *Voy*. Rosex.
NICOLAS, fils de Laurent, p. 104.
NICOLETO. *Voy*. Rosex.
NIELLARE, p. 57.
NIELLATORE, p. 57.
NIELLE. (Anc. disque gravé sans), p. 5.
— Il n'y en a jamais eu sur la Paix de saint Paul, p. 19; 66; 189 n.° 139.
— Ne peut être facilement enlevé de dessus le métal, p. 19 et 116.
— Sur la gravure entièrement terminée, p. 20; 38; 103; 105.
— Nom des planches gravées par des orfèvres, et couvertes d'un émail noir, p. 24 et 102.
— d'usage en Italie, p. 26 et 102.
— connu en France, p. 26.
— d'un noir inégal, p. 29 et 46.
— du VIIe au XIIe siècle, p. 29.
— en usage dans le XVe siècle, p. 22; 89; 102; 108; 118 et suiv.
— du XVIIIe siècle, p. 29; p. 318 et suiv. T, AA et AB.
— inconnu en Allemagne, p. 29.
— Cet art abandonné, p. 30 et 120.
— (Manière de faire le), p. 34; 35; 36; 108; 118; 120 et suiv.
— en poudre, p. 36; 121; 123.
— M. Ottley en voit un, p. 41.
— bolonais, cité par Lanzi, p. 44.
— attribué à Baldini, etc., p. 82 et 117.
— Recherches sur ce mot, p. 91.
— Dissertation sur l'empreinte de Seratti, p. 107 et suiv.
NIELLES antér. à la renaissance, p. 30.
— Cause de leur rareté, p. 30 et 48.
— (Petitesse des), p. 30.
— (La Biblioth. du Roi possède des), p. 60 et 71.
— Gori fait des recherches, p. 66, 102 et suiv.
— de Peregrini, p. 68; 69; Tab. II, p. 322.
— (Caractères des), p. 84 et suiv.
— du temps de Baldini, p. 117.
— Se détériorent dans l'eau chaude, p. 63; 64 et 111.
— (Estampes prises pour des), p. 88.
— (Noms des graveurs qui peuvent avoir fait des), p. 82.
— par Marc-Antoine, p. 82; p. 212; n.° 213.
— prétendus tirés des empreintes en soufre, p. 43; 59; 109 et 110.

NIELLES décrits par Bartsch, p. 59 note 4; p. 61; Table XX p. 356.
— regardés comme douteux, p. 87
— Projet d'un Catalogue p. 71.
— Leur classement, p. 89.
— Catalogue de ceux de la collect. de Marc-Sykes, p. 72; Table X p. 337.
— en argent, p. 89; 108; 122; 332 note 1; Tab. XIII., p. 348 et suiv.
— dont on connaît la planche et des épreuves, ou des empreintes, Table XIV p. 351.
— dont on connaît des empreintes en soufre, Table XV p. 351.
— dont on connaît quatre épreuves, Table XVI p. 352.
— dont on connaît trois épreuves, Table XVII p 352.
— dont on connaît deux épreuves, Table XVIII, p. 353.
— ayant des traces de clous, Tab. XIV p. 355.
— imprimés à Milan, p. 19, 195 n.º 165.
— modernes, p. 30, note 1.
— avec un fond blanc, p. 145, nº 34; p. 156 et suiv. n.ºs 60 et 61; p. 157 n.º 65; p. 179 n.º 123; p. 198 n.º 174; p. 208 n.º 203; p. 199 n.º 174; p. 207 n.º 201; p. 265 n.º 324.
— dont les fonds sont dorés, p. 140 n.º 27; p. 147 n.º 39; p. 172 n.º 105; p. 179 n.º 124; p. 201 n.º 180; p. 181 n.º 126; p. 187 n.º 135; p. 203 n.º 185; p. 206 n.º 198.
— en entier sur un fond d'or, p. 148, n.º 45.

NIELLÉE (Paix non), p. 20; 66; 189.
— (Paix), p. 31 et suiv., 102 et suiv.
— (Croix), p. 26.
— ce mot confondu avec *Nillée*, p. 26.
— (De la gravure destinée à être), p. 28; 42; 82; 83.
— (Souvenir d'une planche avant qu'elle fût), p. 39 et 41.
— (Planches d'argent). *Voy.* Nielles.

NIELLER (Essai pour découvrir la manière de), p. 18.
— (L'art de) confondu avec l'encaustique des Anciens, p. 26.

NIELLER. (Art de), par Cellini, p. 30 et 108.
— Finiguerra se fait remarquer dans l'art de), p. 34.
— (Détails sur l'art de), p. 35, et suiv. 122 et suiv.
— (On enlevait les marques au moment de), p. 86 et suiv.
— (On fait bouillir une planche avant de la), p. 112 note 2.
— Recherches sur ce mot, p. 91 et suiv.
— n'est pas synonyme de ciseler, p. 91.

NIELLEURS. *Voy.* Orfévres-nielleurs.
NIELLO, p. 57; 92; 117 et suiv.
NIELLURE n'est pas synonyme de ciselure, p. 19 et 91.
— Son rapport et sa différence avec la damasquinure, p. 27 et 28.
— Recherches sur ce mot, p. 91 et suiv.
— On a dit aussi Nellure, p. 93.

NIGELLA-DAMASCENA, p. 91 note 1.
NILLÉE. *Voy.* Nielle.
— (Croix), confondue par Lessing avec une croix *niellée*, p. 26.

NOELEZ (Étriers), p. 94.
NOELLEZ (Épées), p. 94.
NOÏELEZ (Épées), p. 94.
NOM patronymique, p. 76.
NOIR d'impression. *Voy.* Encre.
NOTAIRE (Jean le). *Voy.* Léonard.
NOTICE des estampes exposées à la Bibl. du Roi, p. 71.
NOUVEAU Testament (Sujets du), p. 139 et suiv. n.ºs 25 à 125; p. 311 et suiv., C à F.
NYMPHES, p. 226 et suiv. n.ºs 237 à 241; p. 317 S.

O

OBSERVATIONS sur les Cunio, p. 94 et suiv. note II.
— sur le nom de Mathieu de Jean Dei, p. 100 et suiv. note IV.
— sur le nom de Maso Finiguerra, p. 101 note V.
— diverses. *Voy.* Réflexions.

OISEAUX (Arabesques avec divers), p. 279 n.º 353; p. 288 n.º 371; p. 290 n.º 379; p. 301 n.º 405.

OR (Ornemens en), p. 148 n.° 45; p. 263 n.° 320.
— (Planche en). *Voy.* Pl. de métal.
ORATOIRE, orné de gravures p. 12.
ORFÉVRES. Ils étaient sculpteurs, ciseleurs et graveurs, p. 23.
— (Modèles pour les), p. 88.
— qui ont travaillé pour l'église de Saint-Jean-de-Florence. p. 102.
ORFÈVRES-NIELLEURS. Leurs noms:
Maso Finiguerra de Florence;
Amerighi de Florence;
Michel-Ange Bandinelli de Florence;
Philippe Bruneleschi de Florence;
Forzone Spinelli d'Arezzo, qui travailla à Florence;
François Furnio de Bologne;
Bartholomé Gesso de Bologne;
Geminiano Rossi de Bologne;
François Raibolini dit Francia; de Bologne;
Teucro de Sienne;
Jean Turino de Sienne;
Caradosso de Milan,
Daniel Arcioni de Milan;
Ambroise Froppa de Pavie;
Jacques Tagliacarne de Gênes;
Peregrini de Césène;
Antoine Pollajuolo;
Antonio;
Danti;
Pierre Dini dit Arcolano;
Gavardino;
Léon-Jean-Baptiste Alberti;
Mathieu, fils de Jean Dei;
— Leurs travaux, p. 65 et suiv.
— Finesse de leur travail, p. 28.
— font des empreintes en soufre, p. 41.
— (Nielles gravés par divers), Table III, p. 325 et 326.
ORFÈVRES-GRAVEURS. Leur manière de graver p. 82; 83.
— Leurs noms:
Nicolas Rosex de Modène;
Baccio-Baldini;
Mantegna;
Jean-Antoine de Brescia;
Jean-André. *Voy.* Jean-Antoine.
— succèdent aux Orfèvres-nielleurs, p. 28.
— cités comme habiles, p. 106.
— (Nielles par divers), Table III, p. 325 et 326.

ORFÉVRERIE. Son importance dans le XV.º siècle, p. 23 et 29.
ORLÉANS (Saint-Aignan d'), p. 94.
ORNEMENS en or, p. 148 n° 45; p. 263 n,° 320.
— en vermeil, p. 154 n.° 55.
— (Rinceaux d'). *Voy.* Arabesques.
ORPHÉE, p. 233 n.ºs 255 et 256.
OTTLEY. Son opinion sur les cartes de Charles VI, p. 9.
— Titre de son ouvrage, p. 9, note 2.
— Son ouvrage est consulté par l'auteur de cet essai, p. 20.
— donne en anglais la traduction de la dissertation sur le soufre possédé par Scratti, p. 34.
— dit que Vasari a pu voir faire des empreintes en soufre, p. 39.
— discute le passage de Vasari sur les empreintes et les épreuves, p. 39; 125 et suiv.
— dit que Zani a partagé l'erreur de Bartsch et de Baldinucci, p. 40.
— Ce qui l'engage à publier son ouvrage, p. 41 et 42.
— Ne pense pas que l'épreuve de la Bibliothèque soit le premier essai d'impression, p. 49.
— dit son épreuve tirée en 1445, p. 49.
— regarde comme exact le récit sur les Cunio, p. 95.
— décrit une gravure qu'il regarde comme un Nielle, p. 309 A.
— Discute la date d'une gravure d'Albert Durer, p. 224.

P

P (Maître au). *Voy.* Peregrini; et Pierre de Cesio.
PADOUE (Antoine Meneghetti de), p. 274 n.° 343.
PAIX gravée en 1452, p. 32; 37; 49; 102 et suiv.; 108; 109; 111; 118; 119.
— Description de l'empreinte qui est à Stowe, p. 33 et 113.
— Dissertation sur cette empreinte, p. 33; 107 et suiv.
— Épreuve unique, p. 41; 52; 54.
— Lanzi ne croit pas que ce soit le premier essai d'impression, p. 53 et 143.

Paix gravée en 1452, moins bien imprimée que les autres Nielles, p. 54.
— On y voit les traces de la planche. p. 62.
— (Dessin de cette), p. 56 et 109.
— (Découverte d'une épreuve de la), p. 52; 54; 56 et suiv.
— reconnue pour ouvrage authentique et peut-être unique de Finiguerra, p. 108 et 109.
— Sa description, p. 109.
Paix représentant la conversion de S. Paul, p. 18; 20; 65; 102 note 2; p. 117; 189 n.° 139.
— non niellée, p. 20 et 117.
— niellées, p. 31; 102 et suiv ; 108; p. 142 n.° 32; p. 151 et suiv. n.os 53 à 56; p. 167 et suiv. n.os 95 à 98; p. 169 n.os 100 et 101; p. 171 n.° 104; p. 182. n.° 129.
— Gori ne peut faire graver celle de Finiguerra, p. 105.
— prétendue antérieure à 1452, p. 49; 53 et suiv.
— moins bien imprimées que les estampes allemandes, p. 45.
— (Prix payés pour des), p. 37; 107 et 108.
— Nielles de la plus grande dimension, p. 84
Paix gravée en 1455, p. 107 et 108 note 1.
Palerme (Résidence du roi de Naples à), p. 32.
Palladium (Diomède enlevant le), p. 236 n.° 260; p. 237 n.° 261.
Palmer (Samuel) cite une pièce avec la date de 1412, p. 51.
— Son ouvrage, p. 51, note 3.
Papier ancien (Nielles tirés sur), p. 66.
— (Qualité du), p. 88.
— de chiffon, p. 98.
— humide pour imprimer, p. 103; 119; 125.
Papillon, parle de gravures faites par les Cunio, p. 12.
— Observations sur son récit relatif aux Cunio, p. 94 et suiv.
— Zani, Ottley et Galeani adoptent son récit sur les Cunio, p. 95.
Papillionana, p. 96.
Paris (Nielles modernes faits à), p. 29.
— (Épreuve de la Paix de 1452), p. 41; 49; 56; 62.

Paris. (Nielles qui se trouvent à), p. 90; Tab. IV, p. 327 et suiv.; Tab. XII, p. 346 et 347.
Paris (Jugement de), p. 222 n.° 233.
Parise la duchesse (Roman de), p. 94.
Parfums (Sacrif. de), p. 241 n.° 270.
Parme (Ouvrage de l'abbé Zani imprimé à), p. 56.
Passion, gravée en bois en 1440, p. 50.
Patène, nom donné aux Paix, p. 31.
Patron (Cartes coloriées au), p. 10
Patronymiques (Noms). Voy. Noms.
Pauquet. Copie de la Paix de 1452, p. 184.
Paul (Saint) renversé sur la route de Damas, p. 102 note 2; p. 106; p. 188 n.° 139. Voy. Paix gravée en 1455.
— (Saint), p. 156 n.° 58; p. 187 n.° 135; p. 188 n.° 139; p. 190 n.° 140; p. 305 n.° 418.
Paul. Voy. Christophe, fils de Paul.
Paume de la main. Voy. Main.
Pavie (Orfèvre-nielleur de), p. 67.
Pax tecum. Paroles prononcées en donnant à baiser une Paix, p. 31.
Peintre-graveur (Le). On y trouve le mot Nielle, p. 91.
Peinture à l'encaustique, p. 26.
— en émail, p. 27 et 31.
Pénitens sous la protection de la Vierge, p. 194 n.° 163; p. 210 n.° 210.
Pentecôte (La). Voy. Saint-Esprit (Descente du).
Père-grand de M. Spirchtvel, p. 97.
Peregrini cité par Bartsch sous la marque P, p. 61.
— est celui dont il existe le plus de Nielles, p. 68
— d'un mérite presque égal à celui de Finiguerra, p. 68; 69; 80.
— Nielles gravés par lui, Table II, p. 322 et suiv.
— Ses marques, p. 69 et suiv.
— Son nom sur une Résurrection, de Jésus-Christ, p. 69.
— Son nom cité dans deux ouvrages, p. 71.
— Plusieurs Nielles dans le catalogue de Marc-Sykes, p. 72.
— Son nom patronymique, p. 76.
— a été confondu avec un autre orfévre, dont le nom est Pierre, p. 78 et 79.

PEREGRINI. Dans ses Nielles les inscriptions sont toujours dans le sens ordinaire de l'écriture, p. 86.
— Ses marques disparaissaient au moment de nieller, p. 86 et suiv.
PETITS-MAÎTRES. *Voy*. Maîtres.
PÉTRARQUE (Portrait de), p. 273 n.º 340.
PHILIPPE (Saint), p. 186 n.º 132.
PHILOSTRATE. (Tableaux de), p. 93.
PICCOLOMINI possède un portrait de Laure, p. 274 n.º 343.
PIERRE de Abano. Son ouvrage imprimé en 1472, p. 47 et 48.
PIERRE (Saint), p. 304 n.º 416; p. 305 n.º 417; p. 313 I.
PIERRE le Dominicain (Saint), p. 157 n.ºs 60 et 61.
PIERRE de Cesio, graveur, p. 79.
PIERRE-PONCE, sert à polir les Nielles, p. 36; 108.
PLANCHE de bois pour graver, p. 16.
— de métal gravée au burin, p. 44.
— (Invention de l'art d'imprimer une), p. 42; 81.
— de métal niellée. *Voy*. Nielles.
PLAQUE de métal niellée. *Voy*. Niellée.
PLATEAU (Un grand), p. 308 n.ºs 427 et 428.
PLATRE coulé derrière les empreintes en soufre, p. 39.
PLINE (Graveurs cités par), p. 4 note 3.
— Passage où on croit trouver que les Romains ont imprimé des gravures, p. 7.
PLOMB; entre dans la composition du Nielle, p. 35; 107; 116; 120; 123.
PODESTAT d'Imola, descendant des Cunio, p. 97.
POIGNÉES d'épées niellées, p. 24; 94.
POILLY cité, p. 83.
POINTE à graver, p. 24.
POLLAJUOLO (Antoine), l'un des premiers graveurs italiens, p. 17; 104.
— Couleur de l'impression de ses gravures, p. 46.
— maître de Jean Turino, 67.
— a fait plusieurs Nielles, p. 82.
— Fils de Jacques, p. 102.
— Sa bataille aux coutelas, p. 102, note 1.
— Vasari donne son histoire, p. 105.
— Nielles gravés par lui, Table III p. 325.

POLOGNE (Nielles en), *Voy*. Poniatowski.
POMMEAUX d'épées gravées, p. 8.
POMPÉIA. On n'y trouve aucunes traces de gravures imprimées, p. 7.
PONIATOWSKI (Le prince) possédait plusieurs Nielles, p. 90. Tab. VIII, p. 336.
PORSENNA (Mucius Scevola devant), p. 238 n.º 263.
PORTEMENT de croix. *Voy*. Jésus-Christ portant sa croix.
PORTICI (Musée), p. 7.
PORTRAITS divers, p. 268 et suiv. n.ºs 329 à 352; p. 318 T.
— d'hommes, p. 268 et suiv. n.ºs 329 à 332, 335 à 339, 341, 344, à 346, 348 à 351; p. 302 n.º 407; p. 318 T.
— de femmes, p. 270 n.º 333; p. 271, n.º 337; p. 273 n.ºs 340, 341 et 342; p. 274 n.º 343; p. 275 n.º 347; p. 278 n.º 352; p. 302 n.º 407.
— *Voy*. leurs noms.
POSIDONIUS cité par Pline comme graveur, p. 4.
PREMIÈRE épreuve d'une planche gravée. *Voy*. Épreuve.
— estampe. *Voy*. Épreuve.
PRÉSENTATION au Temple. *Voy*. Jésus-Christ présenté au Temple.
PRESSE à cylindre pour imprimer les gravures sur métal, p. 29 et 46.
— à vis pour imprimer les livres, p. 46.
PRISONNIERS (Allégorie avec deux), p. 259 n.º 310.
PROVIDENCE (La), p. 264.
PRUDENCE (La), p. 304 n.º 416.
PSAUME (Verset d'un), p. 257 n.º 307.
PSYCHÉ, p. 222 n.º 232.
PTOLÉMÉE imprimé à Bologne et à Rome, p. 81.
PUCELLE (La), p. 264 n.º 322.
PYRAME et Thisbé, p. 235 n.º 259.
PYTHÉAS, cité par Pline comme graveur, p. 4.

Q

QUERINI, prov. édit. de Venise p. 100.

R

RACCOLTA di Lettere sulla Pittura, p. 99 et 100.
RADOTAGE dont on accuse Zani, p. 57.
RAIBOLINI (François), p. 67.
— Nielles gravés par lui, Table III, p. 326.
— (Gravure attribuée à), p. 309 A.
RAIMONDI (Marc-Antoine) dans sa vie, Vasari parle de l'art d'imprimer une gravure sur métal, p. 17; 105; 119.
— Son maître, p. 67.
— a fait des Nielles. p. 82; Tab. III p. 325.
— quitte la manière des orfévres-graveurs, p. 83.
— Nielle d'après lui, p. 225 n.º 236.
— Gravure de lui, p. 311 E.
RAISIN (Arabesqu. au), p. 279 n.º 354.
RAPHAEL (Triomphe de Galathée d'après), p. 225 n.º 236.
RAPSODIE (L'ouvrage de Zani traité de), p. 57.
RARETÉ des Nielles, p. 30.
RAVENNE (Bouclier fait à), p. 7.
RECHERCHES sur les mots Nielle, Nieller et Niellure, p. 91 et suiv.
RÉFLEXIONS sur divers sujets. p. 131; 134; 143; 148; 150; 152; 155; 162; 169; 177; 178; 183; 188; 189; 192; 194; 215; 224; 225; 234; 236; 246; 274; 291; 306; 309; 313.
RELIGIEUX, p. 156 et suiv. n.ºˢ 60, 61 et 62; p. 160 n.º 66; p. 166 n.º 94; p. 197 n.º 169; p. 205 n.ºˢ 192 et 193; p. 206 n.ºˢ 196 et 197; p. 207 n.º 200; p. 208 n.º 202 bis; p. 315 O.
RELIQUAIRES niellés, p. 24; 82. *Voy.* Châsse.
RENOMMÉE (Allégorie sur la), p. 255 n.º 302.
RÉSURRECTION de Jésus-Christ. *Voy.* Jésus-Christ ressuscité.
REVIL a possédé un Nielle de Finiguerra, p. 152.
— possède plusieurs Nielles, p. 90. Table XII, p. 346 et 347.
RICHELET cite le mot Nieller, p. 92.
RINCEAU d'ornemens. *Voy.* Arabesques.

RITUEL de l'Irlande, p. 305.
ROCH (Saint). p. 155 n.º 56; p. 194 n.º 165; p. 204 n.ºˢ 188 à 190; p. 208 n.º 203.
ROGGERONE fait une copie de la Paix de 1452, p. 185.
ROIS (Adoration des). *Voy.* J.-C. adoré par les Mages.
ROMANS anciens, p. 94.
— sur les Cunio, p. 97.
ROMAINS (La gravure chez les), p. 2.
— On a prétendu qu'ils connaissaient l'art de l'impression, p. 7.
— Peinture à l'encaustique, 27.
ROME (La déesse), p. 213 n.º 216
— (Ptolémée imprimé à), p. 81.
— Mantegna y grave, p. 106.
ROSACES niellées, p. 291 n.ºˢ 385 à 389.
ROSEX (Nicolas). Couleur de l'impression de ses gravures, p. 46.
— Ses différentes marques, p. 77; 78.
— a fait plusieurs Nielles, p. 82; 135 n.º 16; p. 224. Table III, p. 325.
ROSSI (Geminiano), p. 67.
ROSSI possédait un Nielle de Peregrini, p. 73.
— Catal. de son cabinet, p. 73 note *.
ROST. *Voy.* Huber.
ROULEAU de bois pour imprimer, p. 43.
ROYAL (Musée). *Voy.* France.

S

SACRIFICE, p. 240 n.ºˢ 268 à 270.
— d'Abel, p. 130 n.º 6.
— d'Abraham, p. 60 et 134 n.º 13.
SACRISTIE de Saint-Jean. *Voy.* Saint-Jean.
SAINT-AIGNAN (Léodebode, abbé de), p. 94.
SAINT-JEAN de Florence (Église de). Paix gravée par Finiguerra, p. 32; 37; 54; 101 et suiv.; 108 et 109; 113; 114; 118; 119; 183 n.º 129.
— Paix gravée par Mathieu Dei, p. 106; 108.
SAINT-MARC à Venise, p. 100.
SAINT-PAUL (Communauté de). *Voy.* Paix gravée en 1455.
SAINTE-FAMILLE gravée sur bois par Milnet, p. 10 et 11.
— (Divers Nielles représentant la), p. 143 et suiv. n.ºˢ 34 à 67.

SAINTE-FAMILLE. Compositions de deux figures, p. 145 et suiv. n.os 34 à 52; p. 191 n.º 141; p. 192 n.º 147; p. 193 n.º 151; p. 306 n.º 423; p. 307 n.º 425; p. 311 C.
— Composition de plusieurs figures, p. 151 et suiv. n.º 53 à 67; p. 202 n.º 183; p. 311 D.
— entourée de plusieurs saints et saintes, par Maso Finiguerra. *Voy.* Paix prétendue antérieure à 1452, p. 54.
SAINTES-FEMMES au tombeau. *Voy.* Jésus-Christ (Tombeau de).
SAINT-JACQUES à Florence, p. 170 n.º 101.
SAINTS, p. 186 et suiv. n.os 130 à 203; p. 313 I et J; p. 315 M et N.
SAINTES (Diverses), p. 194 n.º 164; p. 204 n.º 191; p. 209 et suiv. n.os 204 à 212.
— par Marc-Antoine (Trois), p. 82.
— *Voy.* leur nom.
SAMSON terrassant un lion, p. 136 n.º 18; p. 309 A.
SANDRART, cite une pièce qu'il dit gravée en 1455, p. 50.
— Son ouvrage, p. 50 note 2.
SATYRES, p. 227 et suiv. n. 242 à 244.
— (Arabesques divers avec des), p. 280 n.º 356; p. 281 n.os 357 et 358; p. 284 n.º 362.
SAVONAROLE (Portrait de Jérôme), p. 276 n.º 348.
SAUVEUR (Le) p. 173 n.º 107.
SAXE-TESCHEN (Cabinet du duc de),
— On y voit une épreuve d'une Paix gravée par Maso Finiguerra, p. 55; p. 152 n.º 53.
— Bartsch dit qu'il ne s'y trouve pas de Nielle, p. 59.
SCAGLIOLA, mastic composé de stuc et d'eau de colle, p. 113.
SCEVOLA (Mucius). *Voy.* Mucius Scevola.
SCHONGAUER (Martin). Ces estampes mieux imprimées que celles d'Italie, p. 45.
— faussement nommé, p. 106.
SCOF. Explication de cette marque, p. 74 et suiv. p. 87.
SCOLA FLORENTINA. Fausse explication des lettres S. C. p. 74.
SCULPTEURS. *Voy.* Orfévres.

SÉBASTIEN (Saint), p. 155 n.º 56; p. 192 n.º 149; p. 193 n.º 160; p. 194 n.º 165; p. 199 n.º 176.
SENATUS-CONSULTUS. Fausse explication des lettres S. C., p. 74.
SERATTI possédait une empreinte de la paix gravée en 1452, p. 32; 33; 59; 61; 107 et suiv. 184.
— Son séjour en Sicile, p. 32.
— Sa mort à Alger, p. 32.
— Son cabinet vendu à Malte, p. 33; 107 et suiv.
— a partagé l'erreur de Baldinucci, p. 40.
SEROUX. *Voy.* d'Agincourt.
SERPENS (Figures allégoriques avec des), p. 263 n.º 319.
— (Arabesques avec des), p. 287 n.º 370.
SICILE (Séjour de Seratti en), p. 32.
SIENNE (Orfévres-nielleurs de), p. 67.
— (Portrait de Laure à), p. 274 n.º 343.
SIGNES donnés par Lanzi pour reconnaître des Nielles, p. 85.
SILVESTRE possédait plusieurs Nielles, p. 60 et 69.
SOUFFLURE à éviter dans les Nielles, p. 36; 122.
SOUFRE : Entre dans la composition du Nielle, p. 35; 107; 116; 121.
— Devient noir en le brûlant, p. 121 note 1.
— *Voy.* Empreinte en soufre.
SPHINX (Arabesques avec un), p. 280 n.º 356.
SPINELLI (Forzone), p. 67.
SPIRCHTVEL, possédait les grav. attrib. aux Cunio, p. 97 et suiv.
STANCHARIUS (Philippe), p. 140 n.º 26.
STEPHANUS, peut être le nom patronymique de Peregrini, p. 76.
STEPHANUS. *Voy.* Losne.
STOWE (Collection de). *Voy.* Buckingham et Chandos.
STRATONICUS cité par Pline comme graveur, p. 4.
STRUTT, fait remonter l'origine de la gravure au temps de Moïse, p. 3.
— donne la copie d'un ancien disque gravé. p, 5.
— Son ouvrage, p. 2 note 2.
SYKES (Empreintes en soufre du cabinet), p. 39.

DES MATIÈRES.

Sykes. Riche collection de Nielles, p. 61; 90; Tab. X, p. 337 et suiv.
— Concordance des n.ᵒˢ du catalogue de son cabinet, p. 342 et suiv.

T

Tabatière Niellée, p. 319 AA.
Tabatières émaillées, p. 28.
Tabernacle. *Voy.* Châsse.
Tagliacarne (Jacques), p. 67.
Taille de bois, p. 16.
— douce, p. 16.
— fine pour nieller, p. 28.
— large pour graver, p. 28.
Tailleur de planches, p. 16.
Tambour, p. 244 n.º 277.
Taureau (Hercule domptant le), p. 231 n.º 251.
— (Sacrifice d'un), p. 240 n.º 268.
Tauriscus, cité par Pline comme graveur, p. 4.
Temanza : sa lettre sur les cartes à jouer, p. 99.
Tempérance (La), p. 261 n.º 317; p. 304; 416.
Temple (Sacrifice devant un), p. 240 n.º 268.
Temps (Allégorie sur la fuite du) p. 258 n.º 309.
Testament de Léodebode, p. 94.
Têtes d'homme et de femme. *Voy.* Portraits.
— casquées, p. 270 n.º 335; p. 271 n.º 338; p. 272 n.º 339; p. 275 n.º 345.
— laurée, p. 278 n.º 351.
Teucer, cité par Pline comme graveur, p. 4.
Teucro fils d'Antoine, p. 67.
Terre (Empreinte en). *Voy.* Empreinte.
Thesaurus veterum diptychorum, etc., p. 101.
Thisbé (Pyrame et), p. 235 n.º 259.
Thomas Finiguerra. *Voy.* Finiguerra.
Ticozzi parle d'un graveur de Cesio, nommé Pierre, p. 79.
— Titre de son ouvrage, p. 79 note 1.
Tiraboschi a écrit sur l'histoire de la gravure, p. 17.
— prétend que Finiguerra a fait épreuve de différens bijoux avant 1452, p. 53.

Tobie et l'Ange, p. 136 n.ᵒˢ 19 et 20.
Thomaso Finiguer. *Voy.* Finiguerra.
Tombeau de Jésus - Christ, p. 172 n.º 106; p. 173 et suiv. n.º 109 à 111; p. 177 n.º 122; p. 179 n.º 123; p. 235 n.º 259.
Traité de la gravure en bois par Papillon, p. 94 note 2.
Tritons, p. 226 et suiv. n.ᵒˢ 238 à 241; p. 317 S.
— (Arabesques avec des), p. 279 n.º 355.
Triomphes. *Voy.* Leur nom.
Tripoli employé pour polir les nielles, p. 124.
Trivulcio (Le marquis de) possède plusieurs nielles, p. 90 Tab. VII, p. 335.
— Envoye à l'auteur des dessins de ses nielles, p. 139 note *.
— Quels sont les nielles dont il possède les planches originales d'argent, p. 139 note *.
Trophées divers, p. 238 n.º 265; p. 241 n.º 272.
— (Arabesques avec des); p. 287 n.º 370; p. 295 n.º 398; p. 296 n.º 400.
Trous dans des nielles. *Voy.* Clous (traces de).
Truie (Sacrifice d'une), p. 240 n.º 269.
Tubalcain regardé comme l'inventeur de la gravure, p. 3.
Tudesque, sobriquet donné à un graveur allemand, p. 106.
Turine, parent des Cunio, p. 99.
Turino (Jean), p. 67.

U

U gothique dans l'alphabet grotesque du maître de 1466, p. 47.
Union (Allégorie sur l'), p. 254 n.º 301.
Ursule (Sainte). *Voy.* La Vierge protégeant une confrérie.

V

Vasari; Édition consultée, p. 17 note 2.

VASARI n'a pas dû voir faire d'empreintes en soufre, p. 39.
— parle des empreintes en soufre, p. 39; 106; 109; 119; 125.
— (Phrase mal ponctuée dans), p. 40; 125; 126.
— raconte qu'une femme pose un paquet de linge mouillé sur une planche gravée, p. 42 et 43.
— est le premier qui ait parlé de l'impression des gravures sur métal, p. 17; 105; 106; 109.
— laisse des difficultés à éclaircir, p. 20.
— parle de la composition des nielles, p. 34; 35; 37; 118; 119.
— parle de nielles, p. 82 et 92.
— se trompe en attribuant à Finiguerra les deux Paix de Saint-Jean, p. 106.
VASE avec un amour, p. 219 n.os 224 et 226.
VATICAN (Bibliothèque du), p. 98.
— (Triomphe de Galathée au), p. 225 n.o 236.
VENDRAMINI, possède une épreuve de l'adoration des mages, p. 144. Table XII p. 347.
VENDANGES, p. 214 n.o 219.
VENISE (Décret du Sénat de), p. 12 et 99
— On y imprime des planches gravées au burin, p. 44.
— (Dialecte de) sur un nielle, p. 44.
— (Jean-André de). *Voy.* Jean-Ant.
— (L'encre d'impression y est plus noire qu'à Florence, p. 47.
— Portrait de Laure, p. 274 n.o 343.
— (Vue de), p. 310 B.
VÉNITIEN. *Voy.* Venise.
VENUS et Mars, p. 215 n.o 220.
— et l'Amour, p. 258 n.o 308.
— et Minerve, etc. *Voy.* la Discorde et les trois Déesses.
VÉRITÉ (La), p. 308 n.o 427.
VIEILLARD caressant une jeune fille, p. 50.
VIENNE (Bibliothèque de), p. 59.
— (adorant l'Enfant-Jésus). *Voy.*
VIERGE. (Vie de la), p. 181 et suiv. n.os 126 à 129.
— (Annonciation de la), p. 153; 161 n.o 68; p. 181 n.os 126 et 127; p. 312 G.

VIERGE (Visitation de la), p. 161 n.o 69. Jésus-Christ (Nativité de).
— en prières (La), p. 182 n.o 128.
— protégeant une confrèrie, p. 194 n.o 163; p. 210 n.o 210.
— (Assomption de la), p. 182 et suiv. n.o 129. *Voy.* Paix, gravée en 1452.
— près de la croix, p. 162 n.o 79; p. 167 et suiv. n.os 95 à 98; p. 169 et suiv. n.os 100 à 103.
— de douleur, p. 314 K, L.
— (Heures de la), p. 307.
— (Buste de la) p. 304 n.o 416; p. 313 H.
— et l'Enfant-Jésus (La). *Voy.* Sainte Famille.
VIERGES folles (Une des), p. 211 n.o 212.
VIEUX-MAÎTRES. *Voy.* Maîtres.
VIGENÈRE, emploie le mot nellure, p. 93.
— Titre de son ouv., p. 93 note 1.
VIGNETTES. *Voy.* Dante.
VIS (Presse à). *Voy.* Presse.
VISSCHER graveur, p. 83.
VISITATION de la Vierge. *Voy.* Vierge (Visitation de la).
VITELLIUS (trois mille *libri œrei* détruits sous), p. 6.

W

WELLESLEY (Henry). fait tirer des épreuves d'un nielle, p. 19; 195.
— Nielles de son Cabinet, Tab XII, p. 347.
WILLE, graveur, p. 83.
WOODBURN (Samuel) possède plusieurs nielles, p. 90. Tab. XI, p. 345.

Y

Y gothique dans l'Alphabet grotesque du Maître de 1466, p. 47.

Z

ZANI prouve que l'invention de la gravure est due à l'Italie, p. 2.

ZANI sert de guide pour cet ouvrage, p. 20.
— Titre de son ouvrage, p. 21 note 2.
— Sa découverte doit convaincre les plus incrédules, p. 21.
— donne la dissertation sur une empreinte en soufre possédée par Seratti, p. 34 note VII; p. 107.
— n'a pas partagé l'erreur de Bartsch et de Baldinucci, p. 40.
— n'est pas d'avis que Jean-Antoine de Brescia et Jean-André de Venise, soient la même personne, p. 46. et 47.
— découvre une épreuve de la Paix de 1452, p. 52; 56 et suiv.
— découvre une épreuve d'une autre Paix, p. 55.
— son ouvrage imprimé à Parme, en 1802, p. 56.

ZANI cite plusieurs nielles, p. 60; 68; 134 n.° 13; p. 144; p. 170 n.° 101; p. 224 n.° 234.
— ne parle pas de ceux qui existaient à la Bibliothèque du Roi, p. 60.
— ne parle pas de ceux de Durazzo, p. 110 note 3.
— parle d'une Paix gravée par Mathieu.
— démontre que la pièce supposée de 1455, est de 1499, p. 50 et 51.
— ne cite qu'un seul nielle de Peregrini, p. 68.
— explique la marque de Peregrini, p. 70.
— parle d'un graveur nommé Pierre, p. 79.
— son opinion sur les Cunio, p. 95.
ZÉPHIR ET PSYCHÉ, p. 222 n.° 232.
ZOPYRE cité par Pline comme graveur, p. 4.

FIN DE LA TABLE GÉNÉRALE DES MATIÈRES.

De l'Imprimerie d'AD. MOËSSARD, rue de Furstemberg, N.° 8 *bis*, Faubourg Saint-Germain.

ERRATA.

Page 175, ligne 8, *au-lieu de* note 6, *lisez :* n.° 6.

Page 206, n.° 197, *au-lieu de* n.° 1236, *lisez :* n.° 1237.

Page 239, n.° 266, *après* page 209, *ajoutez :* n.° 7.

Page 256, n.° 304, *au-lieu de* décrit sous le n.° 355, *lisez :* décrit sous le n.° 402.

www.ingramcontent.com/pod-product-compliance
Lightning Source LLC
Chambersburg PA
CBHW052236220526
45471CB00001B/63